CNB 711
아가서 1-8장의 구속사 강해
성경신학 관점의 본문 메시지

아가서

(하나됨의 신비)

송 영 찬

2018년

교회와성경

지은이 | 송영찬

서울 총신대(1973-76년, B.A)와 수원 합동신학대학원대학교(1983-85년, M. Div)에서 신학을 공부했다. 기독교문사 편집실에서 기독교대백과사전 제작에 참여했고(1980-82년) 대한예수교장로회 전북노회에서 목사 안수를 받았으며(1987년) "하나님의 편지"(1986-88년), "그리스도인"(1988-95년) 등을 발행하며 집필 활동을 하였고 예장합신 기관지 "기독교개혁신보" 편집국장(1996-2016년)으로 재직했다. 기독지혜사 발행 "카리스 종합 주석" 집필에 참여하고 있으며 지금은 〈도도리 모임〉을 섬기고 있다.

〈저서 및 출판 예정 도서〉

• CNB 701 『예수 그리스도』 (2005년, 서울 : 칼빈아카데미)
예수 그리스도를 가장 선명하게 소개하고 있는 마태복음 1-4장에서 사도 마태가 말하고자 하는 예수 그리스도에 대해 성경신학에 근거한 구속사적 관점에서 고찰하고, 이를 통해 이 시대의 교회가 추구해야 할 신앙의 좌표를 제시하고 있다.

• CNB 702 『산상수훈 연구』 (2014년, 서울 : 교회와 성경)
마태복음 5-7장의 산상수훈의 강령과 하나님 나라의 삶에 대한 구속사적 이해를 통해 하나님 나라의 본질을 추적하고 하나님 나라를 세워 나가야 하는 이 땅의 교회와 성도들이 마땅히 나타내어야 할 삶의 정형 및 교회가 이 땅에서 세워 나가는 하나님 나라의 문화와 존재 의의를 제시하고 있다.

• CNB 703 『교회와 문화』 (출판 예정)
그동안 발표한 신학 관련 단편들을 한자리에 모은 ANTHOLOGY로 바른 교회관과 성도들의 삶에 대한 단상들을 살펴보고 하나님 나라의 백성으로 이 땅에서 살아가야 할 구체적인 삶의 정형들을 제시하고 있다.

• CNB 704 『세례와 성찬』 (2006년, 서울 : 깔뱅)
예수 그리스도의 지상 사역의 핵심은 새 언약을 수립하신 일이다(마 26:26-29). 이 새 언약에 기초하여 교회가 탄생했다. 이 교회의 핵심적인 실질을 세워 나가기 위해 주어진 세례와 성찬에 대한 올바른 이해를 조명함으로써 교회들이 바로 서 가야 할 길을 제시하고 있다.

• CNB 705 『교회와 사명』 (2006년, 서울 : 깔뱅)
교회가 발휘하는 능력의 근원과 회원의 의식을 통해 역사 속에서 교회가 존재하는 의미로서 어떻게 사명을 구현할 것인가를 조명하고 하나님 나라의 구현을 위한 구체적인 삶의 형태들을 찾아 우리 시대에 있어야 할 교회상과 삶의 정형을 제시하고 있다.

• CNB 706 『교회와 신앙』 (2006년, 서울 : 깔뱅)
교회의 속성과 더불어 교회의 회원된 성도들의 자기 인식, 즉 교회아(教會我)로서의 자기 발견에 대해 살펴봄으로써 주의 군사로 장성하여 하나님 나라를 구체적으로 세워 나가야 하는 시대적인 사명 의식을 재확인하고 그에 따른 신앙의 자태를 제시하고 있다.

• CNB 707 『파노라마 구약성경』 (2007년, 서울 : 깔뱅)
구약성서를 이해하기 위한 입문서로 구속사적 관점에서 구약 역사의 핵심을 짚어보는 50편의 글과 4편의 부록으로 구성되었으며 구약의 메시지인 하나님 나라와 하나님의 언약에 대한 안목을 제시하고 있다.

• CNB 708 『창세기의 메시지 : 하나님의 언약』 (2006년, 서울 : 깔뱅)
4개의 언약을 중심으로 하나님의 구속 사역을 진행시키고 있는 창세기에서 언약 중심의 구속사를 조명하기 위해 성경신학에 근거해 창세기의 메시지를 고찰하고, 언약 공동체인 오늘날의 교회가 추구해야 할 신앙의 자태를 제시하고 있다.

• CNB 709 『출애굽기의 메시지 : 시내산 언약과 십계명』 (2006년, 서울 : 깔뱅)
신약의 교회를 모형으로 보여주는 이스라엘 교회의 속성을 시내산 언약을 중심으로 고찰하면서 구약 교회의 태동과 장차 태어날 신약 교회 사이의 관계를 조명함으로써 이 시대의 교회가 추구해야 할 역사의식을 제시하고 있다.

• CNB 710 『역대기의 메시지 : 다윗 왕국과 언약』 (2006년, 서울 : 깔뱅)
왕국 언약에 기초하여 역사 속에 등장한 교회의 완벽한 전형이자 하나님 나라의 모형이었던 다윗 왕국의 역사를 탐구하고 역대기가 소망했던 새로운 왕국의 재건에 담긴 의미를 찾음으로써 우리 시대의 교회가 추구해야 할 성격을 제시하고 있다.

• CNB 711 『아가서 : 하나됨의 신비』 (2012년, 서울 : 칼빈아카데미)
아가서의 메시지를 성경신학적 관점에서 해설함으로써 혼인제도를 통한 가정의 세움과 궁극적으로 신약의 교회를 통해 새 하늘과 새 땅으로 묘사되는 에덴동산의 회복에 담겨 있는 의미를 밝히고 있다.

아가서
(하나됨의 신비)

CNB 711

아가서 (하나됨의 신비)

The Song of Song : Unio Mystica
by Youngchan Song

Published by the Church & Bible Publishing House

초판 발행 | 2012년 5월 21일
재판 발행 | 2018년 8월 30일

발행처 | 교회와성경
주소 | 평택시 특구로 43번길 90 (서정동)
전화 | 031-662-4742
등록번호 | 제2012-03호
등록일자 | 2012년 7월 12일

발행인 | 문민규
지은이 | 송영찬
편집주간 | 송영찬
편집 | 신명기
디자인 | 조혜진

총판 | (주) 비전북출판유통
주소 | 경기도 고양시 일산구 장항동 568-17호 (우) 411-834
전화 | 031-907-3927(대) 팩스 031-905-3927

값은 표지에 있습니다.
파손된 책은 구입처나 출판사에서 교환해 드립니다.
ISBN 978-89-98322-29-8 93230

Printed in Seoul of Korea

CNB 시리즈
서 문

CNB The Church and The Bible 시리즈는 개혁신앙의 교회관과 성경신학적 구속사 해석에 근거한 신 · 구약 성경 연구 시리즈이다.

이 시리즈는 보다 정확한 성경 본문 해석을 바탕으로 역사적 개혁 교회의 면모를 조명하고 우리 시대의 교회가 마땅히 추구해야 할 방향을 제시함으로써 교회의 삶과 문화를 창달하는 것을 그 목적으로 하고 있다.

따라서 이 시리즈는 진지하게 성경을 연구하며 본문이 제시하는 메시지에 충실하고 있다. 그렇다고 이 시리즈가 다분히 학문적이거나 또는 적용이라는 의미에 국한되지 않는다. 학구적인 자세는 변함 없지만 궁극적으로 하나님의 나라를 지향함에 있어 개혁주의 교회관을 분명히 하기 위해 보다 더 관심을 가진다는 의미이다.

본 시리즈의 집필자들은 이미 신 · 구약 계시로써 말씀하셨던 하나님께서 지금도 말씀하고 계시며, 몸된 교회의 머리이자 영원한 왕이신 그리스도께서 지금도 통치하시며, 태초부터 모든 성도들을 부르시어 복음으로 성장하게 하시는 성령께서 지금도 구원 사역을 성취하심으로써 창세로부터 종말에 이르기까지 거룩한 나라로서 교회가 여전히 존재하고 있음을 그 무엇보다도 중요하게 여기고 있다.

아무쪼록 이 시리즈를 통해 계시에 근거한 바른 교회관과 성경관을 가지고 이 땅에 진정한 그리스도인의 삶과 문화가 확장되기를 바라는 바이다.

시리즈 편집인

김영철 목사, 미문(美聞)교회 목사, Th.M.
송영찬 목사, 기독교개혁신보 편집국장, M.Div.
오광만 목사, 대한신학대학원대학교 교수, Ph.D.
이광호 목사, 실로암교회 목사, Ph.D.

머리말

아가서의 해석사를 보면 아가서 해석에 대한 다양한 견해와 반응들을 보여주고 있는데 그만큼 아가서는 성경 중에서도 어렵고 신비스러운 책임을 반증하고 있다. 일반적으로 아가서는 우화, 확대된 상징 또는 혼인식 노래들의 모음, 이교적인 다산문화의 제사의식들의 모음, 인간의 사랑을 노래하는 단편적 노래집 등으로 일컬어진다. 이런 관점에서 아가서에 대한 다양한 해석 방법들이 제시되어 왔었다.

미쉬나, 탈무드, 탈굼 같은 유대 전승들은 아가서를 이스라엘 백성을 향한 하나님의 사랑을 표현한 우화로 이해하고 있다. 반면에 힙폴리투스, 오리겐, 제롬, 아타나시우스, 어거스틴, 버나드 같은 초기 교회 지도자들은 아가서를 그리스도의 신부인 교회를 향한 하나님의 사랑을 표현한 우화로 이해하고 있다. 이러한 영향은 이후 대부분의 성경해석자들이 '신자들을 향한 하나님의 사랑' 혹은 '교회를 향한 그리스도의 사랑' 이라는 관점에서 아가서를 보게 하였다.

이러한 해석 방법은 아가서의 메시지를 이해하는 데 있어서 많은 영향을 끼친 것이 사실이지만 본문을 이해함에 있어 필요 이상의 상상력을 동원하게 하는 부작용도 초래하게 만들었다. 예를 들면 '검게 된 술람미 여인' (1:5-6)은 죄 때문에 교회가 추해졌다는 것을 의미하지만 회개 후에 영적인 아름다움을 되찾았다는 식의 해석은 성경 어디에서도 지지해 주지 않는다. 이러한 우화적인 해석 접근 방식은 심한 주관적인 직관을 요구하고 있다는 점에서 해석상의 정당성을 보장해주지 못한다.

심지어 상당수의 학자들도 아가서를 확대된 상징이라는 입장에서 이해하고 있는데 솔로몬을 그리스도로, 술람미 여인을 교회로 형성화시켜 이해하고자 했다. 이런 상징적인 관점은 비록 알레고리 해석 방법과 구별된다 할지라도 솔로몬이 실제로 존재한 역사적 인물이며, 아가서 자체 역시 솔로몬의 다양한 생활 방식이 곧 그리스도를 상징하고 있다는 암시를 주지 않는다는 점에서 지지를 받을 수 없다.

또한 아가서를 드라마로 간주하는 것 역시 이스라엘에는 드라마와 같은 형식이 존재하지 않았다는 점에서 아가서를 드라마나 연극의 각본으로 치부하는 행위 역시 지지를 받을 수 없다.

그밖에도 아가서를 혼인식 노래들의 모음집, 이교적인 다산문화의 제사의식들의 모음집, 인간의 사랑을 노래하는 단편적 노래집 등으로 바라보는 시각 역시 아가서를 해석하는 데 있어 지지를 받을 수 없다.

아가서는 다채로운 등장 인물들에도 불구하고 시종일관 술람미 여인과 솔로몬을 주인공으로 이야기가 전개되고 있고, 이 두 남녀 사이의 사랑을 노래하면서 혼인의 순결과 신성함을 주제로 거침없이 진행되고 있다는 것을 볼 때 아가서의 통일성을 저해하는 어떤 시도도 용납하지 않는다.

오히려 하나님께서 남녀를 지으셨고(창 1:27; 2:20-23), 그들이 혼인을 통하여 한 몸이 되게 하셨으며(창 2:24), 이로써 가정을 이루고 이땅에서 하나님의 통치를 구현해 가도록 하셨다는 사실을 통해 비록 아가서가 남녀간의 사랑을 노래하고 있다 할지라도 순결한 사랑 나눔의 아름다움을 표현한 이 책이 하나님의 백성들에게 성경으로 주어졌다는 것은 결코 놀랄 만한 일이 아니다. 따라서 아가서 안에서 다채롭게 진행되는 두 남녀간의 사랑 노래를 자연스럽게 받아들이면서 그들의 노래를 통하여 하나님께서 승인하신 혼인제도의 풍요로움을 누리는 자세를 견지해야 할 것이다.

'노래 중의 노래' 이며 '가장 아름다운 노래' 라고 하는 책 이름이 이미 말해주고 있는 것처럼 통상적으로 아가서는 부부간의 사랑에 대해서 이야기하는 것으로 일컬어진다. 이러한 관점을 확장하여 부부간의 사랑을 나눌 수 있도록 그들을 창조하시고 그들에게 사랑의 본질을 보이신 하나님의 속성을 미루어 짐작하게 한다.

때문에 근본적으로 아가서는 하나님께서 인류에게 베푸신 혼인 정신과 그 안에서 진행되는 부부 관계가 지닌 아름다움과 성스러움을 보여주고 있다. 동시에 이 하나님의 사랑이 바탕이 되어 혼인의 신성함과 순결성이 가정을 통해 보존되어야 하는 것처럼 그리스도와 성도들의 신비한 연합 역시 교회라는 울타리 안에서 보존되어야 한다는 사실을 제시하고 있다.

이런 점에서 아가서는 히브리 역사에서 당신의 백성을 향한 하나님의 자비로운 사랑에 대해 직접 서술하여 말하고 있지 않지만 술람미 여인과 솔로몬 사이에서 성장하고 있는 사랑의 속성을 통하여 하나님께서 보이신 사랑의 본질을 깨닫게 한다. 또한 선지서들처럼 그리스도에 대한 직접적인 예표를 보여주지는 않지만 궁극적으로 가정이라는 제도를 통해 구현되어야 할 에덴동산의 회복이라는 커다란 주제를 제시함으로써 그리스도와 성도들 사이에 맺어지는 신비한 연합(unio mystica)이 가지고 있는 의미를 깨닫게 한다.

이 에덴동산의 회복은 궁극적으로 새창조의 완성과 깊은 관련을 가지고 있다. 또한 이 궁극적인 새창조의 완성은 그리스도의 대속을 통해 이땅에 건설되는 그리스도의 신부인 교회(엡 5:22-25)를 통해 구현되며 마침내 완성될 새하늘과 새땅을 통해서 최종적으로 구현될 것이다(계 19:7-8).

이 책이 우리 시대의 교회가 혼인제도를 세우신 하나님의 본의를 분명하게 깨닫고 성도들로 하여금 '하나됨의 신비' (unio mystica)가 무엇인가를 바르게 일깨우기 위한 선물이 되기를 바란다.

이 원고를 작성함에 있어 많은 도움을 준 동역자들에게 고마움을 전한다. 함께 아름다운 교회를 세워나가기 위해 서로 격려하고 위로한다는 것은 하나님의 백성들이 누리는 최고의 복이 아닐 수 없다. 무엇보다 항상 같은 마음으로 위로하며 친구가 되어주며 격려해주는 동지들이 옆에 있다는 점에서 큰 위로를 누린다. 이들에게 주께서 늘 새 힘 주시기를 기도한다.

특히 오랜 시간동안 이 원고가 작성되기까지 기다려 준 기독지혜사 카리스종합주석 편집국장 전봉준 목사의 격려에 감사를 드린다. 그리고 이 원고를 교열해 준 아들 성주가 개혁교회를 향한 동역자로 우뚝 서게 되기를 기대한다.

아울러 이땅에서 한 마음으로 거룩한 교회를 세워가기 위해 뜻을 모으고 있는 CNB 시리즈 독자들에게 이 책이 하나의 작은 선물이 되기를 바란다. 또한 CNB 시리즈가 이땅에 올곧은 교회를 세워나가는 모든 동지들에게 기쁨을 주는 도서들이 되기를 바라는 마음 간절하다.

연지동에서 2012년을 맞이하며
송영찬 드림

아가서
(필자역)

〈본 아가서의 한글 번역은 본문 강해를 위한 필자의 사역입니다. 아가서의 이해를 위해 원문에 없는 본문의 구조를 필자의 견해에 따라 구별한 것으로 단지 아가서의 흐름과 이해를 위한 기초 자료일 뿐이며, 그 이상의 의미를 부여하지 않습니다. 본 아가서의 한글 번역을 읽을 경우에는 필히 히브리 성경이나 다른 역본들을 참조하여야 합니다. 가급적이면 KJV 아가서를 읽거나 또는 한글개역 아가서들을 참조하면서 본 필자 사역을 읽기 바랍니다.〉

제목 (1:1)

솔로몬의 노래들 중의 노래

제 1 부_회상 (1:2-2:7)

합창 _ 예루살렘 여인들의 등장 (1:2–4)

그로, 그의 입맞춤으로 내게 입 맞추게 하소서
참으로 당신의 사랑이 포도주보다 나음이니이다
당신의 기름은 향기롭고
당신의 이름은 쏟아 놓은 향유 같으니
처녀들이 당신을 사랑하나이다

당신이 나를 이끌어 주소서
우리가 당신을 따라 달려가리이다
왕이 나를 그의 방으로 이끄셨으니
우리가 당신 안에서 기뻐하고 즐거워하나이다
우리가 당신의 사랑을 포도주보다 더 기억하리니
정직한 자들이 당신을 사랑하나이다

독창 _ 술람미 여인의 등장 (1:5–7)

나는 검지만 아름답다오
오, 예루살렘의 딸들이여
게달의 장막들처럼, 솔로몬의 휘장들처럼
나를 보고 검다고 하지 마오
해가 나를 태웠기 때문이라오
내 어머니의 아들들이 내게 노하여
나를 포도원지기로 삼았으나
나는 나의 포도원을 지키지 못했다오
나에게 말해주오
내 마음에 사랑하는 이여
어디서 당신이 양떼를 치시며
어디서 당신이 정오에 (양떼를) 눕게 하시는지
어찌하여 내가 당신 동료들의 양떼들 옆에서
(얼굴을) 가린 여인처럼 되어야 하리이까

합창 _ 여인들의 응답 (1:8)

오, 너, 여자들 중의 가장 아름다운 이여
네가 알지 못하겠거든 양떼의 발자국을 따라가

목자들의 장막들 옆에서
네 새끼 염소들을 치려무나

독창 _ 솔로몬의 등장 (1:9–11)

내가 보니, 그대는 바로의 전차들 안에 있는 암말 같구나
내 사랑아
그대의 두 뺨은 보석으로, 그대의 목은 구슬꿰미로 아름답구나
우리가 너를 위하여 은을 박아넣은 금 고리(사슬)를 만들리라

독창 _ 술람미 여인의 응답 (1:12–14)

왕이 그의 (둥근) 상에 있는 동안에
나의 나르 향이 그 향기를 토하는구나
내 사랑은 내 품 가운데 몰약 향낭이니
그는 나의 가슴 사이에서 온밤을 지새우리라
내 사랑은 내게 엔게디 포도원의 고벨화 꽃송이로다

독창 _ 솔로몬의 노래 (1:15)

그대, 내 사랑아,
너는 어여쁘고 어여쁘구나
너의 눈은 비둘기 같도다

독창 _ 술람미 여인의 노래 (1:16–17)

오, 나의 사랑하는 이여,
당신은 얼마나 아름다우며 얼마나 사랑스러운지요
우리의 침상이 얼마나 무성한지요
우리 집의 들보들은 백향목들이며
우리 집의 서까래들은 잣나무들이로구나

독창 _ 술람미 여인의 노래 (2:1)

나는 샤론의 수선화요 골짜기들의 백합화로다

독창 _ 솔로몬의 노래 (2:2)

가시덤불들 사이의 백합화로다
여자들 중의 내 사랑은

독창 _ 술람미 여인의 노래 (2:3-7)

숲의 나무들 가운데 사과나무로구나
남자들 중의 나의 사랑하는 이는
내가 큰 기쁨으로 그 그늘에 앉았으니
그의 열매가 내 입에 달콤하구나
그가 나를 잔칫집으로 인도하여 들어갔으니
내 위에 그의 깃발은 사랑이로구나
너희는 건포도 과자로 나에게 힘을 돋우고
사과로 나를 시원케 하라
내가 사랑으로 병이 났도다
그의 왼(팔)은 내 머리 아래 있고
그의 오른(팔)은 나를 안고 있네
암노루들과 들의 암사슴들을 두고
내가 너희에게 간청하노라
예루살렘의 딸들아
그가 원하기까지
너희는 그 사랑을 흔들지 말고 깨우지도 말아다오

제 2 부 _ 솔로몬의 청혼과 그에 대한 응답 (2:8-3:5)

독창 _ 솔로몬에 대한 술람미 여인의 묘사 (2:8-9)

나의 사랑하는 이의 소리로다!
보라! 그가 산 위를 넘으며 언덕 위를 뛰어오는구나
나의 사랑하는 이는 노루와 어린 사슴과도 같구나
보라, 우리 벽 뒤에 서서
창문(들)을 통하여 들여다보며
창살(들) 틈으로 엿보는구나

독창 _ 솔로몬의 청혼에 대한 술람미 여인의 노래 (2:10-14)

나의 사랑하는 이가 내게 말하기를 :
일어나라, 나의 아름다운 사랑아 나오너라
보라, 이제 겨울도 지났고 비도 그쳤구나
지면에는 꽃들이 보이고
새가 노래할 때가 이르렀으니
산비둘기 소리가 우리 땅에 들리는구나
무화과나무는 설익은 열매를 내고
포도나무들은 꽃이 피어 향기를 토하는구나
일어나라, 나의 아름다운 사랑아 나오너라
절벽 은밀한 곳 바위틈 사이에 있는 내 비둘기야
나로 네 모습을 보게 하라
나로 네 소리를 듣게 하라
참으로 네 소리는 부드럽고
네 모습은 아름답구나

독창 _ 솔로몬의 청혼에 대한 술람미 여인의 응답 (2:15-17)

우리를 위하여 여우들을 잡아주소서
작은 여우들이 포도원들을 망치고 있어요
우리의 포도원들은 꽃이 피어 있어요
나의 사랑하는 이는 내게 속하였고
나는 그에게 속하였구나
그가 백합화들 사이에서 (양떼를) 먹이는구나
날이 숨 쉴 때까지, 그림자가 사라질 때까지,
내 사랑이여! 돌아오소서
베데르 산의 노루와 어린 사슴처럼

내러티브 _ 술람미 여인의 회상 (3:1-4)

밤중에 내 침상에서 내 영혼이 사랑하는 이를 찾았도다. 내가 그를 찾았으나 그를 찾지 못하였구나. "내가 이제 일어나서 성읍의 거리를 돌아다니리라. 거리들과 광장들에서 내 영혼이 사랑하는 이를 찾으리라" 하며 내가 그를 찾았으나 그를 찾지 못했노라. 성읍을 순찰하는 파수꾼들을 만나 내가 그들에게 묻기를, "내 영혼이 사랑하는 이를 당신들이 보았나이까?" 하였는데 내가 그들을 지나치자마자 내 영혼이 사랑하는 자를 발견하고 내가 그를 붙잡고 놓지 않았도다.

독창 _ 술람미 여인의 노래 (3:5)

내가 그를 내 어머니의 집,
그녀가 나를 잉태하였던 방으로 그를 데려오기까지
암노루들과 들의 암사슴들을 두고
내가 너희에게 간청하노라
예루살렘의 딸들아
그가 원하기까지
너희는 그 사랑을 흔들지도 말고 깨우지도 말아다오

제 3 부_혼인식 (3:6-5:1)

합창 _ 여인들의 등장과 혼인식을 알리는 서곡 (3:6)

이는 누구인가?
광야에서 올라오는 이
몰약과 유향의 연기 기둥(들)과 같고
상인들의 온갖 향품들로 향기를 내는구나

합창 _ 혼인식 행렬에 대한 여인들의 묘사 (3:7-8)

보라, 그의 침상은 솔로몬의 것이라
이스라엘의 용사들 중 60명의 용사들이 옹위하였구나
그들 모두 칼을 잡은 자들이며 전쟁을 배운 자들이니
밤의 위험 때문에 각자 허벅지에 칼을 찼구나

합창 _ 술람미 여인의 침상에 대한 여인들의 묘사 (3:9-10)

그 침상은 솔로몬 왕이 자신을 위하여 레바논의 나무로 만들었구나
그 기둥들은 은이요 바닥은 금이요 자리는 자색 천이라
그 안에는 사랑이 입혔구나
예루살렘의 딸들아

합창 _ 신랑에 대한 여인들의 묘사 (3:11)

나오너라, 시온의 딸들아, 보려무나
화관을 쓴 솔로몬 왕을
그 화관은 모친이 씌운 것이라
그의 혼인식 날에
그의 마음에 기쁨의 날에

독창 _ 신부의 아름다움에 대한 솔로몬의 묘사 (4:1–5)

너, 아름다운 내 사랑아, 너는 아름답고 어여쁘구나
네 너울 뒤에서 네 눈은 비둘기요
네 머리채는 길르앗 산에서 뛰어내려오는 염소떼 같구나
네 이는 씻는 곳에서 올라온 털 깎인 양떼 같으니
모두가 쌍둥이를 낳아 새끼 없는 것이 없구나
네 입술은 주홍색 실같고
네 말은 어여쁘고
네 뺨은 네 너울 뒤에서 석류 조각 같구나
다윗의 망대처럼 네 목은 잘 지어졌으며
방패 천 개가 걸려 있으니
모든 용사들의 방패가 걸려 있구나
네 두 가슴은 백합화들 사이에서 풀을 뜯는
어린 두 마리 암노루 쌍둥이 같도다

독창 _ 신랑의 호의에 대한 술람미 여인의 답가 (4:6)

날이 기울고 그림자가 갈 때에
내가 그 모르 산과 유향 언덕으로 가리이다

독창 _ 신부에 대한 솔로몬의 노래 ① (4:7–8)

내 사랑아, 너는 모든 것이 아름다우니 네게는 흠이 없구나
나의 신부야, 레바논에서 나와 함께 하고
레바논에서부터 나와 함께 가자꾸나
아마나의 꼭대기에서 바라보라
스닐과 헤르몬의 꼭대기에서도,
사자 굴들과 표범들의 산들에서도

독창 _ 신부에 대한 솔로몬의 노래 ② (4:9–11)

네가 내 마음을, 나의 누이 나의 신부야,
네가 내 마음을 네 눈짓 한 번으로
네 목의 구슬꿰미 하나로 사로잡았구나
네 사랑이 얼마나 아름다운지,
나의 누이, 나의 신부야!
네 사랑이 포도주보다,
네 기름 향기가 모든 향수보다
얼마나 더 좋은지!
오, 나의 신부야,
새 꿀이 네 입술에서 떨어지는구나
꿀과 젖이 네 혀 밑에 있고
네 옷의 향기는 레바논의 향기와 같구나

독창 _ 신부에 대한 솔로몬의 노래 ③ (4:12–15)

나의 누이, 나의 신부는
잠겨진 동산이요, 닫혀진 우물이요, 봉해진 샘이로다
너에게서 나는 것들은
석류나무와 각종 아름다운 과수요
나도와 번홍화와 창포와 계수와
각종 유향목과 몰약과 침향과
모든 귀한 향료들이며
동산들의 샘과, 생수의 우물이며
레바논에서 흐르는 물이로다

독창 _ 술람미 여인의 응답 (4:16)

깨어나라 북풍아, 나오너라 남풍아
내 동산에 불어서 그 향기 퍼지게 하라
나의 사랑하는 이로 그의 동산에 들어와서
그의 아름다운 과일들을 먹게 하라

독창 _ 솔로몬의 답가 (5:1a)

내가 나의 동산으로 들어왔구나, 나의 누이, 나의 신부야
내가 나의 몰약 향과 내 향료를 따고
내 꿀송이와 꿀을 먹으며
내 포도주와 내 젖을 마시는구나

독창 _ 솔로몬의 초청과 축복 (5:1b)

먹으라, 나의 친구들아
마시고 마시라, 나의 사랑하는 사람들아!

제 4 부 _ 혼인생활 (5:2-8:4)

내러티브 _ 술람미 여인의 갈망 (5:2-7)

내가 잘지라도 내 마음은 깨어 있으니 나의 사랑하는 이의 소리가 들리는구나. 문을 두드려 이르기를 "나에게 문을 열어다오. 나의 누이, 나의 사랑아, 내 순진한 비둘기야. 내 머리가 이슬에, 내 머리털이 밤이슬에 젖었구나" 하였도다. 내가 내 겉옷을 벗었으니 어찌 다시 입으리요? 내가 나의 발을 씻었으니 어찌 다시 더럽히리요? 나의 사랑하는 이가 문구멍으로

그의 손을 들이미니 내 마음이 그에게로 움직여서 내가 일어나 나의 사랑하는 이를 위하여 문을 여니 내 손에서 몰약이 떨어지고 내 손가락들의 몰약이 문빗장 손잡이로 흘러내리는구나. 내가 나의 사랑하는 이를 위하여 문을 열었으나 나의 사랑하는 이는 돌아서서 가버렸구나. 그가 말할 때 내 영혼이 나가서 그를 찾았으나 그를 만나지 못했고 그를 불렀으나 그가 내게 대답하지 않았구나. 성읍을 돌아다니는 파수꾼들이 나를 발견하더니 나를 쳐서 상처를 입게 하고 성벽을 지키는 자들은 내게서 나의 겉옷을 빼앗아 갔도다.

독창 _ 술람미 여인의 갈망 (5:8)

내가 너희에게 간청하노라, 예루살렘의 딸들아
만일 너희가 나의 사랑하는 이를 만나거든
너희는 내가 사랑으로 병이 났다고 그에게 말해다오

합창 _ 예루살렘 여인들 (5:9)

무엇이 나은가?
너의 사랑하는 이가 남들이 사랑하는 이보다
너 여자들 중에서 가장 어여쁜 여인아
무엇이 너의 사랑하는 이가 남들이 사랑하는 이보다 낫기에
우리에게 이같이 부탁하는가?

독창 _ 술람미 여인의 답변 (5:10-16)

나의 사랑하는 이는 희고도 붉어 일만 명 가운데 으뜸이라
그의 머리는 정금 같고
그의 머리채는 고불고불하고 까마귀 같이 검도다
그의 눈은 시냇가의 젖으로 씻은 듯하고

물로 가득한 웅덩이에 앉아 있는 비둘기 같도다
그의 뺨은 향나무의 화단과 같으며 향기로운 꽃 같으며
그의 입술은 몰약을 떨어뜨리는 백합화 같도다
그의 손은 녹보석이 박힌 금 고리들 같으며
그의 배는 아로새긴 상아에 청옥을 입힌 듯 하도다
그의 넓적다리들은 정금 받침대 위에 세운 대리석 기둥 같으며
그의 용모는 레바논과 같고 백향목처럼 수려하도다
그의 혀는 달콤하니,
참으로 그의 모든 것이 귀하도다
이 사람이 나의 사랑하는 이요 나의 연인이로다
예루살렘의 딸들아

합창 _ 여인들의 응답 (6:1-2)

너의 사랑하는 이가 어디로 갔을꼬?
여자들 중에 가장 아름다운 여인아
너의 사랑하는 이가 어디로 향하여 갔는가?
우리가 너와 함께 그를 찾아보리라

독창 _ 술람미의 노래 (6:3)

나의 사랑하는 이가 그의 동산, 향나무 화단으로 내려갔구나
그 동산에서 양떼를 먹이며 백합화를 거두는구나
나의 사랑하는 이는 내게 속하였고
나는 그에게 속하였도다
그가 백합화들 사이에서 (양떼를) 먹이는구나

독창 _ 솔로몬의 등장 (6:4-9)

내 사랑아, 너는 디르사처럼 아름답고 예루살렘처럼 고우며
깃발들을 든 군대처럼 위엄이 있구나
네 눈이 나를 압도하니 그 눈을 내게서 돌이켜다오
네 머리채는 길르앗 산에서 뛰어내려오는 염소떼 같고
네 이는 씻는 곳에서 올라온 암양떼 같으니
모두가 쌍둥이를 낳아 새끼 없는 것이 없구나
네 뺨은 네 너울 뒤에서 석류 조각 같구나
왕후가 육십이요, 비빈이 팔십이요, 시녀가 무수하되
내 순진한 비둘기는 오직 하나로구나
그녀는 그녀의 어머니에게 외동딸이니
그녀를 낳은 자에게 귀하도다
여자들이 그녀를 보고 복되다 하고
왕후와 비빈들도 그녀를 칭찬하는구나

합창 _ 여인들의 축복 (6:10)

이는 누구인가?
동이 트는 것처럼 비추고 달처럼 아름답고 해처럼 정결하며
깃발들을 세운 군대처럼 위엄 있는 이

독창 _ 술람미 여인의 노래 (6:11-12)

내가 골짜기의 열매들을 보려고,
포도넝쿨이 무성한지 석류나무가 싹이 났는지 보려고
호두나무 동산으로 내려갔도다
내가 부지중에 내 마음이 나를
'암미 나디브' 마차들 가운데에 이르게 하였구나

합창 _ 여인들의 노래 (6:13)

슈-비, 슈-비 술람미 여인아
슈-비, 슈-비 우리가 너를 좀 보자꾸나

독창 _ 솔로몬의 노래 (6:14)

왜 너희는 마하나임의 춤을 보는 것처럼
술람미 여인을 보려하느냐?

독창 _ 솔로몬의 사랑 노래 ① (7:1-5)

어찌 그리 아름다운지 신발 속의 네 발들이
존귀한 자의 딸아!
네 둥근 허벅지는 조각품 같으니
장인이 손으로 만든 작품 같구나
네 배꼽은 섞은 포도주를 가득히 부은 둥근 잔 같고
네 배는 백합화로 두른 밀단 같구나
네 두 가슴은 새끼 노루들 같으니 쌍둥이 암노루 같도다
네 목은 상아 망대 같고 네 눈은 헤스본 바드랍빔 문 곁의 연못 같고
네 코는 다메섹을 향한 레바논 망대 같구나
네 머리는 갈멜 산 같고
네 머리채는 자주 빛이 있으니 왕이 그 머리다발에 묶였구나

독창 _ 솔로몬의 사랑 노래 ② (7:6-9)

너는 어찌 그리 아름답고 어찌 그리 사랑스러운가,
참으로 귀여운 여인아!
네 키는 종려나무와 같고 네 가슴은 그 열매 같구나
내가 말하기를 "내가 종려나무에 올라가 그 가지들을 잡으리라" 하였도다
이제 네 가슴은 포도나무 송이들과 같고

네 코의 향기는 사과와 같구나
네 혀는 가장 좋은 포도주와 같아서
달콤하게 내려가 잠든 자의 입술로 말하게 하는구나

독창 _ 술람미 여인의 사랑 노래 ① (7:10-13)

나는 나의 사랑하는 이의 것이며 그의 사모함은 나를 향해 있도다
오소서, 나의 사랑하는 이여,
우리 들로 나가서 고벨화 숲에서 밤을 지내요
우리 일찍 일어나 포도원으로 가서 포도움이 돋았는지, 꽃술이 퍼졌는지,
석류나무들이 꽃을 피웠는지 보아요
거기에서 내가 내 사랑을 당신에게 주리이다

독창 _ 술람미 여인의 사랑 노래 ② (8:1-4)

오, 당신이 내 어머니의 젖을 먹은 내 형제와 같다면!
내가 밖에서도 당신을 만나 입맞춤으로 인사한다 해도
아무도 나를 멸시하지 않으련만
내가 당신을 이끌어 나를 가르치던 내 어머니의 집으로 당신을 데려가
당신에게 내 석류즙으로 만든 향기로운 포도주를 마시게 하였으리라
그의 왼팔은 내 머리 아래 있고
그의 오른팔은 나를 안고 있네
암노루들과 들의 암사슴들을 두고
내가 너희에게 간청하노라
예루살렘의 딸들아
그가 원하기까지
너희는 그 사랑을 흔들지도 말고 깨우지도 말아다오

제 5 부_사랑의 언약 (8:5-14)

합창 _ 여인들의 노래 (8:5)

이는 누구인가?

그 사랑하는 자를 의지하고 광야에서 올라오는 이

독창 _ 술람미 여인의 노래 (8:6-7)

사과나무 아래에서 내가 당신을 깨우리다

거기서 당신 어머니가 산고를 겪었으니

거기서 당신을 낳은 이가 산고를 겪었어요

당신은 나를 인 같이 마음에 품고

도장 같이 팔에 두어요

사랑은 죽음 같이 강하고

투기는 음부 같이 잔혹하며 불 같이 일어나니

그 기세가 여호와의 맹렬한 불과 같으리라

이 사랑은 많은 물이 꺼뜨리지 못하겠고

홍수라도 엄몰하지 못하리니

만일 어떤 사람이 자기 집의 모든 재물을 사랑 때문에 준다해도

그는 멸시를 받으리라

합창 _ 여인들의 노래 (8:8-9)

우리에게 한 작은 누이가 있으니

그녀에게는 가슴이 없구나

그녀가 청혼을 받는 날에는

우리가 그녀를 위해 무엇을 할꼬

그녀가 성벽이라면 우리는 은 망대를 그 위에 세울 것이요

그녀가 성문이라면 우리는 백향목 판자로 두르리라

독창 _ 술람미 여인의 노래 (8:10-12)

나는 성벽이요 내 가슴은 탑들과 같으니
나는 그의 눈에 평화를 주는 여인이라오
솔로몬이 바알하몬에 포도원이 있어
그가 그 포도원을 지키는 자들에게 주어
각 사람이 그 열매로 은 일 천을 가져오게 하였다오
나의 것인 내 포도원이 내 앞에 있도다
오, 솔로몬이여, 당신은 일 천을 갖겠고
그 열매를 지키는 자들은 이 백을 갖겠나이다

독창 _ 솔로몬의 노래 (8:13)

그 동산에 앉은 여인아,
친구들이 네 소리를 경청하나니
나로 그것을 듣게 하려무나

독창 _ 술람미 여인의 노래 (8:14)

서두르소서, 나의 사랑하는 이여
향기나는 산 위에 있는 노루나 어린 사슴처럼 〈끝〉

목 차

〈서론〉

혼인제도 안에 담겨 있는 하나님 나라의 속성

〈서론〉

혼인제도 안에 담겨 있는 하나님 나라의 속성

구약성경은 토라(תורה, 오경), 네비임(נביאים, 선지서), 케투빔(כתובים, 성문서)으로 크게 세 부분으로 이루어져 있다.

토라는 창세기, 출애굽기, 레위기, 민수기, 신명기로 보통 모세오경으로 불린다. 오경은 천지창조에 이은 에덴동산으로부터 출애굽까지의 내용들을 담고 있다.

네비임은 전선지서(여호수아, 사사기, 사무엘상하, 열왕기상하)와 후선지서로 나누어지며 출애굽 이후 전개된 이스라엘 왕국의 역사를 담고 있다. 후선지서는 대선지서(이사야, 예레미야, 에스겔)와 소선지서(호세아, 요엘, 아모스, 오바댜, 요나, 미가, 나훔, 하박국, 스바냐, 학개, 스가랴, 말라기로 이들을 12소선지서〈Dodecapropheton〉로 부른다)로 구별하는데, 이는 선지서들의 내용에 따른 구분이 아니고 단지 분량에 따라 부르기 쉽게 하기 위한 구분일 뿐이다.

케투빔은 크게 시가서(시편, 욥기, 잠언)와 다섯 두루마리책(룻기, 아가, 전도서, 예레미야 애가, 에스더로 이 5책들은 메길롯〈Megilloth〉으로 불린다) 그리고 역사서(다니엘, 에스라, 느헤미야, 역대기상하)로 구별된다. 이중에서 욥기, 잠언, 전도서를 지혜서 또는 지혜문학(Wisdom Literature)이라 부르기도 하며 일부에서는 아가서도 지혜문서에 포함시키기도 한다.

솔로몬의 노래로 알려진 아가서는 히브리 성경의 세 번째 책인 성문서에 속한다. 그리고 시가서와 역사서 사이에 있는 '다섯 두루마리 책' (Megilloth) 중에 속한다. 전통적으로 이 '다섯 두루마리 책'은 유대인들이 그들의 여러 축제 때에 절기에 맞추어 하나씩 읽었던 것으로 알려져 있다. 아가서는 유월절, 룻기는 오순절, 애가는 예루살렘 성전 파괴를 추모하는 전승적인 기념일(the Ninth of Ab.), 전도서는 장막절, 에스더는 부림절에 각각 낭독되었다.

다섯 개의 두루마리가 어떤 연관성을 지니고 있었는지에 대한 확실한 증거는 없다. 그러나 여기에도 나름대로 각각의 주제를 통한 일련의 연결성을 찾을 수 있다. 아가서는 남녀의 신실함을 통해 보여주는 사랑을, 룻기는 그 사랑의 결정체를 통해 성취될 하나님 나라를, 애가는 하나님의 사랑을 거부한 예루살렘의 멸망을, 전도서는 인생의 도모에 대한 경고와 하나님에 대한 경외를 촉구하며, 에스더서는 하나님의 은혜 가운데 회복될 이스라엘을 각각 보여주고 있다는 점에서 나름대로 연관성을 찾을 수 있다. 여기에서 아가서는 남녀의 사랑 이야기를 배경으로 하나님께서 정하신 혼인제도의 아름다움을 노래하고 있음을 볼 수 있다.

1. 아가서의 저자와 연대 문제

그동안 학계에서는 아가서 이해를 위한 다양한 견해들이 제시되었다. 그만큼 아가서의 해석에 대한 논쟁 또한 치열했다고 보여진다. 그 가운데서도 아가서의 저자와 연대 문제는 여전히 논란거리로 남아 있다.

아가서의 히브리어 제목(שִׁר הַשִּׁרִים)은 '노래 중의 노래'(the song of songs)라는 말로 '가장 훌륭한 노래'라는 의미를 가진다. 이 제목에 근거하여 70인경(LXX)에서는 '아스마 아스마톤'(Ασμα Ασματων)이라고 제목을 붙였으며 전도서 다음에 위치한다. 개신교 및 로마 천주교 성경은 이 70인경 순서에 따르고 있다. 불가타 역본에서는 '칸티쿰 칸티고룸'(Canticum

Canticorum)이라고 제목을 붙였으며 영어 역본들은 이를 번역하여 '칸티클스' (Canticles)라고 제목을 붙였다. 한글 개역의 제목 '아가' (雅歌 : 풍류스러운 노래)는 다소 의역적인 번역이다.

아가서가 솔로몬의 작품이라는 증거는 일반적으로 표제(1:1)에 근거하고 있다. 그러나 '솔로몬의' (לשלמה)란 말에서 전치사(ל)가 실제 저자를 나타내기도 하지만 'to, for, concerning, in the manner of' 라는 다양한 뜻으로도 번역되기 때문에 이 단어만으로는 솔로몬이 저자라고 주장하는 데 어려움이 있다. 아가서에는 솔로몬의 이름이 6번 등장하며(1:5; 3:7,9,11; 8:11,12) 왕과 관련된 세 가지 사건들(1:4,12; 7:6) 역시 솔로몬을 지시하고는 있지만 이것들이 직접적인 솔로몬 저작설을 입증하는 것은 아니다.

탈무드(Bab. Bath. 15a)에서는 히스기야와 그의 신하가 아가서를 썼으며 솔로몬의 다른 작품도 이들이 쓴 것으로 되어 있다(참조 잠 25:1). 현대 대부분의 학자들은 아가서가 솔로몬의 작품이라는 전승을 비판하고 있는데 이것은 언어와 장소 때문이다. 아가서에는 아람어 형태가 많이 등장하는데 희랍어와 페르시아어로 보이는 단어들뿐 아니라 전치사 '쉰' (ש)을 관계대명사 '아쉐르' (אשר)를 대신해 사용하고 있다는 것을 그 증거로 제시한다. 그러나 관계대명사 '쉰' 의 사용이 후기 연대를 입증한다고 할 수 없다. 때로는 아가서에 등장하는 아람어풍의 외래어들은 저작 연대가 페르시아 시기이거나 후기 유대 율법학자들이 편집했을 가능성을 높인다는 증거로 제시되기도 한다.

반면에 아가서에 등장하는 여러 지방들인 예루살렘, 갈멜(Carmel), 샤론(Sharon), 레바논(Lebanon), 엔게디(Engedi) 등이 이스라엘 왕국 분열 이전의 시대를 반영하고 있다는 점에서 솔로몬의 저작설을 지지하고 있다. 이것은 솔로몬 왕국의 전성기를 기억하게 한다. 특히 디르사가 영광과 미의 도시로 언급되며 예루살렘과 같이 등장하고 있는데(6:4) 이것은 디르사가 다윗 왕조의 권위를 부인하고 북쪽 왕국의 초기 수도로 정해졌었던 역사적인 사건 이전에 아가서가 저술되었을 가능성을 증거하고 있다. 또한 BC 885-874년 사이에 오므리 왕조가 수도로 세운 사마리아에 대해 아가서가 언급하지 않는다는 것 역시 이점을 확인하게 한다. 사마리아처럼 큰 도시를 아가서 저자가 언급하지 않는다는 것은 쉽게 납득되지 않기 때문이다. 이런 점에서 아가서가 BC 9세기 이전에 기록되었을 가능성을 높이고 있다.

초기 왕국 시대에 솔로몬 왕국이 근동 지역의 무역 거래를 장악하고 있었던 점에서 볼 때 아가서에 등장하는 외국산 물품들에 대한 묘사들과 아람어 형태의 언어들 역시 전혀 거북스럽지 않다. 나도(1:12), 몰약(1:13), 유향(3:6), 화려한 이동용 침대(3:9)를 비롯해 비단, 상아, 녹주석 등 아가서에 등장하는 왕궁의 사치품과 값비싼 수입품들은 이 사실과 잘 부합된다. 더불어 아가서에 등장하는 다양한 동물과 식물에 대한 자세한 지식들과 20여 종의 진귀한 식물들이 소개되고 있다는 점 역시 당대 최고의 지혜를 구사했던 솔로몬의 저작 사실에 손을 들어주고 있다.

아가서가 솔로몬이 지은 1,005개의 노래들(왕상 4:32,33)에서 나타나는 솔로몬의 지혜와 조화를 이루고 있다는 점 역시 솔로몬의 저작설을 지지하고 있다. 그 가운데서도 아가서는 다른 어떤 노래들보다 고상하고 그윽하며 아름답다. 이런 정황들은 아가서가 솔로몬의 배도 사건(왕상 11:3-4) 이전에 기록되었을 것으로 보이게 한다.

2. 아가서의 신학적 위치

전도서보다도 더 어려운 문제를 안고 있는 아가서에서 신학적인 가치를 찾는 일은 그리 쉬운 작업이 아니다. 그러나 아가서가 정경에 포함되었다는 이유만으로도 이미 아가서는 하나님의 계시로 주어진 성경으로서 그 권위를 가진다. 때문에 아가서는 하나님께서 그의 백성에게 주신 계시로서 고유한 영향력을 하나님의 백성들에게 행사하고 있다. 이런 점에서 아가서가 말하고 있는 순결하고 거룩한 혼인으로부터 시작되어야 할 인간 본성에 대한 신학적 교훈의 근본을 추구해야 한다.

아가서는 혼인을 통한 부부간의 사랑 나눔에 대한 순수하고 고상한 모습을 제공하고 있다. 혼인제도는 하나님께서 제정하신 것이며 이 혼인을 통해 세워진 가정이라는 제도속에서 부부간의 육체적인 결합이 함유하고 있는 의미를 분명하게 제시하고 있는 것이다. "이러므로 남자가 부모를 떠나 그 아내와 연합하여 둘이 한 몸을 이룰지로다"(창 2:24)라는 말씀은 혼인제도의 의미를 충분히 보여주고 있다.

〈하나님께서 친히 제정하신 10가지 언약의 말씀들〉

ITEM 1	ACTS	WORDS	COVENANT	SIGN
창조 언약	천지창조 에덴창설	**〈인류 창조의 목적〉** "우리의 형상을 따라 우리의 모양대로 우리가 사람을 만들고 그들로 바다의 물고기와 하늘의 새와 가축과 온 땅과 땅에 기는 모든 것을 다스리게 하자"(창 1:26) **〈남녀창조〉** "하나님이 자기 형상 곧 하나님의 형상대로 사람을 창조하시되 남자와 여자를 창조하시고"(창 1:27) "생육하고 번성하여 땅에 충만하라, 땅을 정복하라, 바다의 물고기와 하늘의 새와 땅에 움직이는 모든 생물을 다스리라"(창 1:28) **〈에덴창설〉** "동산 각종 나무의 열매는 네가 임의로 먹되 선악을 알게 하는 나무의 열매는 먹지 말라 네가 먹는 날에는 반드시 죽으리라"(창 2:16-17) **〈혼인제도〉** "이러므로 남자가 부모를 떠나 그의 아내와 합하여 둘이 한 몸을 이룰지로다"(창 2:24)	모든 생물을 다스리라 선악을 알게 하는 나무의 열매는 먹지 말라 둘이 한 몸을 이룰지로다	생명나무

ITEM 2	ACTS	WORDS	COVENANT	SIGN
아담언약	아담과 하와의 범죄	**〈메시아 약속〉** "내가 너로 여자와 원수가 되게 하고 네 후손도 여자의 후손과 원수가 되게 하리니 여자의 후손은 네 머리를 상하게 할 것이요 너는 그의 발꿈치를 상하게 할 것이니라"(창 3:15) **〈출산〉** "내가 네게 임신하는 고통을 크게 더하리니 네가 수고하고 자식을 낳을 것이며 너는 남편을 사모하고 남편은 너를 다스릴 것이니라"(창 3:16) **〈노동〉** "네가 네 아내의 말을 듣고 내가 네게 먹지 말라 한 나무의 열매를 먹었은즉 땅은 너로 말미암아 저주를 받고 너는 네 평생에 수고하여야 그 소산을 먹으리라"(창 3:17) **〈생명나무 접근 금지〉** "보라 이 사람이 선악을 아는 일에 우리 중 하나 같이 되었으니 그가 그의 손을 들어 생명나무 열매도 따먹고 영생할까 하노라"(창 3:22) **〈에덴동산에서 추방〉** – 여호와 하나님이 에덴동산에서 그를 내보내어 그의 근원이 된 땅을 갈게 하시니라 이같이 하나님이 그 사람을 쫓아내시고 에덴동산 동쪽에 그룹들과 두루 도는 불 칼을 두어 생명나무의 길을 지키게 하시니라(창 3:23-24)	여자의 후손은 네 머리를 상하게 할 것	여자의 후손(씨)

ITEM 3	ACTS	WORDS	COVENANT	SIGN
노아 언약	죄로 인한 인류의 대홍수 심판	**〈생명의 보존〉** "생육하고 번성하여 땅에 충만하라"(창 9:1) "다른 사람의 피를 흘리면 그 사람의 피도 흘릴 것이니 이는 하나님이 자기 형상대로 사람을 지으셨음이니라"(창 9:6) **〈인류의 보존〉** "다시는 모든 생물을 홍수로 멸하지 아니할 것이라 땅을 멸할 홍수가 다시 있지 아니하리라"(창 9:11) "내가 나와 너희와 및 육체를 가진 모든 생물 사이의 내 언약을 기억하리니 다시는 물이 모든 육체를 멸하는 홍수가 되지 아니할지라"(창 9:15)	홍수로 멸하지 아니할 것이라	무지개

ITEM 4	ACTS	WORDS	COVENANT	SIGN
아브라함 언약	바벨탑 사건 (민족을 흩으심)	**〈새로운 민족 시작〉** "너는 너의 고향과 친척과 아버지의 집을 떠나 내가 네게 보여 줄 땅으로 가라 내가 너로 큰 민족을 이루고 네게 복을 주어 네 이름을 창대하게 하리니 너는 복이 될지라 너를 축복하는 자에게는 내가 복을 내리고 너를 저주하는 자에게는 내가 저주하리니 땅의 모든 족속이 너로 말미암아 복을 얻을 것이라"(창 12:1-3)	땅의 모든 족속이 너로 말미암아 복을 얻을 것이라	할례

ITEM 5	ACTS	WORDS	COVENANT	SIGN
시내산 언약	출애굽 사건	**〈새 민족으로서 제사장 나라〉** "내가 애굽 사람에게 어떻게 행하였음과 내가 어떻게 독수리 날개로 너희를 업어 내게로 인도하였음을 너희가 보았느니라 세계가 다 내게 속하였나니 너희가 내 말을 잘 듣고 내 언약을 지키면 너희는 모든 민족 중에서 내 소유가 되겠고 너희가 내게 대하여 제사장 나라가 되며 거룩한 백성이 되리라"(출 19:4-6) **〈제사장 나라로서 이스라엘의 삶〉** "나는 너를 애굽 땅, 종 되었던 집에서 인도하여 낸 네 하나님 여호와니라"(출 20:1)	시내산 언약 내용들(출 20-23장) 제사장 나라가 되며 거룩한 백성이 되리라	성막 가나안

ITEM 6	ACTS	WORDS	COVENANT	SIGN
다윗 언약	성전건축	**〈영원한 왕권을 가진 메시아에 대한 약속〉** "내가 너를 목장 곧 양을 따르는 데에서 데려다가 내 백성 이스라엘의 주권자로 삼고 네가 가는 모든 곳에서 내가 너와 함께 있어 네 모든 원수를 네 앞에서 멸하였은즉 땅에서 위대한 자들의 이름 같이 네 이름을 위대하게 만들어 주리라 내가 또 내 백성 이스라엘을 위하여 한 곳을 정하여 그를 심고 그를 거주하게 하고 다시 옮기지 못하게 하며 악한 종류로 전과 같이 그들을 해하지 못하게 하여 전에 내가 사사에게 명령하여 내 백성 이스라엘을 다스리던 때와 같지 아니하게 하고 너를 모든 원수에게서 벗어나 편히 쉬게 하리라 여호와가 또 네게 이르노니 여호와가 너를 위하여 집을 짓고 네 수한이 차서 네 조상들과 함께 누울 때에 내가 네 몸에서 날 네 씨를 네 뒤에 세워 그의 나라를 견고하게 하리라 그는 내 이름을 위하여 집을 건축할 것이요 나는 그의 나라 왕위를 영원히 견고하게 하리라 나는 그에게 아버지가 되고 그는 내게 아들이 되리니 그가 만일 죄를 범하면 내가 사람의 매와 인생의 채찍으로 징계하려니와 내가 네 앞에서 물러나게 한 사울에게서 내 은총을 빼앗은 것처럼 그에게서 빼앗지는 아니하리라 네 집과 네 나라가 내 앞에서 영원히 보전되고 네 왕위가 영원히 견고하리라"(삼하 7:8-16)	네 집과 네 나라가 내 앞에서 영원히 보전되고 네 왕위가 영원히 견고하리라	왕의 홀

ITEM 7	ACTS	WORDS	COVENANT	SIGN
새언약	성전파괴 이스라엘 멸망	**〈메시아가 건설하실 새 이스라엘〉** "보라 날이 이르리니 내가 이스라엘 집과 유다 집에 새 언약을 맺으리라 이 언약은 내가 그들의 조상들의 손을 잡고 애굽 땅에서 인도하여 내던 날에 맺은 것과 같지 아니할 것은 내가 그들의 남편이 되었어도 그들이 내 언약을 깨뜨렸음이라 여호와의 말씀이니라 그러나 그 날 후에 내가 이스라엘 집과 맺을 언약은 이러하니 곧 내가 나의 법을 그들의 속에 두며 그들의 마음에 기록하여 나는 그들의 하나님이 되고 그들은 내 백성이 될 것이라"(렘 31:31-33)	나는 그들의 하나님이 되고 그들은 내 백성이 될 것이라	복음

ITEM 8	ACTS	WORDS	COVENANT	SIGN
예수께서 세우신 새언약	십자가 부활	**〈메시아가 세운 새 이스라엘로서 교회〉** "받아서 먹으라 이것은 내 몸이니라"(마 24:26) "너희가 다 이것을 마시라 이것은 죄 사함을 얻게 하려고 많은 사람을 위하여 흘리는 바 나의 피 곧 언약의 피니라 그러나 너희에게 이르노니 내가 포도나무에서 난 것을 이제부터 내 아버지의 나라에서 새것으로 너희와 함께 마시는 날까지 마시지 아니하리라"(마 24:27-29)	죄 사함을 얻게 하려고 많은 사람을 위하여 흘리는 바 나의 피	성찬식

ITEM 9	ACTS	WORDS	COVENANT	SIGN
교회시대	예수님 승천	**〈교회의 삶〉** "오직 성령이 너희에게 임하시면 너희가 권능을 받고 예루살렘과 온 유대와 사마리아와 땅 끝까지 이르러 내 증인이 되리라"(마 24:27-29)	내 증인 되리라	성령임재

ITEM 10	ACTS	WORDS	COVENANT	SIGN
새하늘 새땅	최후 심판	**〈혼인제도의 완성〉** –우리가 즐거워하고 크게 기뻐하며 그에게 영광을 돌리세 어린 양의 혼인 기약이 이르렀고 그의 아내가 자신을 준비하였으므로 그에게 빛나고 깨끗한 세마포 옷을 입도록 허락하셨으니 이 세마포 옷은 성도들의 옳은 행실이로다(계 19:7–8) “어린 양의 혼인 잔치에 청함을 받은 자들은 복이 있도다”(계 19:9) **〈새 하늘 새 땅〉** –또 내가 새 하늘과 새 땅을 보니 처음 하늘과 처음 땅이 없어졌고 바다도 다시 있지 않더라 또 내가 보매 거룩한 성 새 예루살렘이 하나님께로부터 하늘에서 내려오니 그 준비한 것이 신부가 남편을 위하여 단장한 것 같더라 내가 들으니 보좌에서 큰 음성이 나서 이르되 보라 하나님의 장막이 사람들과 함께 있으매 하나님이 그들과 함께 계시리니 그들은 하나님의 백성이 되고 하나님은 친히 그들과 함께 계셔서 모든 눈물을 그 눈에서 닦아 주시니 다시는 사망이 없고 애통하는 것이나 곡하는 것이나 아픈 것이 다시 있지 아니하리니 처음 것들이 다 지나갔음이러라(계 21:1–4) **〈새 창조 완성〉** “보라 내가 만물을 새롭게 하노라”(계 21:5) “이 말은 신실하고 참되니 기록하라”(계 21:6) “이루었도다 나는 알파와 오메가요 처음과 마지막이라 내가 생명수 샘물을 목마른 자에게 값없이 주리니 이기는 자는 이것들을 상속으로 받으리라 나는 그의 하나님이 되고 그는 내 아들이 되리라 그러나 두려워하는 자들과 믿지 아니하는 자들과 흉악한 자들과 살인자들과 음행하는 자들과 점술가들과 우상 숭배자들과 거짓말하는 모든 자들은 불과 유황으로 타는 못에 던져지리니 이것이 둘째 사망이라”(계 21:7–8) **〈생명나무를 주심〉** “나는 알파와 오메가요 처음과 마지막이요 시작과 마침이라 자기 두루마기를 빠는 자들은 복이 있으니 이는 그들이 생명나무에 나아가며 문들을 통하여 성에 들어갈 권세를 받으려 함이로다”(계 22:13–14) **〈에덴의 회복〉** – 그가 수정 같이 맑은 생명수의 강을 내게 보이니 하나님과 및 어린 양의 보좌로부터 나와서 길 가운데로 흐르더라 강 좌우에 생명나무가 있어 열두 가지 열매를 맺되 달마다 그 열매를 맺고 그 나무 잎사귀들은 만국을 치료하기 위하여 있더라 다시 저주가 없으며 하나님과 그 어린 양의 보좌가 그 가운데에 있으리니 그의 종들이 그를 섬기며 그의 얼굴을 볼 터이요 그의 이름도 그들의 이마에 있으리라 다시 밤이 없겠고 등불과 햇빛이 쓸 데 없으니 이는 주 하나님이 그들에게 비치심이라(계 22:1–4) **〈인류 창조 목적의 완성〉** – 그들이 세세토록 왕 노릇하리로다(계 22:1–5)	나는 그의 하나님이 되고 그는 내 아들이 되리라 알파와 오메가	생명나무 에덴회복 새창조

이상의 표에서 보는 것처럼 혼인제도는 창조 질서에 해당되며 하나님께서 계획하신 창조의 목적을 완수하기 위한 유효한 제도이다(ITEM 1 참고). "여호와 하나님이 가라사대 사람의 독처하는 것이 좋지 못하니 내가 그를 위하여 돕는 배필을 지으리라 하시니라"(창 2:18)는 말씀에서 말하고 있는 것처럼 혼인을 통해 남자와 여자가 한 몸을 이룸으로써 창조의 완성을 향해 나아가게 되는 것이다.

하나님께서는 혼인제도를 통하여 한 몸이 된 아담과 하와로 하여금 "하나님이 그들에게 복을 주시며 그들에게 이르시되 생육하고 번성하여 땅에 충만하라, 땅을 정복하라, 바다의 고기와 공중의 새와 땅에 움직이는 모든 생물을 다스리라 하시니라"(창 1:28)고 하는 사명을 수행하도록 하셨다. 여기에서 말하고 있는 '다스림' 은 하나님의 형상으로 창조된 아담과 하와만이 가지는 독특한 기능이다. 이것은 남자와 여자만이 모든 피조물 중에서 만물을 다스리는 권세를 가지고 있음을 의미한다.

이런 점에서 남자와 여자가 혼인하여 세우게 될 가정은 하나님께서 인류에게 주신 사명을 수행하고 완수함에 있어 가장 유효한 제도이다. 아담과 하와가 가정을 통해 인류를 발생시키고 효과적으로 하나님의 나라를 확장해 나가야 했던 것처럼 모든 인류는 가정을 통해 '다스림' 이라고 하는 사명을 수행해야 하는 것이다. 이것은 바로 '하나님의 형상' 으로 창조된 인류만이 누리는 고유한 권세이다.

따라서 혼인제도는 '하나님의 형상' 을 완성하는 동시에 '다스림' 이라고 하는 사명을 수행하기 위한 것이다. 이러한 혼인제도의 정신은 노아 언약과 아브라함 언약의 뿌리가 되며 이로써 언약 공동체를 이루게 되었다.

노아 언약에서 "하나님이 노아와 그 아들들에게 복을 주시며 그들에게 이르시되 생육하고 번성하여 땅에 충만하라"(창 9:1)고 하신 말씀과 "이는 하나님이 자기 형상대로 사람을 지었음이니라 너희는 생육하고 번성하며 땅에 편만하여 그 중에서 번성하라 하셨더라"(창 9:6-7)는 말씀은 이 사실을 충분히 보여주고 있다(ITEM 3 참고).

또한 아브라함의 언약에서 "내가 너로 큰 민족을 이루고 네게 복을 주어 네 이름을 창대케 하리니 너는 복의 근원이 될지라"(창 12:2)는 약속은 노아 언약의 갱신과 같은 의미를 담고 있다(ITEM 4 참고).

후에 이 언약 공동체는 시내산 언약을 통해 이스라엘 공동체로 발전되었고 국가 단위로 확장되었다. "세계가 다 내게 속하였나니 너희가 내 말을 잘 듣고 내 언약을 지키면 너희는 열국 중에서 내 소유가 되겠고 너희가 내게 대하여 제사장 나라가 되며 거룩한 백성이 되리라"(출 19:5-6)는 약속을 통해 하나님은 노아 언약과 아브라함 언약을 근거로 이스라엘 공동체를 친히 하나님의 소유로 삼으셨음을 보여주셨다(ITEM 5 참고).

이것은 남자와 여자의 혼인으로 말미암아 발생한 가정이 궁극적으로 국가 단위로 확장되어야 한다는 사실을 잘 보여준다. 나아가 그리스도 예수의 부활 후에는 이 개념이 교회 공동체로 발전되었다. 이 교회 공동체는 전 세계로 확장되어 한 지역에 국한되지 않고 지역을 초월하는 우주적인 공동체로 확대된다. 여기에서 하나님 나라의 우주적인 속성이 발견되며 그리스도의 재림 이후에는 시, 공을 초월하는 영원한 하나님 나라로 발전될 것이다. 이런 점에서 혼인제도는 하나님 나라를 표상하는 가장 기초적인 개념을 가지고 있다 하겠다.

이와 더불어 혼인제도를 이룸에 있어 "여호와 하나님이 아담에게서 취하신 그 갈빗대로 여자를 만드시고 그를 아담에게로 이끌어 오시니 아담이 가로되 이는 내 뼈 중의 뼈요 살 중의 살이라 이것을 남자에게서 취하였은즉 여자라 칭하리라 하니라"(창 2:22-23)는 기사는 혼인의 기본 정신을 충분히 제시하고 있다. 곧 남자와 여자는 비로소 혼인을 통해 완성된 하나님의 형상을 발휘한다는 것이다. 그만큼 혼인제도는 남자와 여자의 일체성을 기본으로 하고 있다.

아가서의 주인공은 솔로몬과 술람미 여인이다. 그런데 이 이름이 상징하는 바 솔로몬(שלמה : 쉘로모)은 평강이라는 의미의 '샬롬' (שלום)에서 나온 단어이며 술람미 여인(שולמית : 슐람미트) 역시 솔로몬(쉘로모)의 여성형으로 '솔로몬의 여인' 이라는 의미이다. 아가서에 등장하고 있는 이 두 주인공들의 이름이 상징하는 바 샬롬(שלום), 즉 평강을 의미하는 이름을 가지고 있는 두 사람 남녀사이에서 보여주는 사랑에 대한 묘사를 통해 혼인제도의 근본 개념과 정신을 충분히 반영하고 있다.

뿐만 아니라 술람미 여인에 대한 솔로몬의 사랑을 통해 그의 백성에게 향한 하나님의 사랑을 예표적으로 보여주고 있다. 하나님과 그의 백성 이스라엘 사이에 맺어진 관계를 혼인제도와 연결시키고 있는 것(8:6 참고)은 하나님께서 이스라엘 백성을 가리켜 "너는 다른 신에게 절하지 말라 여호와는 질투라 이름하는 질투의 하나님임이니라"(출 34:14)고 말씀하신 것에서 이미 확인된다. 이 말씀에서 하나님은 그 백성과의 관계를 혼인제도라고 하는 정신에 따라 규정하고 있음을 볼 수 있다. 아가서는 술람미 여인에 대한 솔로몬의 사랑을 통해 이 정신을 가장 명백하게 제시하고 있다.

이것은 하나님 나라가 근본적으로 혼인제도 위에 서 있다는 사실을 확인하게 한다. 이런 이유에서 선지자들도 이스라엘의 배도를 타도할 때에 혼인의 정신을 되새기게 하였다(사 54:5,6; 렘 2:2; 겔 16:8-14; 호 2:16-20). 사도 바울은 이 정신을 계승하여 교회를 그리스도의 신부로 묘사하고 있다(고후 11:2; 엡 5:22-25).

같은 의미에서 "우리가 즐거워하고 크게 기뻐하여 그에게 영광을 돌리세 어린양의 혼인 기약이 이르렀고 그 아내가 예비하였으니 그에게 허락하사 빛나고 깨끗한 세마포를 입게 하셨은즉 이 세마포는 성도들의 옳은 행실이로다 하더라"(계 19:7-8)는 사도 요한의 묘사는 마지막 날에 있을 어린양의 혼인 잔치를 통해 교회가 그리스도의 신부로 승화될 것을 분명하게 보여주고 있다.

그리스도와 교회를 혼인제도로 비유하고 있다는 것은 그 둘 사이에 발생하는 일체감을 강조하기 위함이다. "이러므로 남자가 부모를 떠나 그 아내와 연합하여 둘이 한 몸을 이룰지로다"(창 2:24)는 창조 원리가 확장되어 그리스도와 구원받은 인류인 교회가 한 몸을 이루는 신비한 연합(unio mystica)의 극치를 이루게 됨을 상징한다.

이런 점에서 교회를 가리켜 그리스도의 몸으로 비유한 바울의 지적은 깊이 생각할 가치를 가진다(고전 10:16; 12:27). 특히 교회를 그리스도의 몸이라고 지칭할 때 성찬식과 연결짓고 있는 것은 교회가 본질적으로 그리스도와 한 몸이라는 혼인 의식을 바탕으로 하고 있음을 알 수 있다.

이러한 관점에서 볼 때 아가서는 구속사의 긴 흐름 속에서 그의 백성에 대한 하나님의 사랑을 반영하며 그리스도와 그의 교회 사이에 나타나는 상호간의 사랑을 예표하는 것으로 이해함에 있어 아무런 문제가 없을 것이다.

E. J. Young이 "하나님께서 아가서를 정경에 포함시키신 목적은 하나님께서 우리에게 설정하신 혼인의 순결성과 그 고귀함을 가르치기 위함"이라고 지적하고 있는 것처럼 아가서는 인류에게 사랑을 심으신 하나님 자신의 순결하심을 가장 완벽하게 보여주는 책임이 분명하다.

3. 아가서의 구조와 메시지

아가서의 제목(Canticles)이 암시하는 것처럼 아가서는 각기 크기가 다른 13개의 칸토(canto : 시에 곡을 붙여 만든 성악곡, 소리의 높낮이가 길이나 리듬과 서로 어울려 이루어지는 음의 흐름)로 구성된 노래들로 되어 있다. 그 사이에 비슷한 후렴(2:7; 3:5; 8:4)이 등장하고 예루살렘 딸들(3:5; 5:8; 8:4), 파수꾼들(3:3; 5:7)과 같은 보조 그룹들이 반복적으로 등장하는 함축적인 후렴들(2:17; 4:6; 5:16; 6:3; 7:10)이 되풀이되고 있다. 이러한 외형적 구조가 아가서를 이해하는 단초가 되지는 않지만 대략적인 아가서의 흐름을 읽는 데 있어 13개의 칸토를 중심으로 할 때 다음과 같은 외형적인 구조를 볼 수 있다.

책의 제목(1:1)

〈제1부 시작〉

(A) 칸토 I. 입장 / 합창단의 노래(1:2-4)
(B) 칸토 II. 여자의 노래(1:5-6)
(C) 칸토 III. 사랑하는 자를 찾음(1:7-8)
(D) 칸토 IV. 남자와 여자의 사랑 노래(1:9-2:7)

〈제1부 끝〉 "예루살렘 여자들아 내가 노루와 들사슴으로 너희에게 부탁한다 내 사랑이 원하기 전에는 흔들지 말고 깨우지 말지니라" (2:7)

〈제2부 시작〉

(E) 칸토 V. 솔로몬의 청혼(2:8-17)
(F) 칸토 VI. 혼인식의 세 노래들(3:1-4:15)
(Fa) ① 신부의 염려(3:1-5)

〈제2부 끝〉 "예루살렘 여자들아 내가 노루와 들사슴으로 너희에게 부탁한다 사랑하는 자가 원하기 전에는 흔들지 말고 깨우지 말지니라" (3:5)

〈제3부 시작〉

〈이는 누구인가〉 "몰약과 유향과 상인의 여러 가지 향품으로 향내 풍기며 연기 기둥처럼 거친 들에서 오는 자가 누구인가" (3:6)

(Fb) ② 신부가 신랑에게 나아감(3:6-11)
(Fc) ③ 신부의 순결함(4:1-15)
(G) 칸토 VII. 신랑과 신부의 합일(4:16-5:1)

〈제3부 끝〉 "나의 누이, 나의 신부야 내가 내 동산에 들어와서 나의 몰약과 향재료를 거두고 나의 꿀송이와 꿀을 먹고 내 포도주와 내 젖을 마셨으니 나의 친구들아 먹으라 나의 사랑하는 사람들아 마시고 많이 마시라"(5:1)

〈제4부 시작〉

(F) 칸토 VIII. 혼인식 밤의 세 노래들(5:2-6:10)
(Fa) ① 신부의 염려(5:2-8)
(Fb) ② 신부가 신랑을 만나다(5:9-6:3)
(Fc) ③ 신부의 순결함(6:4-10)

〈이는 누구인가〉 "아침 빛 같이 뚜렷하고 달 같이 아름답고 해 같이 맑고 깃발을 세운 군대 같이 당당한 여자가 누구인가" (6:10)

(E) 칸토 IX. 솔로몬의 왕비가 된 술람미 여인(6:11-7:1)
(D) 칸토 X. 신랑과 신부의 사랑 노래(7:2-8:4)

〈제4부 끝〉 "예루살렘 여자들아 내가 너희에게 부탁한다 나의 사랑하는 이가 원하기 전에는 흔들지 말며 깨우지 말지니라"(8:4)

〈제5부 시작〉

〈이는 누구인가〉 "그의 사랑하는 자를 의지하고 거친 들에서 올라오는 여자가 누구인가" (6:10)

(C) 칸토 XI. 사랑의 언약(8:5-7)
(B) 칸토 XII. 여자의 노래(8:8-12)
(A) 칸토 XIII. 피날레(8:13-14)

〈제5부 끝〉 "나의 사랑하는 이여 너는 빨리 달리라 향기로운 산들에서 노루와도 같고 어린 사슴과도 같아여라"(8:14)

이상의 외형적 구조는 일곱 번째의 칸토인 '신랑과 신부의 합일' (4:16-5:1)을 중심으로 내용적인 좌우대칭을 이루고 있어 큰 틀로 볼 때 아가서는 교차대구법적 구조를 가지며 '혼인을 통한 남녀의 합일' 이 그 중심 주제로 되어 있음을 엿볼 수 있다. 이런 점에서 아가서는 혼인을 통한 남녀의 결합을 축하하고 혼인의 신성함과 신비로움을 보여준다고 하겠다.

이러한 아가서는 한 쌍의 인물들에게 시선이 집중되어 있다. 솔로몬과 술람미 여인이 그들이다. 술람미 여인(6:13)은 이스르엘 북쪽에서 조금 떨어진 므깃도 평야 근처에 있는 수넴 마을 출신으로 알려져 있지만 확실하지는 않다. 그리고 남녀의 혼인 정서를 서정적인 분위기로 담아내기 위해 목가적인 풍경을 그 배경으로 등장시키고 있다.

아가서의 스토리는 대략 다음과 같다. 솔로몬 왕은 예루살렘 북쪽으로 약 50마일 떨어진 에브라임 산지에 한 포도원을 가지고 있었다. 그는 이 포도원을 소작인들에게 맡겼다. 술람미 여인의 가족은 어머니와 오빠들 그리고 '술람미 여인' 이었다(1:6; 6:13; 8:8).

술람미 여인은 이 가정에서 '신데렐라' 와 같은 존재였다. 그녀는 아직 세상에 알려지지 않은 순진한 시골 처녀였다(1:5). 아마 그녀의 오빠들은 이복형제들이었을 가능성도 없지 않다. 이 오빠들은 술람미 여인을 포도원에서 너무나 많은 일을 시켰기 때문에 그녀는 자신의 외모에 신경을 쓸 여유조차 없었다(1:6). 술람미 여인은 포도나무의 가지를 치고 작은 여우들을 잡는 덫을 놓고 양떼를 치며 온종일 밖에서 일을 하느라 햇볕에 그을릴 정도였다(2:15).

그러던 어느 날 솔로몬이 그 포도원에 나타나서 술람미 여인에게 관심을 보였다. 술람미 여인은 솔로몬을 목자로 생각하고 그의 양떼들에 대해서 물었다. 솔로몬은 적당히 대답을 얼버무리면서 그녀에게 사랑에 찬 몇 마디를 던지고는 값비싼 선물들을 증표로 주겠다고 약속을 하였다(1:8-11). 그리고 솔로몬은 술람미 여인의 마음을 얻고는 그녀에게 다시 돌아오겠다고 약속했다.

그날 이후 술람미 여인은 솔로몬의 구애에 대한 번민과 갈등에 휩싸이게 되었다. 그것은 그녀가 과연 한 남자의 아내로 성숙한 상태가 되어 있는가에 대한 심리적 갈등이었다(3:1-5). 그렇지만 마침내 솔로몬은 술람미 여인을 자신의 아내로 맞아들였다(3:6-11).

대략 이러한 스토리를 중심으로 아가서의 내용적 구조를 살펴보면 다음과 같이 본문의 흐름을 읽을 수 있다.

책의 제목(1:1)

솔로몬의 노래 중에서 최상의 노래임을 밝히는 제목

제1부 _ 회상(1:2-2:7)

이 부분은 솔로몬과 술람미 여인 사이의 구혼 시절에 대한 회상이 전개된다. 여기에서 중심 화자(話者)는 신부인 술람미 여인이며 혼인에 이르기까지의 과정들을 회상을 하고 있다.

1. 아가서의 배경을 해설하는 합창과 아리아(1:2–8)

술람미 여인이 궁정에서 솔로몬이 없는 상태에서 친구들에게 솔로몬에 대한 사랑을 회상하고 있다.

① 예루살렘 여인들의 합창(1:2-4) : 아가서의 시작을 알리는 팡파르가 합창으로 울려 퍼지며 아가서의 주제를 알린다.

② 술람미 여인의 등장(1:5-7) : 술람미 여인의 독창(아리아)이 시작되며 자신을 소개하고 있다. 술람미 여인은 자신이 시골 출신임을 독자들에게 알리며 사랑의 대상인 솔로몬을 소개한다.

③ 예루살렘 여인들의 합창(1:8) : 술람미 여인의 소원에 대한 합창단의 응답이 전개된다.

2. 연인간의 상호적 사랑을 노래하는 독창(1:9–2:2)

솔로몬과 술람미 여인이 서로 상대방에 대한 자신들의 사랑을 고백하고 있다.

① 솔로몬의 등장(1:9-11) : 솔로몬이 술람미 여인의 아름다움을 노래하며 등장하면서 장차 전개될 아가서의 주제를 예고한다.

② 술람미 여인의 고백(1:12-14) : 술람미 여인이 솔로몬의 노래에 응답하며 사랑하는 솔로몬에 대한 사랑을 고백한다.

③ 솔로몬의 응답(1:15) : 솔로몬이 술람미 여인의 아름다운 모습을 기뻐하고 있음을 응답한다.

④ 술람미 여인의 노래(1:16-2:1) : 술람미 여인이 솔로몬을 찬양하며 솔로몬에 대한 사모하는 마음을 노래한다.

⑤ 솔로몬의 화답(2:2) : 술람미 여인의 사모하는 마음에 대한 솔로몬의 화답을 노래한다.

⑥ 술람미 여인의 소망(2:3-7) : 솔로몬에 대한 술람미 여인의 사랑이 평화스럽게 전개되기를 바라는 소망을 노래한다.

제2부 _ 솔로몬의 청혼과 그에 대한 응답(2:8-3:5)

사랑하는 두 연인들이 서로를 신뢰하는 가운데 서로 애타게 기다리던 만남이 본격으로 전개되면서 술람미 여인의 독백을 통해 숨 가쁘게 달려와 청혼하는 솔로몬과, 사랑 고백에 따른 청혼을 간절히 기다리던 술람미 여인이 이 청혼을 받아들이는 모습을 묘사한다.

1. 솔로몬의 청혼을 받기까지 솔로몬에 대한 술람미 여인의 열망을 묘사한다(2:8–17).

① 솔로몬에 대한 묘사(2:8-9) : 험준한 산맥을 단숨에 넘어 술람미 여인을 찾아오는 솔로몬의 극적인 모습을 묘사한다.

② 솔로몬의 청혼(2:10-14) : 술람미 여인에 대한 숭고한 사랑을 고백하는 솔로몬의 청혼 내용을 묘사한다.

③ 술람미 여인의 응답(2:15-17) : 솔로몬의 청혼을 간절히 기다리고 있던

술람미 여인의 심적 갈등이 고조되지만 기꺼이 청혼을 받아들이는 술람미 여인의 심경을 묘사한다.

2. 솔로몬의 청혼을 받았지만 그로 인해 야기된 술람미 여인의 갈등이 묘사되고 있다(3:1–5).

① 술람미 여인의 회상(3:1-5) : 솔로몬의 청혼이 있기까지 술람미 여인이 겪어야 했던 마음고생과 갈등을 극복하고 그 청혼을 받아들이기까지의 모습을 회상하고 있다.

제3부 _ 혼인식(3:6-5:1)

이 부분은 혼인식의 진행에 대한 노래들로 구성되어 있다. 신부의 행렬이 예루살렘을 향해 진행되고 혼인식이 벌어진다. 여기에서 주된 화자(話者)는 솔로몬이다. 신랑은 관습대로 신부를 찬양하는 말을 하는데 이것은 중동 지역에서 행해지고 있는 혼인식의 관습과 같다.

1. 합창 – 혼인식을 알리는 서곡(3:6–11)

온갖 역경을 이겨내고 마침내 술람미 여인은 솔로몬이 보내 온 화려한 이동용 침대를 타고 혼인식을 위해 예루살렘으로 입성하는 장면이 예루살렘 여인들의 합창으로 전개된다.

① 혼인식 행렬에 대한 묘사(3:6) : 거친 광야를 건너서 마침내 화려하게 예루살렘에 입성하는 신부의 행렬 모습이 묘사된다.

② 혼인식 행렬의 견고함에 대한 묘사(3:7-8) : 신부를 호위하기 위한 솔로몬 군사들의 늠름한 모습이 묘사된다.

③ 신부를 위한 이동용 침대에 대한 묘사(3:9-10) : 솔로몬이 신부를 위해 만든 최상의 호화스런 침대에 대한 모습이 묘사된다.

④ 신부를 맞이하는 신랑에 대한 묘사(3:11) : 솔로몬이 어머니가 새로 만들어준 면류관과 예복을 입고 신부를 기다리는 모습이 묘사된다.

2. 교창 – 왕궁에서 거행되는 혼인식(4:1–5:1)

신부의 예루살렘 입성에 이어 왕궁에서 거행되는 혼인식을 보여주면서 신부에 대한 신랑의 찬미와 그에 대한 신부의 응답이 교창으로 진행된다.

① 솔로몬의 노래(4:1-5) : 혼인식장에서 신부가 신랑에게 나아가자 신랑은 눈부시게 아름다운 신부의 모습을 섬세한 비유로써 찬미한다.

② 술람미 여인의 답가(4:6) : 신랑의 찬미에 대해 신부는 신랑을 맞이하겠다는 소박한 심정을 밝힘으로써 응답한다.

③ 솔로몬의 노래(4:7-15) : 앞서 신부의 아름다움을 극찬한 신랑은 이제 신부가 가지고 있는 내면의 아름다움을 섬세한 비유로써 찬미한다.

④ 술람미 여인의 응답(4:16) : 신부는 어린아이 같은 순결성으로 신랑을 맞이하며 자신을 사랑하는 신랑에 맡기겠다는 서약으로 응답한다.

⑤ 솔로몬의 노래(5:1a) : 마침내 사랑으로 자신을 맞이하겠다는 신부를 진정으로 아내로 맞이하겠다는 신랑의 선언으로 혼인식은 절정을 이루게 된다.

⑥ 합창 - 혼인식의 끝을 알리는 신랑과 신부에 대한 축하(5:1b) : 신랑과 신부를 축하하는 합창단의 외침으로 극적인 혼인식의 막을 알린다.

제4부 _ 혼인생활(5:2-8:4)

이 부분은 혼인식을 마친 솔로몬과 술람미 여인에게서 찾을 수 있는 애정의 순수함과 더불어 신비한 부부관계를 통해 발휘되는 엄숙한 혼인생활이 그려지고 있다.

1. 혼인 이전의 술람미 여인에 대한 묘사(5:2–6:3)

갓 혼인한 술람미 여인은 자신이 혼인에 이르기까지 겪어야 했던 지난날들의 과정을 돌아보며 혼인에 안착한 자신의 모습과 대조되었던 과거를 꿈처럼 되돌아보고 있다. 이 대목에서 술람미는 솔로몬과 혼인할 때까지 겪어야 했던 심적인 고통과 번민을 문학적 복선 기법으로 묘사한다.

① 술람미 여인의 독창(5:2-8) : 술람미 여인에게 사랑으로 흠뻑 젖은 솔로몬이 술람미 여인을 찾아왔으나 농촌 생활에 빠져 있던 술람미 여인으로서는 쉽게 솔로몬을 영접할 수 없었다. 그럼에도 불구하고 솔로몬은 적극적으로 술람미 여인에게 애정을 호소하며 술람미 여인의 마음을 열려고 노력한다. 그럴수록 술람미 여인은 솔로몬을 마음에서 멀리하려고 애를 쓰게 된다. 그후 술람미 여인은 솔로몬의 구애를 받아들이고 솔로몬과 혼인하기로 작정하면서 솔로몬과의 사랑을 갈망하고 있음을 하소연한다.

② 여인들의 합창(5:9) : 술람미 여인이 비로소 사랑스럽고 늠름한 솔로몬과의 사랑이 성취될 것이라고 암시한다.

③ 술람미 여인의 독창(5:10-16) : 사랑을 다시 확인한 술람미 여인은 솔로몬에 대한 자신의 그리움을 솔로몬의 모습에 대해 자세하게 묘사함으로써 고백한다. 이것은 신부인 술람미 여인에 대해 솔로몬이 묘사하고 있는 솔로몬의 노래(4:1-5, 8-15)와 병행을 이룬다.

④ 여인들의 합창(6:1) : 술람미 여인의 이야기를 들은 여인들이 술람미 여인과 함께 솔로몬을 찾아 나섬으로써 솔로몬에 대한 술람미 여인의 애정이 표현된다.

⑤ 술람미 여인의 독창(6:2-3) : 술람미 여인은 자신이 쉽게 대할 수 없는 솔로몬의 고상함에도 불구하고 이를 극복함으로써 자신이 온전히 솔로몬에게 속했다는 사실을 고백한다.

⑥ 솔로몬의 극적인 등장(6:4-9) : 혼인식 이전에 있었던 솔로몬과의 갈등을 묘사함으로써 혼인식에 이르기까지 복잡했던 술람미 여인의 심적인 갈등은 홀연히 등장하는 솔로몬의 웅장한 모습으로 모두 사라지게 되고 동시에 술람미 여인에 대한 솔로몬의 사랑이 다시 생동감 있게 그려짐으로써 대 반전이 시작된다.

2. 혼인 이후의 술람미 여인에 대한 묘사(6:10–8:4)

심적 갈등과 고통 속에 있던 술람미 여인에게 갑자기 등장한 솔로몬으로 말미암아 아름다움과 영광을 소유한 여인으로 부각되면서 둘 사이에 맺어진 신비한 부부관계를 통해 불변의 사랑을 보여주고 있다.

① 여인들의 합창(6:10) : 아침의 붉은 햇살이 떠오르는 모습으로 술람미 여인의 신분에 급격한 변화가 일어나고 있음을 선포한다.
② 술람미 여인의 노래(6:11-12) : 술람미 여인은 자신이 왕의 수레를 타고 있는 것을 묘사함으로써 왕국 백성들 앞에서 자신이 존귀한 위치에 서 있음을 노래한다. 이것은 수레를 타고 예루살렘에 입성하던 술람미 여인의 모습(3:6)을 재조명해 주고 있다
③ 여인들의 합창(6:13-14) : 예루살렘의 모든 여인들이 술람미 여인을 바라보며 솔로몬에 대한 술람미 여인의 열정적인 사랑이 계속되기를 기원한다.
④ 솔로몬의 사랑 노래(7:1-9) : 술람미 여인에 대한 솔로몬의 사랑을 극적으로 노래하며 신비한 부부간의 사랑을 보여준다.
⑤ 술람미 여인의 사랑 답가(7:10-8:4) : 사랑의 고백과 함께 신비한 합일을 이룬 부부간의 사랑이 충만한 가운데 술람미 여인이 솔로몬의 사랑 노래에 응답한다.

제5부 _ 사랑의 언약(8:5-14)

피날레는 남편과 아내가 대화를 주고받는 짧은 결언구(結言句)로 구성되며 사랑의 언약을 재확인하는 상호간에 결합된 깊은 사랑을 노래하고 있다. 아가서는 이 사랑의 정점에서 대단원의 막을 내린다.

1. 다시 확인하는 '사랑의 언약'(8:5–7)

술람미 여인은 솔로몬과 팔을 맞잡고 사랑의 언약을 재확인하고 있다.
① 여인들의 합창(8:5a) : 예루살렘으로 올라가는 혼인식 행렬에 대한 묘사(3:6)와 대조되는 모습으로 새로운 신분으로 태어난 술람미 여인이 묘사된다.
② 술람미 여인의 노래(8:5-7) : 솔로몬과 술람미 여인의 사랑은 세상의 그 어느 것도 갈라놓을 수 없으며 둘 사이에는 서로 인격적으로 맺어진 사랑이 구현되고 있음을 고백한다.

2. 피날레(8:8–14)

솔로몬이 술람미 여인의 아름다움을 노래하며 등장하면서 장차 전개될 아가서의 주제를 예고는 장면(1:9-11)을 연상시키면서 아가서의 대단원의 막을 알리는 팡파르가 울려 퍼진다.

① 형제들의 합창(8:8-9) : 술람미 여인이 소녀로부터 성숙한 여인으로 성장하여 솔로몬으로부터 사랑받는 여인이 되었음을 선언한다.

② 술람미 여인의 고백(8:10-12) : 성숙한 여인으로서 솔로몬과 상호간에 깊은 사랑의 관계를 맺게 되었음을 고백하며 솔로몬이 누릴 영광을 찬송한다.

③ 솔로몬의 노래(8:13) : 솔로몬의 영광에 술람미 여인 역시 동참하게 되었음을 노래한다.

④ 술람미 여인의 노래(8:14) : 솔로몬의 노래에 대한 술람미 여인의 응답으로 아가서의 막을 내리고 있다.

이상에서 보는 것처럼 아가서는 마치 하나의 잘 짜인 극본과 같이 매끄럽게 진행되고 있다는 점에서 고대의 희곡이었다고 주장하는 학자들이 있을 정도이다. 그렇지만 실상 아가서를 희곡의 대본으로 사용하기에는 급작스런 배경의 변화와 반전들이 자주 등장함으로써 많은 제약이 뒤따른다.

한편 이처럼 복잡하고 급변하는 내용을 이해하기 위해서 다양한 해석 방법들이 시도되기도 했다. 그동안 아가서에 대해 여러 가지 해석 방법들로는 풍유적인 해석, 문자적 해석, 예표적 해석, 모형론적 해석 등이 있으며 다양한 각도에서 아가서를 해석하기 위한 작업들이 시도되었다.

그중에서도 "아가서는 먼저 단순하고 우아한 인간적 애정시로 취급되어야 한다. 그 다음 단계에서 우리들은 본 시가가 인간의 영과 성령의 영 그리고 궁극적으로 교회와 그리스도 사이의 교제의 기쁨을 노래한 보다 높은 차원의 가치를 드러낸 것으로 승화시켜 이해해야 한다" (Campbell

Morgan)고 주장하는 모형론적 해석 방법이 가장 설득력이 있어 보인다.

모형론적 해석 방법에 따르면 아가서에 등장하는 술람미 여인과 솔로몬 사이의 상호적인 사랑을 통해 승화된 그리스도의 사랑에 대해서 더 깊은 관심을 가지게 된다. 특히 아가서에 나오는 사랑의 주제는 중생한 성도들에게는 자연히 그리스도와의 연합과 긴밀하게 밀착된 교제를 갈망하게 한다.

무엇보다도 고대 근동 세계의 다양한 종교들에서 발견되는 성창제도聖娼制度가 소중하게 간직해야 하는 혼인의 신성함을 왜곡시키고 있었다는 사실을 감안할 때 아가서는 혼인 관계가 하나님의 계획안에서 매우 소중한 의미를 가지고 있음을 웅변적으로 강조하고 있다 할 것이다.

이것은 선악을 알게 하는 나무의 열매를 먹은 여자에게 "내가 네게 임신하는 고통을 크게 더하리니 네가 수고하고 자식을 낳을 것이며 너는 남편을 원하고 남편은 너를 다스릴 것이니라"(창 3:16)고 하신 하나님의 말씀이 "나는 내 사랑하는 자에게 속하였도다 그가 나를 사모하는구나"(7:10)라는 여자의 고백으로 순화되고 결국 남편과 아내가 혼인을 통하여 하나가 되게 하는 혼인제도의 본질을 되찾게 해 준다는 사실을 강조하고 있다.

이 사실은 아담과 하와가 에덴동산에서 쫓겨난 이후로 인류로 하여금 가정 안에서 체험하게 되는 부부 관계의 순결함과 신비함 속에서, 나아가 가족 관계의 신실함과 끊임없는 자기 희생의 아름다움 속에서 에덴동산의 회복을 구현하는 유일한 길임을 명심하게 한다. 이로부터 교회의 본질에 대한 이해가 가능하게 되며 궁극적으로 가정을 원세포로 가지고 있는 교회의 속성에 대한 이해가 없이는 하나님 나라에 대한 소망을 가질 수 없다는 사실을 알게 된다.

뿐만 아니라 아가서는 "사랑은 죽음같이 강하고 질투는 스올같이 잔인하며 불길같이 일어나니 그 기세가 여호와의 불과 같으니라"(8:6)고 웅변함으로써 사랑이야말로 죄로 인한 인간의 죽음이라는 결과와 그 죽음의 파괴적인 영향력보다 더욱 강력한 건설적인 힘을 발휘하고 있음을 보여주고 있다.

이러한 아가서의 강력한 호소는 아가서를 통해 성도들로 하여금 그리스도의 사랑과 그리스도에게 속한 성도들의 복된 상태를 찾고 사모하게 만든다. 그 결과 아가서의 사랑에 대한 표현들은 우리들의 헌신을 그리스도에게 고백하는 헌신의 언어들로 승화시키고 있는데 이 모든 것은 근본적으로 순결하고 순수한 가정을 통해서만 체험이 가능하다는 사실을 웅변적으로 제시하고 있다.

4. 계시로서 주어진 아가서의 신적 권위

"솔로몬의 아가라"(1:1)는 한글 개역의 번역은 단축된 형태이며 "노래들 중의 노래니 이는 솔로몬의 노래라"(KJV)는 번역이 원어에 근접한 번역이다. 이 표제어는 "다윗의 아들 이스라엘 왕 솔로몬의 잠언이라"(잠 1:1)고 밝힌 잠언의 표제어를 연상케 한다. 솔로몬은 다윗의 아들이며 이스라엘의 왕으로 널리 알려진 인물로서 의심의 여지가 없다. 이 사실은 솔로몬이 구속사에서 차지하는 위치의 독특한 비중을 함유하고 있다.

먼저 '다윗의 아들' 즉 '다윗의 자손'은 다윗 언약을 계승한다는 정통성에서 그 독특한 성격을 가진다. "네 수한이 차서 네 조상들과 함께 잘 때에 내가 네 몸에서 날 자식을 네 뒤에 세워 그 나라를 견고케 하리라 저는 내 이름을 위하여 집을 건축할 것이요 나는 그 나라 위를 영원히 견고케 하리라"(삼하 7:12-13)고 하신 여호와의 약속에 따라 다윗의 왕권을 계승한 인물이 솔로몬이기 때문이다.

솔로몬은 다윗을 계승하기 위해 하나님에 의해 준비되었고 선택을 받은 인물이다. 하나님은 다윗에게 약속하신 바대로 솔로몬을 통해 다윗 왕국을 견고하게 하셨고 당대 최고의 권좌를 누리게 하셨다. 무엇보다도 솔로몬이 하나님으로부터 받은 복은 "나는 그 아비가 되고 그는 내 아들이 되리라"(삼하 7:14)는 약속에 따른 것이었다.

이 약속은 여호와께서 "나는 너의 방패요 너의 지극히 큰 상급이니라"(창 15:1)고 아브라함에게 주신 약속의 연속선상에서 다윗을 통해 솔로몬에게서 성취되었다. 하나님께서는 아브라함의 믿음을 통해 친히 아브라함이 소망하는 '모든 것' 이 되어 주셨다. 그리고 이 사실은 "나는 그 아비가 되고 그는 내 아들이 되리라"(삼하 7:14)는 말씀으로 다윗 언약을 통해 더 구체화되었다.

후에 이 약속은 "나는 그들의 하나님이 되고 그들은 내 백성이 될 것이라"(렘 31:33)는 새 언약으로 구체화되었다. 그리고 마침내 "이는 내 사랑하는 아들이요 내 기뻐하는 자라"(마 3:17)는 말씀으로 말미암아 우리 주님에 의해 성취되었다.

우리 주님은 "네 집과 네 나라가 네 앞에서 영원히 보전되고 네 위가 영원히 견고하리라"(삼하 7:16)고 하신 '왕국 언약' 의 계승자이시며 동시에 완성자이시다. 신약에서 메시아이신 예수 그리스도에 대한 전형적인 표현으로 '다윗의 자손' 이라 지칭하는 이유도 여기에 있다(마 1:1; 9:27; 12:23; 15:22; 20:30,31; 21:9,15; 22:42; 막 10:10:47,48; 12:35; 눅 18:38,39; 20:41).

또 하나 솔로몬의 독특한 위치는 그가 이스라엘을 다스리는 '왕' 이라는 사실에서 찾을 수 있다. 이스라엘의 왕은 이 세상에 존재하는 수많은 나라들을 다스리는 왕과 근본적으로 다른 위치에 있다. 그것은 이스라엘이 하나님께서 친히 선택하신 신정국가라는 점에서 확인된다. 이스라엘은 "너희가 내게 대하여 제사장 나라가 되며 거룩한 백성이 되리라"(출 19:6)는 시내산 언약의 기반 위에 세워진 나라이며 다윗 왕국에 의해 실체화되었다.

이스라엘은 시내산 언약과 다윗 왕국의 언약의 연속선상에서 이 세상에 존재하는 독특한 나라이며 그 나라의 왕은 제사장 나라의 통치자와 같은 권위를 가진다. 이 개념은 후에 우리 주님이신 예수 그리스도께서 선포하신 하나님 나라의 개념에서 확인되었다. 이와 같은 역사적인 배경을 가지고 마태는 그의 복음서에서 예수 그리스도께서 하나님 나라의 왕으로 오셨음을 분명히 밝혔던 것이다.

솔로몬이 하나님 나라를 상징하는 이스라엘과 그 나라의 백성을 다스리는 독특한 위치에 서 있는 인물이라는 점에서 그의 가르침은 모든 하나님 나라의 백성을 대상으로 하고 있다. 이 사실은 우리 주님이 그러셨던 것처럼 솔로몬의 가르침 역시 계시로서의 고유한 신적 권위를 가지고 있음을 증거하고 있다.

잠언과 전도서 그리고 아가서가 솔로몬의 이름에 저작권을 부여하고 있는 이유도 여기에 있다. 곧 잠언과 전도서와 아가서는 하나님의 나라와 그 백성을 상대로 주어진 하나님의 계시라고 하는 독특하고 고유한 성격을 담아주기 위함이다. 이런 이유에서 아가서는 이스라엘이라고 하는 하나님 나라의 백성을 대상으로 하고 있으며 그 백성들을 위한 하나님의 계시라는 사실을 확실하게 밝히고 있다.

이와 같은 맥락에서 하나님의 백성으로 부름을 받은 교회는 여전히 아가서를 하나님에 의해 계시된 말씀으로 받아들이게 된다. 그렇다면 아가서를 대할 때 다른 성경 계시들이 그러한 것처럼 하나님께서 우리 시대의 교회에게 하시는 메시지에 대해 열려 있는 귀를 가지고 있어야 한다.

그와는 달리 아가서를 하나의 문학작품인 것처럼 대하고 분석, 비판한다는 것은 "모든 성경은 하나님의 감동으로 된 것으로 교훈과 책망과 바르게 함과 의로 교육하기에 유익하니 이는 하나님의 사람으로 온전케 하며 모든 선한 일을 행하기에 온전케 하려 함이니라"(딤전 3:16-17)고 선언하는 것처럼 성경을 주신 근본적인 하나님의 목적을 파괴하는 일임을 명심해야 할 것이다.

아가서는 서정시로서 모든 조건을 다 갖추고 있다. 따라서 아가서는 현실주의적인 표현법을 사용하는 역사 이야기가 아니라 다양한 이미지들을 사용하는 묘사들을 통하여 비유 또는 은유적으로 메시지를 전달하고 있다.

이런 점에서 각각의 낱말들을 해석하려고 하기보다는 두운법이나 동음이의어 또는 각운법이나 반복법 혹은 언어유희나 리듬 등의 음악적이며 문학적인 특징들에도 주의를 기울여 귀로 듣고 눈으로 보아야 한다. 이처럼 독자들은 상상력을 동원하여 아가서의 문학 세계 안으로 들어가기 위해 노력해야 하는데 특별히 하나님이 창조하신 피조물 중의 피조물로서 인간에게 주신 하나님의 지혜로부터 오는 능력을 최대한 발휘해야 한다.

특별히 아가서는 "내가 네게 잉태하는 고통을 크게 더하리니 네가 수고하고 자식을 낳을 것이며 너는 남편을 사모하고 남편은 너를 다스릴 것이니라"(창 3:16)고 하신 하나님의 말씀을 통해 보여주신 인간의 타락과 범죄라고 하는 치명적인 결과를 "내가 너로 여자와 원수가 되게 하고 너의 후손도 여자의 후손과 원수가 되게 하리니 여자의 후손은 네 머리를 상하게 할 것이요 너는 그의 발꿈치를 상하게 할 것이니라"(창 3:15)고 하신 말씀 가운데서 보이는 것처럼 하나님께서 의도하신 사랑이라고 하는 속성을 통해 어떻게 새로운 모습으로 에덴동산의 회복을 구현하고 있는가를 제시하고 있다. 그 결과 사랑은 남편과 아내가 혼인제도를 통하여 하나가 되게 하는 하나님의 본래 의도를 되찾게 하는 능력으로 나타나게 된다(창 2:24).

사랑이 죽음처럼 강하다(8:6)는 아가서의 결론부에 나타난 진술은 사랑이야말로 하나님의 저주로부터 풀려나 죽음의 파괴적인 영향력 못지않게 건설적인 힘을 가지고 있다는 사실을 역설적으로 보여주고 있다. 비록 아가서에는 '여호와의 불'(8:6)이라는 말로 하나님과 관련해 간접적으로 표현하고는 있지만 전도서나 에스더서가 그런 것처럼 하나님의 이름에 대한 직접적인 언급이 없다 할지라도 아가서가 인간의 구원을 위한 하나님의 종합적인 계획에 담긴 핵심 주제인 하나님의 사랑이 가지고 있는 속성에 대해 말하고 있음이 분명하다.

이것은 결정적인 하나님의 구원을 드러낸 출애굽 사건으로부터 시작된 유월절을 후대에 기념하면서 아가서를 낭독하게 된 것과도 긴밀한 관련이 있음을 보여준다.

5. 이 시대의 교회에게 주는 메시지

'노래 중의 노래' 이며 '가장 아름다운 노래' 라고 하는 책 이름이 이미 말해주고 있는 것처럼 통상적으로 아가서는 부부간의 사랑에 대해서 이야기하는 것으로 일컬어진다. 이러한 관점을 확장하여 부부간의 사랑을 나눌 수 있도록 그들을 창조하시고 그들에게 사랑의 본질을 보이신 하나님의 속성을 미루어 짐작하게 한다.

때문에 근본적으로 아가서는 하나님께서 인류에게 베푸신 혼인 정신과 그 안에서 진행되는 부부 관계가 지닌 아름다움과 성스러움을 보여주고 있다. 동시에 이 하나님의 사랑이 바탕이 되어 혼인의 신성함과 순결성이 가정을 통해 보존되어야 하는 것처럼 그리스도와 성도들의 신비한 연합 역시 교회라는 울타리 안에서 보존되어야 한다는 사실을 제시하고 있다.

이런 점에서 아가서는 히브리 역사에서 당신의 백성을 향한 하나님의 자비로운 사랑에 대해 직접 서술하여 말하고 있지 않지만 술람미 여인과 솔로몬 사이에서 성장하고 있는 사랑의 속성을 통하여 하나님께서 보이신 사랑의 본질을 깨닫게 한다. 또한 선지서들처럼 그리스도에 대한 직접적인 예표를 보여주지는 않지만 궁극적으로 가정이라는 제도를 통해 구현되어야 할 에덴동산의 회복이라는 커다란 주제를 제시함으로써 그리스도와 성도들 사이에 맺어지는 신비한 연합(unio mystica)이 가지고 있는 의미를 깨닫게 한다.

이 에덴동산의 회복은 궁극적으로 새창조의 완성과 깊은 관련을 가지고 있다. 또한 이 궁극적인 새창조의 완성은 그리스도의 대속을 통해 이땅에 건설되는 그리스도의 신부인 교회(엡 5:22-25)를 통해 구현되며 마침내 완성될 새 하늘과 새 땅을 통해서 최종적으로 구현될 것이다(계 19:7-8).

나아가 아가서는 에로틱한 성애에 대한 직접적인 묘사보다는 여러 가지 은유를 통하여 솔로몬과 술람미 여인 사이에서 진행되고 있는 인격적인 사랑의 나눔에 대한 다양한 모습을 간접적으로 보여주고 있는데 이것은 그만큼 풍부하고 다채로운 방식으로 그들 사이에 존재하는 숭고한 사랑을 묘사하기 위함이다. 그럼에도 불구하고 일부 학자들은 아가서를 문자적인 해석을 앞세워 저급한 성애의 행위에 대해 묘사하는 책으로 치부하고 있다는 것은 참으로 안타까운 일이다.

그러므로 정욕과 탐욕이 인간을 강렬하게 유혹하여 하나님께서 주신 혼인의 참 뜻으로부터 멀리 떨어지게 하는 이 세상 안에서 살고 있는 우리에게 아가서는 진실한 사랑이 얼마나 고귀하고 순수한 것인가를 깨닫게 하고 있다. 뿐만 아니라 부부의 사랑이 얼마나 순수하며 순결한가를 보여주고 있다는 사실에 대해 성경해석자들은 깊은 관심을 가져야 할 것이다.

6. 순결하게 보존되어야 하는 혼인제도

하나님께서 첫 사람 아담을 위해 처음으로 만드신 것이 에덴동산이었다. 하나님은 이 에덴동산을 창설하시고 그곳에 아담을 심으셨다(창 2:8). 이것은 이 동산을 기반으로 아담과 하와가 가정을 이룸으로써 장차 큰 민족으로 성장하게 하기 위함이었다. 그러나 아담과 하와의 범죄는 결국 이 동산으로부터 추방을 당하는 결과를 가져오고야 말았다. 이후 인류는 결코 에덴동산으로 되돌아 갈 수 없게 되었다(창 3:24).

하지만 하나님께서 아담과 하와에게 말씀하신 것처럼 "이러므로 남자가 부모를 떠나 그 아내와 연합하여 둘이 한 몸을 이룰지로다"(창 2:24)라고 하신 혼인제도는 에덴동산에서 축출된 이후에도 여전히 유효한 약속으로 남아있게 되었다. 따라서 아담은 에덴동산에서 자신이 하와를 가리켜 '이는 내 뼈 중의 뼈요 살 중의 살이라' (창 2:23)고 노래한 것처럼 비록 에덴동산에서 뽑혀 버린 바 되었다 할지라도 자신의 유일한 반려자인 하와와 한 몸을 이루고 가정을 세워나감으로써 장차 큰 민족으로 성장할 수 있는 기반을 만들 수 있었다.

이런 점에서 혼인과 가정 제도는 하나님께서 인류에게 주신 가장 보편적이면서도 귀한 선물이다. 인류가 비록 에덴동산에서 떠나 있다 할지라도 이 혼인제도를 통해 인류는 에덴동산에서와 마찬가지로 그와 버금가는 가정을 세워나갈 수 있기 때문이다.

하나님께서는 범죄한 하와에게 해산의 고통을, 아담에게는 땀을 흘려야 땅의 소산을 취할 수 있게 하셨지만 이로 인하여 인류에게 보편적으로 주신 최상의 선물인 가정을 계속해서 유지하고 세워나갈 수 있도록 은혜를 주셨던 것이다. 그만큼 가정은 에덴동산에서 주어진 그 원형을 가장 많이 담고 있는 유일한 제도이다.

나아가 이 가정을 통하여 인류가 계속해서 생산되는 길이 열리게 됨으로써 온 땅에 번성할 수 있게 되었다. 이는 "하나님이 그들에게 복을 주시며 그들에게 이르시되 생육하고 번성하여 땅에 충만하라, 땅을 정복하라, 바다의 고기와 공중의 새와 땅에 움직이는 모든 생물을 다스리라 하시니라" (창 1:28)고 하신 말씀이 여전히 가정제도를 통해 성취되고 있음을 보여준다.

특별히 가정제도는 원 복음(proto evangelium), 즉 "내가 너로 여자와 원수가 되게 하고 네 후손도 여자의 후손과 원수가 되게 하리니 여자의 후손은 네 머리를 상하게 할 것이요 너는 그의 발꿈치를 상하게 할 것이니라" (창 3:15)고 하나님께서 언약하신 최초의 복음이 구현되는 유일한 제도라는 점에서 매우 이상적이고 독특한 제도이다. 이런 점에서 인류는 그 어떤 위협이나 공격 앞에서도 결코 무시되거나 파괴되지 않도록 가정의 신성함을 보존해야 할 의무를 가지고 있다. 전쟁이나 사회의 구조악 또는 힘있는 자들에 의한 착취, 그밖에 수많은 위해 요소들로부터 가정을 보호하는 것은 인류 역사의 공의와 정의를 구현하는 근본적인 목적이 되어야 한다.

그러므로 가정제도는 인류를 이땅에 내신 하나님의 뜻을 구현하기 위한 유일한 제도이며, 그 가정을 유지하고 세워나가는 원리로 제시하신 혼인의 정신이 살아있는 단 하나의 제도이다. 이 가정은 오로지 혼인의 질서에 따라 세워지며 보존되어야 한다. 만일 혼인의 정신이 변질되거나 파괴된다면 그 바탕 위에서는 가정을 세워나갈 수 없기 때문이다. 혼인제도가 순수하게 보존되어야 할 이유가 여기에 있다.

7. 혼인제도를 보존해야 하는 교회

예나 지금이나 가정을 파괴하고 위협하는 온갖 요소들이 호시탐탐 가정을 무너뜨리기 위해 위세를 떨치고 있다. 특히 현대에 와서 더 그러하듯이 혼전 성교, 동성애, 간음, 불륜, 매음 등이 아무런 제재도 받지 않을 정도가 되었고, 이러한 경향은 쉽게 이혼을 조장하게 함으로써 수많은 가정들을 파탄에 이르게 하고 있다.

그 결과 성의 해방이라고 하는 악습이 만연되면서 성적 난교亂交가 확장되고 성범죄와 가정 파괴를 비롯해 에이즈와 같은 질병의 확산 등 오히려 인류를 도탄의 굴레에 빠져들게 하고 있다.

이와는 달리 아가서는 혼인 관계 안에서의 올바른 사랑만이 인류에게 참된 기쁨과 행복을 가져다주며 이에 근거하여 가정 안에서 진정으로 성의 자유를 구현할 수 있다는 사실을 명확하게 제시하고 있다. 세속적 경향에 따르는 성의 자유가 아닌 오직 혼인 관계 안에서만 진정한 성의 자유를 누릴 수 있음을 보여주고 있는 것이다.

이와 함께 가정은 단순히 인류를 이땅에서 생육하고 번성하여 땅에 충만케 하는 것으로 끝나지 않고, 이를 통하여 새 창조의 완성을 향해 나아가게 하는 유일한 제도라는 점에서 언제나 순수하고 순결하게 보존되어야 한다는 점을 강조하고 있다.

따라서 온전한 가정들로 구성된 교회를 보존하고 충만케 하는 일에 신자들은 최선을 다해야 한다. 왜냐하면 교회는 실질적으로 머리이신 그리스도로부터 능력을 받아 그 구성원들에게 영양을 공급하는 지상의 유일한 기관이기 때문이다. 교회가 보존될 때만이 신자들은 머리이신 그리스도로부터 은혜를 지속적으로 보장받을 수 있으며, 그러기 위해 가정은 필수적으로 언제나 교회의 보호 아래 있어야 하는데 그 가정을 온전히 세워나가기 위해서 혼인제도는 주님이 다시 오시는 그날까지 순전하게 보전되어야 한다.

〈I〉

하나님의 형상으로 지음 받은 남녀의 존귀한 사랑

- 아가서 1장

아가서 1장

1:1 솔로몬의 아가라
1:2 내게 입 맞추기를 원하니 네 사랑이 포도주보다 나음이로구나
1:3 네 기름이 향기로와 아름답고 네 이름이 쏟은 향기름 같으므로 처녀들
이 너를 사랑하는 구나
1:4 왕이 나를 침궁으로 이끌어 들이시니 너는 나를 인도하라 우리가 너를
따라 달려가리라 우리가 너를 인하여 기뻐하며 즐거워하니 네 사랑이
포도주에서 지남이라 처녀들이 너를 사랑함이 마땅하니라
1:5 예루살렘 여자들아 내가 비록 검으나 아름다우니 게달의 장막 같을지
라도 솔로몬의 휘장과도 같구나
1:6 내가 일광에 쬐어서 거무스름할지라도 흘겨보지 말 것은 내 어미의 아
들들이 나를 노하여 포도원지기를 삼았음이라 나의 포도원은 내가 지
키지 못하였구나
1:7 내 마음에 사랑하는 자야 너의 양 떼 먹이는 곳과 오정에 쉬게 하는 곳
을 내게 고하라 내가 네 동무 양 떼 곁에서 어찌 얼굴을 가리운 자 같
이 되랴

1:8 여인 중에 어여쁜 자야 네가 알지 못하겠거든 양 떼의 발자취를 따라
목자들의 장막 곁에서 너의 염소 새끼를 먹일지니라
1:9 내 사랑아 내가 너를 바로의 병거의 준마에 비하였구나
1:10 네 두 뺨은 땋은 머리털로, 네 목은 구슬꿰미로 아름답구나
1:11 우리가 너를 위하여 금사슬을 은을 박아 만들리라
1:12 왕이 상에 앉았을 때에 나의 나도 기름이 향기를 토하였구나
1:13 나의 사랑하는 이는 내 품 가운데 몰약 향낭이요
1:14 나의 사랑하는 이는 내게 엔게디 포도원의 고벨화 송이로구나
1:15 내 사랑아 너는 어여쁘고 어여쁘다 네 눈이 비둘기 같구나
1:16 나의 사랑하는 이여 너는 어여쁘고 화창하다 우리의 침상은 푸르고
1:17 우리 집은 백향목 들보, 잣나무 석가래로구나

〈I〉

하나님의 형상으로 지음 받은 남녀의 존귀한 사랑

- 아가서 1장

시詩의 형식을 가진다는 것은 그 안에 담긴 단어가 함축적인 의미를 담고 있음을 시사한다. 아가서 역시 시 형식을 갖춘 노래들로 구성되었으며 그만큼 상징성과 함축성을 가지고 있다. 이것은 아가서를 구성하고 있는 다양한 형태의 구조 속에서 독자들이 본문과 본문 사이에 담겨 있는 행간의 메시지에 귀를 기울일 것을 요구한다.

특히 아가서는 일종의 서정시들의 모음집과 같은 형식과 목가적인 배경을 가지고 있으며 왕과 한 여인 사이의 사랑에 대한 내용으로 이루어지고 있다는 점에서 저자의 정서와 의식의 흐름을 놓쳐서는 안 된다. 이런 점에서 아가서는 어떤 이야기를 하는 것이 아니라 어떤 것을 암시한다고 말한 루이스의 지적에 주의할 필요가 있다. 이 사실은 솔로몬을 '또띠'(דודי), 즉 '나의 사랑하는 이'로, 술람미 여인을 '라에티'(רעיתי), 즉 '나의 사랑'으로 각각 부르고 있다는 점에서도 확인된다. 여기에서 솔로몬과 술람미 여인은 각각 그 무엇을 상징하고 암시하는 인물임이 분명해진다.

다양한 형식을 갖춘 아가서는 이런 점에서 충분히 암시적이며 예표적인 특성을 가진다. 동시에 저자의 숨겨진 의식들의 흐름이 이 아가서를 하나로 묶고 있는 연쇄 구조를 이루고 있다. 아가서가 희곡으로 무대에 오를 수 없는 이유가 여기에 있다. 만일 아가서가 무대에 오른다면 돌발적인 상황이 자주 발생하고 상징성과 암시로 가득 차 있는 아가서의 내용들을 무대라고 하는 한정된 공간에서 결코 묘사해 내지 못하기 때문이다.

1장의 구조 역시 아가서의 난해함을 그대로 반영하고 있다. 면밀하게 그 내용을 살피지 않으면 어디가 시작이고 끝인지를 식별할 수 있는 시간표가 그 안에 없기 때문이다. 그만큼 아가서는 저작자의 내면에서 살아 숨쉬고 있는 의식적인 활동을 깊이 관찰해야 한다. 1장의 개요는 다음과 같이 정리할 수 있다.

1) 최상의 노래임을 밝히는 책의 제목(1:1)

2) 아가서의 배경을 해설하는 합창과 술람미 여인의 아리아가 솔로몬의 궁정에서 솔로몬을 그리워하며 친구들에게 솔로몬에 대한 사랑을 회상하고 있다(1:2-8).

① 예루살렘 여인들의 합창(1:2-4) : 아가서의 시작을 알리는 팡파르가 합창으로 울려 퍼지며 아가서의 주제를 알린다.

② 술람미 여인의 등장(1:5-7) : 술람미 여인의 독창(아리아)이 시작되며 자신을 소개하고 있다. 술람미 여인은 자신이 시골 출신임을 독자들에게 알리며 사랑의 대상인 솔로몬을 소개한다.

③ 예루살렘 여인들의 합창(1:8) : 술람미 여인의 소원에 대한 합창단의 응답이 전개된다.

3) 연인간의 상호적 사랑을 노래하는 아리아를 통해 솔로몬과 술람미 여인이 서로 상대방에 대한 자신들의 사랑을 고백하고 있다(1:9-2:7).

① 솔로몬의 등장(1:9-11) : 솔로몬이 술람미 여인의 아름다움을 노래하며 등장하면서 장차 전개될 아가서의 주제를 예고한다.

② 술람미 여인의 고백(1:12-14) : 술람미 여인이 솔로몬의 노래에 응답하며 사랑하는 솔로몬에 대한 사랑을 고백한다.

③ 솔로몬의 응답(1:15) : 솔로몬이 술람미 여인의 아름다운 모습을 기뻐하고 있음을 응답한다.

④ 술람미 여인의 노래(1:16-2:1) : 술람미 여인이 솔로몬을 찬양하며 솔로몬에 대한 사모하는 마음을 노래한다.

이어서 ⑤ 솔로몬의 화답(2:2)과 이에 대한 ⑥ 술람미 여인의 솔로몬에 대한 평화로운 사랑이 계속되기를 소망하는 내용(2:3-7)으로 전개된다.

1. '솔로몬의 노래' 에 담긴 의미(1:1)

1:1 솔로몬의 아가라

(필자역)

〈책의 이름〉

솔로몬의 노래들 중의 노래

아가서가 노래로 구성되어 있다는 것은 그 내용에 담긴 사랑의 감정을 극대화시킴에 있어 유력한 형식임에 틀림없다. 특히 아가서를 솔로몬의 '노래들 중의 노래' 라고 하는 것은 이 노래가 수많은 시인들이 불렀던 사랑의 노래와 그 차원이 다름을 지시하고 있다. 솔로몬은 가장 지혜로운 인물이며 아가서는 솔로몬이 지은 노래들 중에 가장 아름다운 노래이기 때문이다.

여호와께서 솔로몬에게 "내가 네 말대로 하여 네게 지혜롭고 총명한 마음을 주노니 너의 전에도 너와 같은 자가 없었거니와 너의 후에도 너와 같은 자가 일어남이 없으리라 내가 또 너의 구하지 아니한 부와 영광도 네게 주노니 네 평생에 열왕 중에 너와 같은 자가 없을 것이라"(왕상 3:12-13)고 말씀하신 것처럼 이 지상에서 솔로몬과 같이 하나님의 사랑을 받은 사람을 찾을 수 없을 것이다.

솔로몬은 다윗의 아들이자 왕의 권세를 지녔으며 성전을 지어 여호와께 헌당하기에 합당할 정도로 최고의 지혜와 부귀를 누렸다. 그만큼 솔로몬은 하나님으로부터 사랑을 받았고 하나님에 대한 사랑을 고백함에 있어 타의 추종을 불허한다. 이는 솔로몬이 여느 사람들과 다른 독특한 위치에 서 있음을 의미한다. 이런 점에서 솔로몬의 사랑 이야기를 담고 있는 아가서 역시 독특한 위치에 서 있으며 이는 아가서를 가리켜 최상의 노래라 해도 과언이 아님을 입증하고 있다.

성경에서 '노래 중의 노래' (the song of songs)로 표현되는 '쉬르 하쉬림' (שׁר השׁרים)과 같은 표현 방식은 '최고의' 또는 '최상의' (superlative)라는 의미로 종종 쓰인다. 그 예로 다니엘 2장 37절의 '열왕 중의 왕' (the king of kings, מלך מלדוא), 출애굽기 26장 33절의 '지성소' (the holy of holies, 혹은 the most holy, קדשׁ חקדשׁים), 에스겔 16장 7절의 '심히 아름답다' (the Ornament of Ornaments 혹은 the most beautiful, בחדי חדיים)를 들 수 있다.

특히 아가서가 최상의 노래로서 가지고 있는 계시적 의미를 가장 잘 반영하는 곳은 창세기 1장 31절과 2장 23절이라 할 수 있다. 창세기 1장 31절은 하나님께서 천지 창조를 마치신 후 '하나님의 형상' 인 '남녀' 를 향하여 말씀하신 표현이다. 다른 피조물들은 "보시기에 좋았다" 라고 표현하고 있는 반면 '하나님의 형상' 인 남녀를 만드신 후에는 이제껏 만든 모든 '피조물들 중 최상의 피조물' 이라는 의미로 "보시기에 심히 좋았다" 라고 기록하고 있다.

이러한 표현은 창조를 마치신 후 하나님께서 '하나님의 형상' 인 남녀를 바라보시며 친히 부르신 '하나님의 노래' 라 할 수 있다. 이처럼 창세기 1장 31절에서 표현된 '피조물들 중에 피조물' 이라는 '최상의 노래' 에 대해 아담은 창세기 2장 23절에서 '뼈 중의 뼈' (bone of my bones, עצם מעצמי), '살 중의 살' (flesh of my flesh, בשׂר מבשׂרי)이라고 노래하고 있다.

아담은 하나님께서 아담 앞으로 보내신 모든 동물들(피조물들)을 보며 그 본질들을 파악하였는데 자기와 상응하는 존재를 찾을 수 없었다. 그때 하나님께서는 아담을 깊이 잠들게 하시고 그에게로부터 여자를 만드신 후 아담에게 보였을 때 아담은 경탄하며 이 노래를 부른다. 아담은 그 여자를 향하여 "이번에야말로"(זאת הפעם)라고 하면서 자신과 상응하는 존재를 찾았다고 노래한다. 이 같은 아담의 노래는 '하나님의 형상' 인 하와를 향하여 부른 노래일 뿐만 아니라 상호간에 최상의 존재임을 고백하는 최상의 노래라 할 수 있다.

이런 점에서 아가서에서는 창세기에서 보여주고 있는 '하나님의 형상' 으로서 남녀가 가졌던 상호존중과 깊은 사랑의 관계를 시문학적 특성을 통하여 풍부하게 표현하고 있다. 솔로몬은 자기만이 가지고 있는 각별한 시어를 사용하여 '하나님의 형상' 으로서 한 남자와 한 여자가 '한 몸을 이룬다' 고 하는 숭고한 사랑의 관계를 다양한 소재와 표현을 통해 노래하고 있다.

아가서의 내용이 계시로서 주어졌고 정경으로서 우리에게 전해진 것은 바로 '하나님의 형상으로서 남녀의 완벽한 사랑' 을 경이롭게 노래하기 때문이라 할 것이다.

2. 솔로몬과 술람미 여인의 사랑 나눔에 담겨있는 의미(1:2-8)

1) 하나님의 형상을 대표하는 솔로몬과 술람미 여인(1:2–4)

1:2 내게 입 맞추기를 원하니 네 사랑이 포도주보다 나음이로구나
1:3 네 기름이 향기로워 아름답고 네 이름이 쏟은 향기름 같으므로 처녀들이 너를 사랑하는구나
1:4 왕이 나를 침궁으로 이끌어 들이시니 너는 나를 인도하라 우리가 너를

따라 달려가리라 우리가 너를 인하여 기뻐하며 즐거워하니 네 사랑이 포도주에서 지남이라 처녀들이 너를 사랑함이 마땅하니라

(필자역)

〈제1부 _ 시작을 알리는 팡파르〉

여인들의 등장(합창)

그로, 그의 입맞춤으로 내게 입 맞추게 하소서
참으로 당신의 사랑이 포도주보다 나음이니이다
당신의 기름은 향기롭고
당신의 이름은 쏟아 놓은 향유 같으니
처녀들이 당신을 사랑하나이다
당신이 나를 이끌어 주소서
우리가 당신을 따라 달려가리이다
왕이 나를 그의 방으로 이끄셨으니
우리가 당신 안에서 기뻐하고 즐거워하나이다
우리가 당신의 사랑을 포도주보다 더 기억하리니
정직한 자들이 당신을 사랑하나이다

사랑에 대한 최상의 노래는 팡파르가 울리면서 여인들의 합창으로 시작된다. "내게 입 맞추기를 원하니 네 사랑이 포도주보다 나음이로구나"(1:2)라고 시작되는 합창은 아가서의 시작을 알리고 있다.

룻기에서 보는 것처럼 여인들의 노래가 장차 이루어질 일에 대한 '예언과 성취'를 예표하고 있다는 점(룻 4:14-15)에서 여기에 등장하는 여인들의 합창은 본 아가서의 표제임과 동시에 앞으로 전개될 아가서의 주제를 암시하고 있다. 이러한 기법은 수사학의 한 기법인 예변법(豫辯法, prolepsis)으

로 앞으로 이야기가 어디로 진행될 것인가를 예견하게 하는 역할을 한다.

이 합창단에 따르면 주인공인 술람미 여인은 사랑의 대상인 솔로몬이 자기에게 그의 입으로 진한 입맞춤을 할 것이라고 기대한다. 술람미 여인이 기대하는 솔로몬의 진한 입맞춤은 솔로몬의 기품 있는 인격적 사랑에서 행해지는 입맞춤이다. 그러한 입맞춤을 술람미 여인이 기대하는 이유는 "네 사랑이 포도주보다 나음이로구나"와 같이 그의 진한 입맞춤이 잘 숙성된 맛 좋은 포도주보다 더 좋게 느껴지는 것으로 암시하고 있다.

솔로몬의 인격은 마치 그의 몸 전체에 기름이 쏟아져 적셔짐으로써 진한 향기를 풍겨내는 듯하다. 그렇기 때문에 솔로몬의 입맞춤은 술람미 여인뿐 아니라 예루살렘의 모든 여자들까지도 흠모할 만큼 훌륭한 인격적인 사랑을 가지고 있음을 암시한다. 개역성경의 "내게 입 맞추기를 원하니"라는 말은 히브리어 성경에 "그의 입의 입맞춤들로 그가 내게 입 맞출 것이다"로 되어 있다(RSV 참조). 여기에서 술람미 여인은 사랑의 대상인 솔로몬이 자기에게 열정적이며 인격적으로 입맞춤할 것을 예견한다.

술람미 여인이 예견하고 원하는 솔로몬의 입맞춤은 단순한 성적 충동에 의해서 행해지는 입맞춤이 아니라 진실한 사랑과 인격적 존중에서 비롯되어 행해지는 잘 숙성되고 무르익은 전인격적 열정에서 나오는 입맞춤이다. 그러므로 아가서의 노래는 수메르의 신화에 나오는 사랑의 노래라든지 이집트의 사랑 노래의 저급한 수준과는 비교가 안 되는 하나님의 형상인 남녀 안에서만 가능한 거룩한 노래라 할 수 있다.

이처럼 여인들의 합창은 솔로몬의 사랑이 단순한 평범한 연애 감정을 넘어선 수준의 것이며 당시 이방 족속들의 신전에서 포도주를 입에 머금고, 온 몸에 기름을 바르고 향내를 내며, 성적으로 문란하게 행하는 쾌락의 모습에서 볼 수 있는 것과는 비교가 안 되는 진실한 사랑의 속성을 오랜 기간 동안 숙성된 포도주의 향과 맛보다도 더욱 진한 것으로 표현하고 있다. 그 사랑은 싸구려 연애 감정이 아니며 문란한 향락에서 오는 쾌감과 비견

할 수 없는 기품 있는 인격에서 나오는 사랑으로 술람미 여인이 안심하고 믿고 존경하고 의지하며 '따라갈 만한' 사랑이라고 정의하고 있다.

이런 점에서 "네 기름이 향기로워 아름답고 네 이름이 쏟은 향기름 같으므로 처녀들이 너를 사랑하는구나"(1:3)라는 표현은 한 대상의 지위와 인격을 높이는 표현이다. 이러한 표현은 구약성경뿐 아니라 신약성경에서도 나타난다(눅 7:46; 요 12:1-3; 막 14:1-6; 마 26:6-11을 보라). 또한 '기름' 앞에 '너' 라는 인칭을 사용함으로써 '너' 라는 대상을 '향기롭고 아름다운 기름' 으로 묘사하는 기법으로 표현하고 있는데 이것은 '기름' 그 자체를 말하기보다는 '남자의 기품 있는 인격' 을 아름답게 표현하기 위함이다.

이름은 존재의 가치를 말해준다. 아담은 하나님께서 지으신 각종 들짐승들과 공중의 새들, 곧 모든 생물들에게 이름을 지어주었으며 아담이 일컫는 바가 곧 그들의 이름이 되었다(창 2:19-25). 그렇지만 아담은 각종 생물들의 이름을 지어주었음에도 불구하고 그것들 안에서 자신과 같은 존재는 발견하지 못했다. 그후에 하나님께서는 아담에게 하와를 데리고 왔고 그때야 비로소 아담은 자신과 상응하는 존재를 발견하였다면서 그 여성의 이름을 '남자(איש)에게서 취하였은즉 여자(אשה)라 칭하리라' 고 하였다.

이처럼 "네 이름이 쏟은 향기름 같으므로"라는 말은 앞에서 말한 '기름' 에 대한 또 다른 강조의 형식으로 사랑하는 남자의 존재 가치를 높이려는 의도가 계속 진행되고 있음을 보여준다. 아가서의 저자는 의도적으로 '이름' 과 '기름' 의 언어유희言語遊戲를 통하여 주인공인 여자가 그 상대자인 남자의 인격적 가치를 보다 훌륭하게 이해하고 있음을 나타내고 있다. 이것은 앞으로 전개될 아가서의 흐름을 미리 보여주는 역할을 한다.

히브리어로 기름은 '쉐멘' (שמן)이고 이름은 '쉠' (שם)으로 발음한다. 여인들의 합창에서 표현된 바에 의하면 여자의 상대인 사랑스런 남자는 향기롭고 아름다운 기름이며 동시에 그 이름은 '쏟은 향기름' 이다(1:3). 이러한 표현은 전도서 7장 1절에서도 "아름다운 이름이 보배로운 기름보다 낫다"고 하면서 이름을 강조하여 사람의 존재 가치를 높이고 있는 것처럼 본문에서도 쉠(이름)과 쉐멘(기름)이라고 하는 '언어유희' 言語遊戲를 통하여 청중들로 하여금 극적인 효과를 기대하게 만든다.

동시에 이 합창은 "왕이 나를 그의 방으로 이끌어 들이시니 너는 나를 인도하라 우리가 너를 따라 달려가리라 우리가 너로 말미암아 기뻐하며 즐거워하니 네 사랑이 포도주보다 더 진함이라 처녀들이 너를 사랑함이 마땅하니라"(1:4)고 하며 여 주인공인 술람미 여인의 상대인 남자 주인공의 등장을 예고하듯이, 이 남자는 말로만 포도주처럼 달콤하게 하거나 기름을 바른 듯이 번지르르한 외모만 가지고 있는 것이 아니라 고매한 인격을 가진 자이며 그 인격에서 나오는 모든 언행이 향기가 되어 자신뿐 아니라 세상의 여자들이라면 모두가 흠모할 만한 대상이라는 것을 암시한다. 이것은 상대적으로 여자 주인공의 존재 가치를 높이는 역할도 하고 있다.

아가서는 여기에서도 시문학적 표현을 통해서 남자의 아름답고 격조 높은 인격이 사랑에 눈 먼 한 여자에게서나 있을 법한 주관적인 평가가 아니라는 것을 강조하기 위해서 "처녀들이 너를 사랑하는구나"라는 표현을 덧붙이고 있다. 이렇게 함으로써 남자를 생각하는 여자 주인공의 식견을 객관적 사실로 승화시키고 있다.

이로써 술람미 여인은 누구나 인정할 수 있는 믿음직하고 사랑스러운 인격자인 솔로몬이 자신을 이끌어 줄 것을 기대하고 있음을 보여준다. 이는 지극히 당연한 결정이며 솔로몬은 술람미 여인을 충분히 행복하게 해 줄 만한 인물이며 그들 사이에는 실제로 숭고한 사랑이 가득 채워져 있음을 느끼게 한다.

여인들의 합창에는 '나, 너, 우리, 왕, 처녀들' 이라는 명사들이 등장하고 있다. 하지만 이 다섯 대명사들이 말 그대로 다섯 명 이상의 많은 사람들을 나타내는 것은 아니다. 여기에서 저자는 1인칭 공통단수와 1인칭 공통복수를 자유롭게 교환하는 당시의 시문학적 특성을 통하여 남자에 대한 완벽한 신뢰성을 돋보이게 해주려고 다양한 형태의 대명사들을 도입하고 있다. "너는 나를 인도하라" 고 하고서 곧바로 "우리가 너를 따라 달려가리라" 고 답하는 표현 역시 솔로몬에 대한 술람미 여인의 신뢰도가 이중적 인칭의 배열 속에서 더 강렬하게 강조되게 하기 위함이다.

술람미 여인의 솔로몬을 향한 사랑의 깊이를 보이려 할 때는 '나' 라는 1인칭 단수를 '우리' 라는 1인칭 복수라는 인칭의 변화를 의도적으로 도입함으로써 그 효과를 높이고 있다. 그런 다음에 솔로몬에 대해서도 '너' 라는 2인칭 남성 단수를 '왕' 으로 표현하는 변화를 주어서 남자의 인격과 위상을 최상으로 높이고 있다. 고대 근동의 시문학에서는 사랑하는 여자를 '신' 으로, 남자를 '왕' 으로 표현하기도 하였다.

그러나 그렇게 높은 인격자인 왕과 같은 존재인 그 남자는 '우리' 들의 왕이 될 수 없고, 그 남자는 한 여자만을 사랑하여야 하며 한 여자에게만 속하길 원하는 '나' 의 왕임을 지시하고 있다. 이러한 표현 양식은 결정적인 부분에서 '나' 와 '너' 라는 분명한 인칭을 사용함으로써 이 둘 사이에는 어느 누구도 끼어들 수 없음을 명쾌하게 선을 긋는다.

특별히 술람미 여인이 솔로몬을 가리켜 '왕' 이라고 호칭하는 것에서 앞으로 전개될 아가서의 독특한 면모를 엿볼 수 있다. 본문에서 '왕' (מלך)은 일반적으로 신랑을 지시하는 모티프이다. 이 단어가 여기에서 솔로몬의 신분을 밝히고 있지만 일반적으로 신랑이 혼인식에서 화관을 착용하는 것이 상징하는 것처럼 신랑을 왕으로 여긴다는 점에서 이 단어는 이중적인 의미를 가지고 있다. 실제로 이 단어는 왕으로서의 솔로몬의 신분을 밝히기 위함보다는 술람미 여인의 남편이 될 신랑을 가리키기 위해 사용되고 있다.

이것은 앞으로 아가서가 신랑과 신부의 이야기로 전개될 것을 암시한다. 이어서 그 왕과 사랑을 나눌 수 있는 침실이 등장하는 것도 이점을 강조하고 있다. 이때 둘 만을 위한 특별한 장소가 등장하게 되는데 그 장소는 신랑이 여러 명의 여자들과 함께 있지 않고 자신의 아내와 침실에서 사랑을 나누듯이, 그 왕은 그의 침실로 '나' 만을 이끌어 가는 것으로 발전시키고 있다. 그런데 혼인식에서 신랑을 왕으로 여기는 이 장면은 또 다른 의미를 함의하고 있는데 그것은 곧 "하나님이 그들에게 복을 주시며 하나님이 그들에게 이르시되 생육하고 번성하여 땅에 충만하라, 땅을 정복하라, 바다의 물고기와 하늘의 새와 땅에 움직이는 모든 생물을 다스리라 하시니라"(창 1:28)는 말씀처럼 첫 사람 아담을 온 땅의 치리자, 곧 왕으로 세우셨다는 사실을 돌아보게 한다(p.39 **ITEM 1** 참고).

아가서는 처음부터 이 사실을 문학적 복선으로 담고 있으며, 이것은 "시온의 딸들아 나와서 솔로몬 왕을 보라 혼인날 마음이 기쁠 때에 그의 어머니가 씌운 화관이 그 머리에 있구나"(3:11)에서 더 분명하게 확인된다. 특히 본문에서 신랑인 솔로몬을 가리켜 '왕' 으로 부른다는 것은 온 땅의 왕으로 세움을 받은 아담이 혼인을 통해 하와와 한 몸을 이루는 혼인식을 통해 아담이 에덴동산이라는 세계의 왕으로 취임하는 것과 같은 의미를 가진다는 점을 돌아보게 한다.

이 왕의 개념은 "그러나 너희는 택하신 족속이요 왕 같은 제사장들이요 거룩한 나라요 그의 소유가 된 백성이니 이는 너희를 어두운 데서 불러내어 그의 기이한 빛에 들어가게 하신 이의 아름다운 덕을 선포하게 하려 하심이라"(벧전 2:9)에서 명확하게 밝혀지고 있다. 나아가 이 왕의 개념은 "그들이 세세토록 왕 노릇 하리로다"(계 22:5)에서 보다 분명하게 나타난다(p.43 **ITEM 10** 참고).

이러한 왕의 개념은 "우리가 너를 인하여 기뻐하고 즐거워하리니"(1:4c)에서 다시 강화되고 있다. 본문에서 주의할 점은 '너를 인하여' 라는 히브리어 '바크'(בָּךְ)에서 '너' 가 2인칭 남성 단수인 '카'(ךָ)가 아닌 2인칭 여성 단수인 '크'(ךְ)라는 점이다. 따라서 이 표현은 여자가 남자를 인하여 기뻐한다는 표현 대신에 자신의 남자를 높이고 찬사를 보내는 곳에서 인칭의 변화를 주었던 것처럼 자신이 그 남자를 사랑하는 이유에 대하여 스스로 자기를 향하여 찬사를 보내고 있음을 보여준다.

이러한 표현 방식은 "내가 비록 검으나 아름다우니 게달의 장막 같을지라도 솔로몬의 휘장과도 같구나"(1:5)와 "나는 사론의 수선화요 골짜기의 백합화로구나"(2:1)라는 표현을 볼 때 충분히 가능한 표현 기법이다. 그러므로 "우리가 너를 인하여 기뻐하고 즐거워하리니"라는 표현은 이제 혼인식을 통해 솔로몬이 인류에게 보편적으로 주어진 온 땅의 통치자인 '왕'으로 세움을 받게 되었다는 점을 함의하면서 동시에 솔로몬의 고귀하고 진실한 사랑을 받고 있는 술람미 여인의 가슴 벅찬 기쁨과 즐거움이 객관적인 사실이라는 점을 '우리'라는 인칭의 변화를 통해서 강조하고 있다. 동시에 그 강조는 '너'라는 2인칭 여성 단수 '크'(ך)를 사용하는 시문학적 표현 기법을 통해서 절정에 도달하고 있음을 알 수 있다.

4절에서도 술람미 여인은 2절에서 표현하였던 대표적 사랑의 방식을 따라 솔로몬의 사랑이 잘 숙성된 포도주보다 더 기억될 만한 사랑임을 다시 한 번 노래한다. 그리고 3절에서 말하였던 "처녀들이 너를 사랑한다"는 표현을 4절에서는 "그들(처녀들)이 너를 사랑함이 마땅하다"고 하여 솔로몬의 술람미 여인에 대한 그 사랑의 고귀함을 마땅히 기억될 만한 가치 있는 사랑으로 강조하고 있다. 여기에서도 '나'라는 표현 대신 '그들'이라는 인칭의 전환을 통해서 솔로몬이 마땅히 사랑받을 만한 자임을 예표하고 있는데 이러한 찬사의 이면에는 혼인식을 통해 온 땅의 '왕'으로 세움 받는 모든 신랑이 마땅히 모든 사람들의 존경을 받아야 한다는 사실을 더 강화시키고 있다.

2) 솔로몬을 기다리는 술람미 여인의 소원(1:5-7)

1:5 예루살렘 여자들아 내가 비록 검으나 아름다우니 게달의 장막 같을지

라도 솔로몬의 휘장과도 같구나
1:6 내가 일광에 쬐어서 거무스름할지라도 흘겨보지 말 것은 내 어미의 아
들들이 나를 노하여 포도원지기를 삼았음이라 나의 포도원은 내가 지
키지 못하였구나
1:7 내 마음에 사랑하는 자야 너의 양 떼 먹이는 곳과 오정에 쉬게 하는 곳
을 내게 고하라 내가 네 동무 양 떼 곁에서 어찌 얼굴을 가리운 자 같
이 되랴

(필자역)

술람미 여인의 등장(독창. 아리아)

나는 검지만 아름답다오
오, 예루살렘의 딸들이여
게달의 장막들처럼, 솔로몬의 휘장들처럼
나를 보고 검다고 하지 마오
해가 나를 태웠기 때문이라오
내 어머니의 아들들이 내게 노하여
나를 포도원지기로 삼았으나
나는 나의 포도원을 지키지 못했다오
나에게 말해주오
내 마음에 사랑하는 이여
어디서 당신이 양떼를 치시며
어디서 당신이 정오에 (양떼를) 눕게 하시는지
어찌하여 내가 당신 동료들의 양떼들 옆에서
(얼굴을) 가린 여인처럼 되어야 하리이까

아가서의 시작을 알리는 합창단의 노래에 이어 여 주인공이 등장하며 이 이야기의 배경이 포도원에서부터 시작되고 있음을 알리고 있다. “예루

살렘 여자들아 내가 비록 검으나 아름다우니 게달의 장막 같을지라도 솔로몬의 휘장과도 같구나 내가 일광에 쬐어서 거무스름할지라도 흘겨보지 말 것은 내 어미의 아들들이 나를 노하여 포도원지기를 삼았음이라 나의 포도원은 내가 지키지 못하였구나"(1:5-1).

2-4절에 나오는 왕(king)은 5-6절에 와서 솔로몬(Solomon)으로 구체화되고, 포도주(wine)는 이야기의 배경이 되고 있는 포도원(vineyards)으로 발전된다. 그리고 술람미 여인은 자신을 포도원지기로 표현하면서 자신의 피부가 게달의 장막처럼 검다고 말한다. 이것은 솔로몬이 왕이라고 하는 고귀한 신분임을 돋보이게 하며 동시에 자신은 평범한 한 여성에 불과하다는 점을 강조함으로써 아가서의 이야기가 신분 갈등을 뛰어 넘은 숭고한 내용이 될 것을 암시하고 있다.

그 이유로서 술람미 여인은 그러한 외적인 요소로 인하여 자기 또래의 처녀들(예루살렘의 딸들)에게 자신이 부당하게 평가받기를 거부하고 있다. 왜냐하면 자기는 외양상 그렇게 보일지라도 마치 당시 가장 아름다운 '솔로몬 왕실의 휘장' 처럼 아름다운 존재이기 때문이라고 말한다. 그리고 사람들에게 멸시받는 자신의 검은 피부는 오빠들이 자기를 포도원지기로 삼았기 때문에 그렇게 된 것이라고 변증한다.

술람미 여인은 오빠들에 의해 포도원지기로 있으면서 검게 그을린 자신의 몸을 "내 자신의 포도원"(1:6)으로 묘사하고 있다. 정작 돌보고 지켜야 할 자신의 몸과 피부는 지키지 못하고 오빠들에 의해 포도원지기가 되어서 포도원만 지켰기에 피부가 "게달의 장막처럼"(1:5) 되었고 그 결과 예루살렘의 딸들에게 "멸시받을 정도"(1:6)가 되었음을 변증하고 있는 것이다. 때문에 술람미 여인은 자신이 예루살렘의 처녀들에게 "내가 검게 보일지라도 나를 멸시하지 마라"(1:6)고 주장할 수 있었다.

술람미 여인이 자신을 "솔로몬의 휘장처럼"(1:5) 아름답다고 한 표현은 "왕이 나를 침실로 이끌어 갔다"(1:4)는 합창단의 예언을 이어받고 있다.

그러나 이러한 연관된 표현에서 얻을 수 있는 해석이라 할지라도 '왕'을 '솔로몬'으로 볼 수 있게 하지는 못한다. 4절에서는 솔로몬의 가치를 최상으로 높이는 차원에서 '왕'이라는 용어로 묘사한 것이고, 5절에서는 술람미 여인의 아름다움을 최상으로 높이는 차원에서 '솔로몬의 휘장 같다'라고 표현하고 있기 때문이다. 그러므로 '왕'과 '솔로몬'은 두 남녀의 가치를 정당하게 높이는 차원의 표현으로 보는 것이 자연스럽다.

자신이 하고 있는 일은 포도원을 돌보는 일임을 밝힌 술람미 여인은 "내 마음에 사랑하는 자야 너의 양떼 먹이는 곳과 오정에 쉬게 하는 곳을 내게 고하라 내가 네 동무 양떼 곁에서 어찌 얼굴을 가리운 자같이 되랴"(1:7)라고 하면서 사랑하는 남자인 솔로몬이 하는 일을 소개하고 있다. 여기에서 솔로몬은 양떼를 돌보는 목자로 묘사된다. 이 목자는 술람미 여인이 사모하여 만나기를 간절히 기다리는 바로 그 솔로몬이다. 술람미 여인은 이 사랑하는 목자를 양떼가 쉬는 때에 만나게 될 것이라고 소망하고 있음을 암시하고 있다.

일반적으로 목자들이 쉬는 시간은 태양볕이 가장 뜨거운 한낮인 정오즈음이었다. 이때 양떼를 누워서 쉬게 하고 목자들은 천막을 치며 휴식을 취했다. 그렇다고 사랑하는 솔로몬을 만나기 위해 무턱대고 목자들의 천막으로 다가갈 수는 없었다. 목자들이 천막을 치고 쉬는 곳에 얼굴을 가리고 나타나서 남자를 찾는다는 것은 당시 정황으로 볼 때 몸을 파는 창녀의 행동이었기 때문이다(창 38:14; 잠 7:11-13).

때문에 술람미 여인은 "왜 내가 네 동무 양떼 곁에서 얼굴을 가린 자같이 되어야 합니까?"라며 자신을 그렇게 만들지 말라고 당부하면서 그 목자가 어디에 있는지를 "내게 고하라"고 말하고 있다. 이것은 술람미 여인이 솔로몬을 적극적으로 찾아 나선다기보다는 솔로몬이 스스로 자기를 초대하기를 소망하고 있는 술람미 여인의 간절한 마음을 보여준다. 이것은 마치 남자의 청혼을 간절히 고대하는 여자의 마음을 엿볼 수 있게 한다.

3) 술람미 여인의 소원에 대한 여인들의 응답(1:8)

1:8 여인 중에 어여쁜 자야 네가 알지 못하겠거든 양떼의 발자취를 따라
목자들의 장막 곁에서 너의 염소 새끼를 먹일지니라

(필자역)

여인들의 응답(합창)

오, 너, 여자들 중의 가장 아름다운 이여
네가 알지 못하겠거든 양떼의 발자국을 따라가
목자들의 장막들 옆에서
네 새끼 염소들을 치려무나

8절은 대부분의 주석가들도 솔로몬의 말로 보고 있다. 그러나 아가서 전체적인 내용과 본 문맥을 통해 볼 때 8절은 바로 위의 5-6절에 이어서 나온 내용으로 보아 술람미 여인의 소원에 대한 여인들의 응답으로 보아야 한다. 이것은 아가서 2장 16절과 6장 3절에서 똑같은 표현인 "여자들 중 어여쁜 자야"라는 표현에서도 확인된다. "여자들 중 어여쁜 자야"라는 말은 앞선 5절에서 술람미 여인이 자신은 게달의 장막같이 검어 볼품이 없다고 말한 것에 대하여 술람미 여인이 충분히 아름답다는 사실을 강조하기 위함이다.

"(너 자신을 위하여) 너의 작은 염소들을 먹이라"는 표현을 메소포타미아와 이집트의 시문학에서 흔히 볼 수 있는 특징으로 염소 떼에게 자기 유방의 젖을 먹이는 여신의 행위나, 꽃나무의 꽃을 따먹기 위해 달려든 염소 떼의 행동을 마치 여인을 취하는 성행위로 묘사하는 방식으로 해석하는 것은 그다지 추천할 방법이라 할 수 없다.

술람미 여인의 하는 일이 포도원을 지키는 일인데(1:6), 술람미 여인에게 목자들의 천막 옆에서 "(너 자신을 위하여) 너의 작은 염소 떼를 먹이라"(1:8)고 말하는 것은 앞으로 전개될 아가서의 이야기가 술람미 여인과 솔로몬 사이에서 발생하게 될 극적인 사랑에 대한 암시를 하기 위함으로 보인다. 동시에 이 이야기는 아가서의 여자 주인공이 그처럼 극적으로 자신에게 과분한 신랑을 맞이하였다는 사실을 고백할 수밖에 없다는 내용이 전개될 것을 암시해주고 있다. 이 문구는 어떤 특별한 의미를 제시하기보다는 술람미 여인과 솔로몬의 만남이 곧 이루어질 것이라는 기대감을 갖도록 해준다.

3. 연인간의 상호적인 사랑 노래(1:9-2:7)

1) 술람미 여인을 그리워하는 솔로몬의 노래(1:9-11)

1:9 내 사랑아 내가 너를 바로의 병거의 준마에 비하였구나
1:10 네 두 뺨은 땋은 머리털로, 네 목은 구슬꿰미로 아름답구나
1:11 우리가 너를 위하여 금사슬을 은을 박아 만들리라

(필자역)

솔로몬의 등장(독창. 아리아)

내가 보니, 그대는 바로의 전차들 안에 있는 암말 같구나
내 사랑아
그대의 두 뺨은 보석으로, 그대의 목은 구슬꿰미로 아름답구나
우리가 너를 위하여 은을 박아 넣은 금 고리(사슬)를 만들리라

9-11절은 솔로몬을 간절히 기다리는 술람미 여인의 소원이 담긴 노래(1:2-6)와 술람미 여인의 기대가 이루어지게 될 것이라는 예루살렘 여자들의 노래(1:7-8)가 끝난 뒤에 솔로몬이 등장하여 자신의 사랑스런 여자의 아름다움을 극찬하는 노래이다. "내 사랑아 내가 너를 바로의 병거의 준마에 비하였구나 네 두 뺨은 땋은 머리털로, 네 목은 구슬꿰미로 아름답구나 우리가 너를 위하여 금사슬을 은을 박아 만들리라"(1:9-11)라는 이 노래는 술람미 여인에 대한 솔로몬의 확고한 신념이 담겨 있어서 술람미 여인에 대한 합창단의 예견이 그대로 성취되고 있음을 보여준다.

이처럼 심히 아름답게 보석으로 장식한 암말에 비유하여 자신의 사랑스런 여자의 아름다움을 노래하고 있다는 것은 이미 술람미 여인을 자신의 신부로 여기고 있음을 암시하고 있다. 사실 혼인식장에서 신부는 가장 아름다운 모습으로 장식함으로써 그날의 주인공임을 누구나 알아보게 하는 것처럼 솔로몬의 노래는 아가서의 주인공으로 술람미 여인을 돋보이게 하고 있음이 분명하다.

이어 등장하는 화려하게 장식한 여자에 대한 찬가(1:10-11)는 당시 왕실의 말들을 구슬 달린 목걸이와 귀걸이로 장식하는 모습을 연상시킴으로써 솔로몬은 술람미 여인을 최상의 존재로 여기고 있음을 선언하고 있다. 때문에 "우리가 너를 위하여 금사슬에 은을 박아 만들리라"(1:11)는 말은 솔로몬을 비롯하여 술람미 여인의 아름다움을 보는 모든 사람들이 그녀에게 최대의 찬사를 보내고 있다는 사실을 강조하기 위함이다.

2) 술람미 여인에게 존귀한 남자, 솔로몬(1:12–14)

1:12 왕이 상에 앉았을 때에 나의 나도 기름이 향기를 토하였구나
1:13 나의 사랑하는 이는 내 품 가운데 몰약 향낭이요
1:14 나의 사랑하는 이는 내게 엔게디 포도원의 고벨화 송이로구나

(필자역)

술람미 여인의 응답(독창)

왕이 그의 (둥근) 상에 있는 동안에
나의 나르 향이 그 향기를 토하는구나
내 사랑은 내 품 가운데 몰약 향낭이니
그는 나의 가슴 사이에서 온밤을 지새우리라
내 사랑은 내게 엔게디 포도원의 고벨화 꽃송이로다

술람미 여인에 대한 솔로몬의 과찬으로 말미암은 급작스런 상황의 반전에 이어 술람미 여인은 다시 솔로몬을 왕으로 표현하면서 4절에서 밝힌 대로 솔로몬을 최상의 남자로 높여 표현하고 있다. "왕이 상에 앉았을 때에 나의 나도 기름이 향기를 뿜어냈구나"(1:12)라는 이 노래에서 '왕' 은 솔로몬의 신분을 말하기보다는 술람미 여인에게 있어 가장 이상적인 남자를 지칭하는 시문학적 표현으로 보아야 한다. 술람미 여인은 자기가 사랑하는 남자가 그의 상에 앉았을 때에 자신의 귀한 나드 기름의 향을 쏟아 붙는 것으로 이 사실을 강조하고 있다.

그런데 본문의 '상' 으로 번역된 메사브(מסב : circle)라는 단어는 보통 다소 둥근 것으로 상상할 수 있는 연회 혹은 침상이나 식탁 등을 가리키는 용어이다. 이 단어는 예루살렘을 둘러싸고 있는 성의 주위 또는 외곽을 가리키거나(왕하 23:5) '여자가 남자를 둘러싸리라' (렘 31:22)는 표현처럼 여인이 남자를 안은 것을 묘사하는 용어로도 사용된다. 여기에서는 식사나 잠을 자기 위해 사용하는 다소 둥근 모양의 식탁이나 침상의 의미를 가지거나 혹은 비유적으로 솔로몬이 술람미 여인의 품안으로 오고 있는 장면을 묘사하고자 하는 복합적인 뉘앙스를 담고 있다.

12절의 내용과 상황은 예수께서 십자가 사건을 앞 둔 유월절 일주일 전에 베다니 시몬의 집에 유하며 식사하려 상에 앉으셨을 때, 마리아라 하는 여인이 예수의 죽으심에 대한 말을 듣고 주님의 발과 머리에 나드 기름 향유 한 근을 쏟아 붓는 장면을 연상케 한다(요 12:1-3; 막 14:1-6; 마 26:6-11). 이런 점에서 아가서가 전통적으로 '유월절'에 불리고 읽혀진 노래가 되었다는 사실을 더 강화시켜주고 있다.

예수께서는 그 여인의 행동을 복음이 전파되는 곳이면 언제든지 함께 전할 것이라고 말씀하셨다. 또한 그 여인의 행위는 예수 그리스도의 십자가 사건을 준비한 것이라고 하셨다. 누가복음 7장 37-50절에서도 예수님이 한 동네의 바리새인 집에서 식사하려고 상에 앉아 있을 때에 그 동네의 죄인인 한 여자가 예수의 발에 비싼 향유를 붓고 그 발에 입 맞추고 자신을 용서하고 받아주기를 원했던 내용이 기록되어 있다. 주님은 이 여인의 많은 죄가 다 사하여졌다고 선언하셨다.

이러한 신약성경의 기록들을 참고해 볼 때 12절의 표현은 여자가 자기의 존귀한 남자에게 자기 인격 전부를 드린다는 사실을 상징적으로 보여주는 표현으로 이해할 수 있다. 즉 이러한 상징적 표현 속에서 "나의 사랑하는 이는 내게 속하였고 나는 그에게 속하였구나"(2:16; 6:3; 7:10)라는 의미가 깃들어 있음을 알게 된다.

이런 점에서 13절과 14절은 같은 의미를 달리 표현한 것으로 이해할 수 있다. 즉 "나의 사랑하는 이는 내 품 가운데 몰약 향주머니요 나의 사랑하는 이는 내게 엔게디 포도원의 고벨화 송이로구나"(1:13-14)라는 술람미 여인의 노래는 사랑하는 솔로몬이야말로 가장 보배로운 존재임을 고백함으로써 앞선 솔로몬의 노래(1:9-11)에 대한 응답을 하고 있는 것이다.

3) 솔로몬과 술람미 여인의 서로를 향한 노래(1:15-17)

1:15 내 사랑아 너는 어여쁘고 어여쁘다 네 눈이 비둘기 같구나

1:16 나의 사랑하는 이여 너는 어여쁘고 화창하다 우리의 침상은 푸르고
1:17 우리 집은 백향목 들보, 잣나무 석가래로구나

(필자역)

솔로몬의 노래(독창)

그대, 내 사랑아,
너는 어여쁘고 어여쁘구나
너의 눈은 비둘기 같도다

술람미 여인의 노래(독창)

오, 나의 사랑하는 이여,
당신은 얼마나 아름다우며 얼마나 사랑스러운지요
우리의 침상이 얼마나 무성한지요
우리 집의 들보들은 백향목들이며
우리 집의 서까래들은 잣나무들이로구나

솔로몬의 노래(1:9-11)와 이에 대한 술람미 여인의 응답(1:12-14)에서 서로의 사랑을 확인한 두 사람이 계속해서 서로를 향해 부르는 사랑의 노래가 2장 7절까지 이어지고 있다. 먼저 솔로몬은 "내 사랑아 너는 어여쁘고 어여쁘다 네 눈이 비둘기 같구나"(1:15)라며 사랑하는 여자의 아름다움을 노래하는데 특히 그녀의 눈이 비둘기 같이 아름답다고 말한다. 여기에서는 술람미 여인의 눈만 언급하고 있지만 4장 1-5절에서는 눈의 아름다움뿐만 아니라 머리부터 발끝까지 술람미 여인의 아름다움을 자세하게 묘사하고 있다.

솔로몬의 노래에 이어서 술람미 여인은 "나의 사랑하는 이여 너는 어여

뻐고 화창하다 우리의 침상은 푸르고 우리 집은 백향목 들보, 잣나무 석가래로구나"(1:16-17)라며 솔로몬의 멋진 모습에 대한 노래로써 응답하고 있다. 술람미 여인은 이 노래에서 사랑하는 솔로몬과 함께 살고 싶어하는 마음이 가득하다는 사실을 암시하고 있다.

"우리의 침상은 푸를 뿐만 아니라 즐겁다"는 표현은 구약 성경 안에서 자주 나오는 이방신의 신당과 그 푸른 나무 아래에서 성적인 관계를 하였던 이방 종교의 성향과 향락을 연상케 하는 표현이기도 하다(신 12:2; 왕상 14:23; 왕하 16:4; 렘 2:20; 3:6,13; 사 57:5). 그러나 이러한 묘사들이 당시 시대의 정황에 있어서는 유사성을 내포하면서도 그 본질에 있어서는 전혀 그렇지 않다는 점에서 아가서가 지닌 시문학적 특성이며 동시에 성경 계시로서의 특성이기도 하다.

특히 이 표현은 "우리 집은 백향목 들보, 잣나무 서까래로구나"(1:17)에 의해 강화되는데 이러한 표현이 정상적인 가정을 염두에 두고 있음을 보여주고 있다. 이런 점에서 술람미 여인의 노래는 제의적이거나 성적인 문란紊亂을 염두에 두고 있다기보다는 하나님 안에서 정상적인 남녀가 온 인격을 다하여 서로를 사랑하며 부르는 아름다운 가정에 대한 노래라 할 것이다.

〈Ⅱ〉

혼인제도 안에 담겨 있는 숭고하고 순결한 정신

- 아가서 2장

아가서 2장

2:1 나는 사론의 수선화요 골짜기의 백합화로구나
2:2 여자들 중에 내 사랑은 가시나무 가운데 백합화 같구나
2:3 남자들 중에 나의 사랑하는 이는 수풀 가운데 사과나무 같구나 내가
그 그늘에 앉아서 심히 기뻐하였고 그 실과는 내 입에 달았구나
2:4 그가 나를 인도하여 잔칫집에 들어갔으니 그 사랑이 내 위에 기(旗)로
구나
2:5 너희는 건포도로 내 힘을 돕고 사과로 나를 시원케 하라 내가 사랑하
므로 병이 났음이니라
2:6 그가 왼손으로 내 머리에 베게하고 오른손으로 나를 안는구나
2:7 예루살렘 여자들아 내가 노루와 들사슴으로 너희에게 부탁한다 내 사
랑이 원하기 전에는 흔들지 말고 깨우지 말지니라
2:8 나의 사랑하는 이의 목소리로구나 보라 그가 산에서 달리고 작은 산을
빨리 넘어오는구나
2:9 나의 사랑하는 이는 노루와도 같고 어린 사슴과도 같아서 우리 벽 뒤
에 서서 창으로 들여다보며 창살 틈으로 엿보는구나

2:10 나의 사랑하는 이가 내게 말하여 이르기를 나의 사랑 나의 어여쁜 자
야 일어나서 함께 가자
2:11 겨울도 지나고 비도 그쳤고
2:12 지면에는 꽃이 피고 새의 노래할 때가 이르렀는데 반구의 소리가 우
리 땅에 들리는구나
2:13 무화과나무에는 푸른 열매가 익었고 포도나무는 꽃이 피어 향기를
토하는구나 나의 사랑 나의 어여쁜 자야 일어나서 함께 가자
2:14 바위 틈 낭떠러지 은밀한 속에 있는 나의 비둘기야 나로 네 얼굴을
보게 하라 네 소리를 듣게 하라 네 소리는 부드럽고 네 얼굴은 아름답구나
2:15 우리를 위하여 여우 곧 포도원을 허는 작은 여우를 잡으라 우리의 포
도원에 꽃이 피었음이니라
2:16 나의 사랑하는 이는 내게 속하였고 나는 그에게 속하였구나 그가 백
합화 가운데서 양떼를 먹이는구나
2:17 나의 사랑하는 이여 날이 기울고 그림자가 갈 때에 돌아와서 베데르
산에서의 노루와 어린 사슴 같아여라

〈Ⅱ〉

혼인제도 안에 담겨 있는 숭고하고 순결한 정신

- 아가서 2장

하나님의 형상으로 지음 받은 아담과 하와는 "이러므로 남자가 부모를 떠나 그 아내와 연합하여 둘이 한 몸을 이룰지로다"(창 2:24)라는 혼인제도를 통하여 남자와 여자가 한 몸을 이룸으로써 "하나님이 그들에게 복을 주시며 그들에게 이르시되 생육하고 번성하여 땅에 충만하라, 땅을 정복하라, 바다의 고기와 공중의 새와 땅에 움직이는 모든 생물을 다스리라 하시니라"(창 1:28)고 하는 사명을 수행하도록 하셨다. 이런 점에서 남녀의 혼인은 하나님께서 인류에게 주신 사명을 수행하고 완수함에 있어 가장 유효한 제도이다.

특히 이와 관련해 아가서는 하나님께서 제정하신 혼인제도를 통해 가정을 이루고 그 가정 안에서 남녀의 사랑 나눔에 대한 순수하고 고상한 모습을 적극적으로 보여주고 있다. 이것은 성적 문란이나 혹은 종교적 주술 행위로써 성창聖娼과의 행음을 자유스럽게 생각하고 있던 고대 근동지방의 문화들과는 본질적인 차이점이라 할 것이다.

따라서 아가서에 등장하는 두 주인공인 솔로몬과 술람미 여인은 하나님께서 세우신 혼인제도와 그로 인해 세워진 가정이라는 테두리 안에서 숭고하고 순수한 사랑 나눔의 원형을 제시하고 있다. 이러한 의미의 사랑 나눔은 좀 더 넓게 확장하여 하나님 나라를 세워나가는 원리로, 그리고 그 나라를 통치하시는 하나님과 그의 백성 사이에 교감하게 되는 사랑의 원리로 보이고 있음은 조금도 이상하지 않다.

때문에 바울은 기꺼이 그리스도와 교회와의 관계를 설명할 때 "그러므로 사람이 부모를 떠나 그의 아내와 합하여 그 둘이 한 육체가 될지니 이 비밀이 크도다 나는 그리스도와 교회에 대하여 말하노라"(엡 5:31-32)고 하면서 혼인제도는 교회와 그리스도의 사랑스런 관계에 대한 상징임을 강조한 바 있다.

이러한 맥락에서 "내게 입 맞추기를 원하니 네 사랑이 포도주보다 나음이로구나 네 기름이 향기로워 아름답고 네 이름이 쏟은 향기름 같으므로 처녀들이 너를 사랑하는구나 왕이 나를 그의 방으로 이끌어 들이시니 너는 나를 인도하라 우리가 너를 따라 달려가리라 우리가 너로 말미암아 기뻐하며 즐거워하니 네 사랑이 포도주보다 더 진함이라 처녀들이 너를 사랑함이 마땅하니라"(1:2-4)는 주제부의 노래에서 각각 술람미 여인과 솔로몬을 향하여 '처녀들이 너를 사랑하는구나(1:2), 처녀들이 너를 사랑함이 마땅하니라(1:4)' 고 외치는 것은 이 두 사람의 사랑 나눔에 대한 찬사로 아가서가 진행될 것을 예견하게 한다.

술람미 여인이 왕궁에서 친구들과 함께 있을 때 솔로몬에 대한 자신의 사랑을 회상하는 가운데 한때 포도원지기였던 자신이 왕궁의 주인이며 온 백성으로부터 추앙받는 솔로몬의 신부가 됨으로써 최고의 위치에 있음을 이야기하는 1장의 메시지는 신분의 격차를 뛰어 넘은 사랑의 숭고함을 충분히 보여주고 남음이 있다. 때문에 술람미 여인이 솔로몬을 향하여 "나의 사랑하는 이여 너는 어여쁘고 화창하다 우리의 침상은 푸르고 우리 집은 백향목 들보, 잣나무 서까래로구나"(1:16-17)라고 노래하며 이후에 전개될 풍요롭고 벅찬 혼인 생활을 예고하고 있는 것은 조금도 이상하지 않다.

이처럼 아가서 1장 말미에서 술람미 여인이 솔로몬과의 사랑 나눔의 기쁨을 암시하는 가운데(1:16-2:1) 이에 대한 솔로몬의 화답(2:2)이 나오고 평화로운 사랑이 계속되기를 소망하는 술람미 여인의 노래(2:3-7)로 아가서의 서론격인 제1부가 끝나게 된다. 제2부에서는 사랑하는 두 연인이 서로를 신뢰하는 가운데 애타게 기다리던 만남이 본격적으로 전개된다. 숨 가쁘게 달려와 청혼하는 솔로몬과, 솔로몬의 사랑 고백에 따른 청혼을 간절히 고대하던 술람미 여인이 청혼을 받아들이는 과정이 장황하게 묘사된다(2:8-3:5). 이러한 맥락 속에서 2장은 다음과 같이 전개된다.

① 술람미 여인을 찾아 온 솔로몬에 대한 묘사(2:8-9) : 험준한 산맥을 단숨에 넘어 술람미 여인을 찾아오는 솔로몬의 극적인 모습을 묘사한다.
② 술람미 여인을 향한 솔로몬의 청혼(2:10-14) : 술람미 여인에 대한 숭고한 사랑을 고백하는 솔로몬의 청혼 내용을 묘사한다.
③ 솔로몬의 청혼에 대한 술람미 여인의 응답(2:15-17) : 솔로몬의 청혼을 간절히 기다리고 있던 술람미 여인이 이를 방해하는 세력들의 유혹에도 불구하고 기꺼이 청혼을 받아들이는 심경을 묘사한다.
④ 이어 솔로몬의 청혼이 있기까지 술람미 여인이 겪었던 심적 갈등이 묘사되고 있다(3:1-5).

1. 신분의 격차를 뛰어 넘은 사랑의 숭고함(2:1-7)

2:1 나는 사론의 수선화요 골짜기의 백합화로구나
2:2 여자들 중에 내 사랑은 가시나무 가운데 백합화 같구나
2:3 남자들 중에 나의 사랑하는 이는 수풀 가운데 사과나무 같구나 내가 그 그늘에 앉아서 심히 기뻐하였고 그 실과는 내 입에 달았구나

2:4 그가 나를 인도하여 잔칫집에 들어갔으니 그 사랑이 내 위에 기(旗)로
구나
2:5 너희는 건포도로 내 힘을 돕고 사과로 나를 시원케 하라 내가 사랑하
므로 병이 났음이니라
2:6 그가 왼손으로 내 머리에 베게하고 오른손으로 나를 안는구나
2:7 예루살렘 여자들아 내가 노루와 들사슴으로 너희에게 부탁한다 내 사
랑이 원하기 전에는 흔들지 말고 깨우지 말지니라

(필자역)

술람미 여인의 노래(독창)

나는 샤론의 수선화요 골짜기들의 백합화로다

솔로몬의 노래(독창)

가시덤불들 사이의 백합화로다
여자들 중의 내 사랑은

술람미 여인의 노래(독창)

숲의 나무들 가운데 사과나무로구나
남자들 중의 나의 사랑하는 이는
내가 큰 기쁨으로 그 그늘에 앉았으니
그의 열매가 내 입에 달콤하구나
그가 나를 잔칫집으로 인도하여 들어갔으니
내 위에 그의 깃발은 사랑이로구나
너희는 건포도 과자로 나에게 힘을 돋우고
사과로 나를 시원케 하라
내가 사랑으로 병이 났도다

그의 왼(팔)은 내 머리 아래 있고
그의 오른(팔)은 나를 안고 있네
암노루들과 들의 암사슴들을 두고
내가 너희에게 간청하노라
예루살렘의 딸들아,
그가 원하기까지
너희는 그 사랑을 흔들지 말고 깨우지도 말아다오

〈제1부. 끝을 알리는 피날레〉

술람미 여인은 자신을 가리켜 "나는 사론의 수선화요 골짜기의 백합화로구나"(2:1)라고 묘사하는데 이는 자신을 사론의 벌판에서 흔히 볼 수 있는 수선화와 이스르엘 골짜기에서 흔히 볼 수 있는 백합화와 같이 자신의 신분은 평범한 여인이라는 사실을 밝히고 있다. 이것은 자신이 지극히 평범한 한 여자에 지나지 않다는 사실을 강조하기 위함이다. 확실히 술람미 여인은 위대한 왕 앞에서 보잘것없으며, 왕의 준수함 앞에서 자신은 초라한 존재임을 부인할 수 없었다.

반면에 솔로몬은 술람미 여인을 가리켜 "여자들 중에 내 사랑은 가시나무 가운데 백합화 같구나"(2:2)라고 함으로써 사랑하는 술람미 여인을 여자들 중에 여자, 즉 '최상의 여자' 로 표현한다. 이것은 술람미 여인의 겸손이 오히려 솔로몬에게는 순수하고 순진하며 순결함을 대변하는 것으로 여겨지고 있음을 보여준다. 아무리 술람미 여인이 가시덤불과 같은 곳에 있다 할지라도 솔로몬은 어디서든지 그녀를 찾을 수 있을 정도로 독특한 존재이다. 이러한 솔로몬의 심정은 마치 "이는 내 뼈 중의 뼈요 살 중의 살이다"(창 2:23)라고 한 아담의 노래를 생각나게 한다.

그러자 술람미 여인은 이처럼 솔로몬의 사랑에 대한 확신을 바탕으로 이 세상에서 말해질 수 있는 유일한 사랑의 고백을 할 수 있었다. "남자들 중에 나의 사랑하는 이는 수풀 가운데 사과나무 같구나 내가 그 그늘에 앉아서 심히 기뻐하였고 그 열매는 내 입에 달았도다"(2:3). 그들은 서로가 서로에게 기쁨을 주었고 서로가 서로에게 소중한 존재가 되었다.

솔로몬과 술람미 여인의 서로에 대한 감정은 영혼의 합일을 이룰 정도로 강렬하였다. "그가 나를 인도하여 잔칫집에 들어갔으니 그 사랑은 내 위에 깃발이로구나"(2:4)라는 표현은 신분의 격차를 떠나 단단하게 결속된 술람미 여인과 솔로몬의 관계를 충분히 보여주고 남음이 있다. 본문에서 이러한 표현은 술람미가 이제는 솔로몬에게 속한 특별한 존재임을 표현한 고대 근동지방의 문화를 반영하고 있다.

특히 '깃발'은 당시의 군대의 특성을 상징하는 것으로 깃발을 보면 그 군대가 누구에게 속하였는지, 그 군대의 임무가 무엇인지 알 수 있듯이 '그 남자의 사랑이 여자 위에 깃발이다'라는 표현은 술람미 여인이 누구에게 속한 신분인가를 표현해 주고 있다. 이제 술람미 여인은 솔로몬을 통하여 예전의 신분이 아닌 새로운 신분을 가지게 되었으며 "이러므로 남자가 부모를 떠나 그 아내와 연합하여 둘이 한 몸을 이룰지로다"(창 2:24)라는 말씀의 본의가 무엇을 강조하는가를 다시 확인하게 한다.

이러한 내용에 대한 확신을 가지고 있기 때문에 술람미 여인은 누군가에게 현재 자신의 상태를 알리고 싶어 하는 행복한 마음을 드러내는데 조금도 어색할 이유가 없었다. "너희는 건포도로 내 힘을 돕고 사과로 나를 시원하게 하라 내가 사랑하므로 병이 생겼음이라"(2:5)는 술람미 여인의 노래는 이처럼 벅찬 사랑의 열정을 도무지 표현하지 않으면 안 될 정도로 자신이 열병을 앓고 있는 것처럼 묘사하고 있다. 어떤 이들은 이 표현을 가리켜 술람미 여인이 솔로몬을 너무나 보고 싶어서 일종의 상사병에 걸린 것처럼 해석하고 있는데 이것은 순전히 주관적 이해에 불과할 따름이다.

본문은 오히려 술람미 여인과 솔로몬 사이에 맺어진 사랑의 관계에 대한 것임을 분명히 하고 있다. 따라서 “그가 왼팔로 내 머리를 고이고 오른팔로 나를 안는구나”(2:6)라고 하는 결정적인 묘사를 통해 술람미 여인은 ‘둘이 하나가 되는 것’이라는 혼인제도의 완성을 강력하게 표시하고 있다. 나아가 그 어떤 것으로도 이 혼인제도가 깨어지거나 방해를 받아서는 안 된다는 사실을 “예루살렘 딸들아 내가 노루들과 들의 암사슴들을 두고 너희에게 부탁하노니 내 사랑이 원하기 전에는 흔들지 말고 깨우지 말지니라”(2:7)는 선언을 통해 명백하게 밝히고 있다.

하나님의 계획 속에서 하나님의 형상으로 지음을 받은 남녀의 친밀한 관계는 그 어떤 경우라 할지라도 혼인 이전의 성적인 활동으로 더럽혀져서는 안 된다. 아가서가 분명하게 강조하여 보여주는 것처럼 순결과 합일의 긴장은 전적으로 혼인을 통해서만 해결되어야 한다. 이로써 온전한 사랑은 열정과 순결을 동시에 필요로 하고 있음을 웅변적으로 제시하고 있다. 이것이 아가서의 주제로 제시되고 있다는 것은 조금도 이상한 이론이 아니다.

혼인의 순결과 고상함을 제시한 아가서의 서론부(1:2-2:7)는 여기에서 막을 내리고 이제부터 본격적으로 사랑의 노래가 전개된다. 아가서는 먼저 솔로몬의 청혼과 술람미 여인의 심적 갈등을 술람미 여인의 독백 형식으로 보여주고(2:8-3:5) 이어 제3부로 넘어가 혼인식에 대한 묘사(3:6-5:1), 제4부 술람미 여인과 솔로몬의 혼인생활에 대한 묘사(5:2-8:4)에 이어 대단원의 막을 내리는 피날레(8:4-14)로 전개된다.

2. 술람미 여인을 찾아 온 솔로몬(2:8-9)

> 2:8 나의 사랑하는 이의 목소리로구나 보라 그가 산에서 달리고 작은 산을 빨리 넘어오는구나
> 2:9 나의 사랑하는 이는 노루와도 같고 어린 사슴과도 같아서 우리 벽 뒤

에 서서 창으로 들여다보며 창살 틈으로 엿보는구나

(필자역)

〈제2부 시작을 알리는 팡파르〉

술람미 여인의 노래(독창, 솔로몬의 입장에 대한 묘사)

나의 사랑하는 이의 소리로다!
보라! 그가 산 위를 넘으며 언덕 위를 뛰어 오는구나
나의 사랑하는 이는 노루와 어린 사슴과도 같구나
보라, 우리 벽 뒤에 서서
창문(들)을 통하여 들여다보며
창살(들) 틈으로 엿보는구나

혼인의 신성함을 주제로 한 아가서의 서론부에서는 혼인의 신학적인 원리가 강조되고 이어 결론에 이르기까지 혼인에 대한 구체적인 내용들을 조심스럽게 펼쳐나가는데 이것은 성애에 대한 묘사라기보다는 남녀의 순결한 합일을 통해 나타나는 인격적인 나눔과 그 고상함에 초점을 모으기 위함이다.

흔히 아가서를 성애에 대한 구상적인 표현이라고 지적하면서 구체적으로 처녀성의 상실에 대한 의미를 추구하는 듯한 인상을 제시하는데 이것은 전적으로 인간의 타락상으로부터 나온 해석일 뿐이다. 아가서는 그보다 훨씬 수준 높은 차원에서 남녀의 사랑을 노래하고 있음을 결코 놓쳐서는 안 될 것이다.

아가서의 제2부는 이 고상한 품격을 가진 남녀의 사랑을 극적으로 표현하기 위해 신부를 찾아가는 신랑의 발 빠른 걸음을 묘사하는 것으로부터 시작한다. 술람미 여인의 목소리로 묘사되고 있는 솔로몬의 등장 모습은 참으로 극적으로 전개된다.

"내 사랑하는 자의 목소리로구나 보라 그가 산에서 달리고 작은 산을 빨리 넘어오는구나"(2:8). 여기에서 술람미 여인은 솔로몬이 가지고 오는 기쁜 소식을 이미 듣고 있는 것처럼 말한다. 이것은 자신의 기대감이 조금도 변치 않을 것이라는 확신을 동시에 보여준다. 이때 솔로몬은 마치 좋은 소식을 갖고 크고 작은 산들을 뛰어 넘어 달려오는 것으로 묘사된다.

이사야서에서도 좋은 소식을 갖고 오는 장면을 묘사할 때 "좋은 소식을 전하며 평강을 공포하며 복된 좋은 소식을 가져오며 구원을 공포하며 시온을 향하여 이르기를 네 하나님이 통치하신다 하는 자의 산을 넘는 발이 어찌 그리 아름다운가"(사 52:7)라고 묘사한다. 마찬가지로 술람미 여인은 사랑하는 남자가 산을 뛰어 넘어 자기에게 기쁜 소식, 이미 자신이 예견하고 기대하는 그 말을 전하려 한다고 표현하고 있다.

그 남자는 그 기쁨의 내용을 함께 할 대상을 찾고 있다. 그는 벽을 넘어서 보고 창을 통해서 관찰한다. 이 부분에서 술람미 여인은 "내 사랑하는 자는 노루와도 같고 어린 사슴과도 같아서 우리 벽 뒤에 서서 창으로 들여다보며 창살 틈으로 엿보는구나"(2:9) 하면서 "우리"라는 1인칭 복수를 사용하여 솔로몬이 여러 사람들 가운데 기쁜 소식을 전하며 함께 할 대상이 누구인가를 간절히 찾고 있음을 강조하고 있다.

이러한 표현에서 솔로몬이 자기가 사랑하는 여인을 보기 위해 노루나 어린 사슴처럼 힘을 다하여 창틈으로 엿보고 있다는 묘사는 무언가 급박한 사태가 발생할 것 같은 긴장감을 불러 일으키기 위함이다. 동시에 이러한 장면은 숨 가쁘게 돌아가는 현장감을 생생하게 묘사함으로써 술람미 여인이 기대하는 기쁜 소식을 빨리 전해주어야 한다는 긴박감을 더해주고 있다.

3. 솔로몬의 청혼(2:10-14)

2:10 나의 사랑하는 이가 내게 말하여 이르기를 나의 사랑 나의 어여쁜 자
야 일어나서 함께 가자
2:11 겨울도 지나고 비도 그쳤고
2:12 지면에는 꽃이 피고 새의 노래할 때가 이르렀는데 반구의 소리가 우
리 땅에 들리는구나
2:13 무화과나무에는 푸른 열매가 익었고 포도나무는 꽃이 피어 향기를
토하는구나 나의 사랑 나의 어여쁜 자야 일어나서 함께 가자
2:14 바위 틈 낭떠러지 은밀한 속에 있는 나의 비둘기야 나로 네 얼굴을
보게 하라 네 소리를 듣게 하라 네 소리는 부드럽고 네 얼굴은 아름
답구나

(필자역)

술람미 여인의 노래(독창, 솔로몬의 청혼 내용에 대한 묘사)

나의 사랑하는 이가 내게 말하기를 :
일어나라, 나의 아름다운 사랑아 나오너라
보라, 이제 겨울도 지났고 비도 그쳤구나
지면에는 꽃들이 보이고
새가 노래할 때가 이르렀으니
산비둘기 소리가 우리 땅에 들리는구나
무화과나무에는 설익은 열매를 내고
포도나무들은 꽃이 피어 향기를 토하는구나
일어나라, 나의 아름다운 사랑아 나오너라
절벽 은밀한 곳 바위틈 사이에 있는 내 비둘기야
나로 네 모습을 보게 하라
나로 네 소리를 듣게 하라
참으로 네 소리는 부드럽고
네 모습은 아름답구나

청혼을 위해 솔로몬이 술람미 여인을 찾아오는 모습을 긴장감 있게 묘사한 후(2:8-9) 아가서는 술람미 여인의 노래를 통해 솔로몬의 청혼 내용을 간접화법의 기술 형식으로 자세하게 묘사하고 있다(2:10-14). 여기에서 술람미 여인은 사랑하는 남자가 전하는 아름다운 소식은 여자를 위하는 자상하고 진실한 남자의 마음에서 나온다는 점을 강조하고 있다. 이것은 앞서 솔로몬이 산을 넘어 늠름하고 힘 있게 달려오는 모습에서 이미 예견된 그대로이다.

솔로몬은 마치 봄꽃의 향내를 머금고 술람미 여인을 찾아왔으며, 술람미 여인은 창틈으로 보이는 솔로몬의 모습만을 보고서도 이미 가슴이 벅차오르는 감동을 느낀 바 있다. 이러한 분위기 속에서 솔로몬이 술람미 여인을 향해 "나의 사랑, 내 어여쁜 자야 일어나서 함께 가자"(2:10)라고 하면서 '술람미 여인을 위하여'(לך, 10b; 10c) 준비된 곳으로 일어나 함께 가자고 요청한다. '일어나서 함께 가자'는 번역은 원어에서 '(너는) 이리로 나오라'는 직설법으로 묘사하고 있는데 이는 지금까지 살아왔던 것과는 달리 새로운 세계로 나올 것을 강조하는 말이다.

그후에 솔로몬은 이 새로운 세계로의 초청에 대해 두 사람이 함께 사랑을 누리며 행복할 수 있는 '최상의 조건'과 '최상의 때'가 되었음을 덧붙임으로써 이제부터 술람미 여인이 누리게 될 혼인의 생활이 예전과는 전혀 다른 새로운 세계임을 암시하고 있다. 이때 솔로몬은 만물이 소생하는 봄이 오는 것으로 이 사실을 보여준다. "보라 겨울도 지나고 비도 그쳤고 지면에는 꽃이 피고 새가 노래할 때가 이르렀는데 비둘기의 소리가 우리 땅에 들리는구나 무화과나무에는 푸른 열매가 익었고 포도나무는 꽃을 피워 향기를 토하는구나"(2:11-13).

술람미 여인에 대한 솔로몬의 청혼은 마치 추운 겨울이 지나가고 장마도 그치게 되었으며 이제 그들이 머물 땅에는 꽃들이 만발하고 새들이 노래하며 무화과나무와 푸른 열매들이 싱싱하게 무르익고, 향기로운 포도나무 꽃향기가 넘실대는 곳으로 묘사된다. 이스라엘 땅에서 겨울철은 잦은 비가 내리는 계절이다. 반면에 봄은 햇살이 비치는 따뜻한 날씨의 시작을 알리는 계절이다. 이스라엘에서 대부분의 꽃들은 여기저기 옮겨 다니는 비둘기들의 노래 소리가 들리는 4월에 피어난다. 그리고 5월은 무화과와 포도나무의 꽃이 피는 시기이다.

술람미 여인과 솔로몬은 그들이 서로 만나기 이전까지의 삶을 마치 겨울과 같은 것으로 묘사한다. 그러나 이제 그들의 만남은 오랜 겨울비가 끝나고 꽃이 피는 봄철을 맞이한 것과 같다고 노래한다. 이것은 마치 봄을 맞이해 온 세상이 기쁨과 즐거움의 기운으로 충만하여 생동감이 넘치는 것처럼 솔로몬은 새로운 생명의 정교함과 그로 인하여 생겨나는 기대감으로 가득한 가운데 술람미 여인을 향하여 청혼을 하고 있음을 보여주고 있다.

이러한 솔로몬의 청혼을 중심으로 '나의 사랑, 나의 어여쁜 자야, 일어나 함께 가자' (원어를 직역하면 '일어나라, 아름다운 내 사랑아, 이리로 나오라')는 요청은 술람미 여인에 대한 솔로몬의 간곡한 심정이 녹여져 있음을 간접적으로 보여준다. 이것은 또한 술람미 여인이 솔로몬의 청혼을 얼마나 간절하게 기다리고 있었는가를 보여주는 반어법적인 강조, 즉 자신이 솔로몬의 입장이 되어 말함으로써 자신의 심경을 밝히는 것으로 극중 효과를 높이는 기법이기도 하다. 솔로몬이 그러한 것처럼 술람미 여인 역시 그 청혼을 간절하게 기다리고 있었음을 더욱 강화시키고 있는 것이다.

이러한 솔로몬의 청혼 내용은 이제 솔로몬의 직접화법을 통하여 솔로몬의 청혼이 법적인 효력이 있다는 점을 강조하기 위한 인증 절차로 넘어가게 된다. 솔로몬의 목소리로 선포되는 "바위 틈 낭떠러지 은밀한 곳에 있는 나의 비둘기야 내가 네 얼굴을 보게 하라 네 소리를 듣게 하라 네 소리는 부드럽고 네 얼굴은 아름답구나"(2:14)라는 표현은 앞서 술람미 여인의 목소리를 통해 간접화법으로 솔로몬의 청혼이 이루어진 것에 대해서 직접 솔로몬의 목소리로 인증하는 절차를 밟음으로써 그 청혼의 효력을 배가시키고 있다.

'비둘기' 라는 단어는 아가서 1장 15절에도 등장하며 5장 2절과 6장 9절에서도 나오는데, 남자가 여자를 사랑스럽고 소중한 존재로 여기며 부르는 애칭으로 표현된다. 남자는 자기에게 있어서 이렇게 사랑스러운 여자가 더 이상 낭떠러지 은밀한 곳에 있는 비둘기 같아서는 안 된다고 결심하고 그녀의 목소리와 얼굴, 즉 그녀의 아리따움과 고매한 인격이야말로 세상에서 가장 아름답고 매력적이기 때문에 온 세상에 자랑하고 싶은 간절한 마음이 담겨 있음을 보여주고 있다.

본문에서 술람미 여인을 가리키는 '비둘기' 는 일종의 산비둘기로서 높은 암벽의 바위틈이나 깊은 계속의 틈 속에 숨어 있는 습성을 가지고 있는데, 솔로몬은 이처럼 자신을 감추고 사는 술람미 여인을 산비둘기로 비유함으로써 오로지 술람미 여인이 자신의 유일한 신부로서 새로운 모습으로 거듭 태어나는 상황을 묘사하고 있다. 비록 술람미 여인이 깊은 계속에 숨어 있어 감추어진 존재일지라도 이제 술람미 여인은 솔로몬에게 있어 최상의 신부가 되었음을 선언하고 있는 것이다.

그러나 이러한 표현에는 숨겨진 복선이 깔려 있다. 술람미 여인의 신분이 비록 포도원지기라 할지라도 그것은 솔로몬이 마음대로 어찌할 수 있다는 것을 의미하는 것은 아니다. 술람미 여인이 솔로몬의 손이 닿을 수 없는 높은 암벽에 있다는 것은 아무리 솔로몬이 일방적으로 구애를 한다 할지라도 술람미 여인의 인격적인 응답 없이는 결코 자신의 신부로 맞이할 수 없기 때문이다. 때문에 솔로몬은 권력이나 힘을 앞세운 우격다짐으로 술람미 여인을 신부로 맞이할 수 없다는 사실을 이처럼 간곡한 표현으로 대신하고 있다. 이 사실은 술람미 여인이 솔로몬의 청혼을 받아들이기까지 결코 순탄하지 않은 과정(3:1-5)이 숨겨져 있음을 예견하게 한다.

4. 술람미 여인의 응답(2:15-17)

2:15 우리를 위하여 여우 곧 포도원을 허는 작은 여우를 잡으라 우리의 포
도원에 꽃이 피었음이니라
2:16 나의 사랑하는 이는 내게 속하였고 나는 그에게 속하였구나 그가 백
합화 가운데서 양떼를 먹이는구나
2:17 나의 사랑하는 이여 날이 기울고 그림자가 갈 때에 돌아와서 베데르
산에서의 노루와 어린 사슴 같아여라

(필자역)

술람미 여인의 답가(독창, 솔로몬의 청혼에 대한 응답)

우리를 위하여 여우들을 잡아주소서
작은 여우들이 포도원들을 망치고 있어요
우리의 포도원들은 꽃이 피어 있어요
나의 사랑하는 이는 내게 속하였고
나는 그에게 속하였구나
그가 백합화들 사이에서 (양떼를) 먹이는구나
날이 숨 쉴 때까지, 그림자가 사라질 때까지,
내 사랑이여! 돌아오서소
베데르 산의 노루와 어린 사슴처럼

솔로몬의 강렬한 청혼과 비교할 때 술람미 여인 역시 그에 못지않은 열망으로 솔로몬의 청혼을 고대하고 있었다. 무엇보다도 술람미 여인은 솔로몬과 자신 사이에 쉽게 극복할 수 없는 신분의 차이가 있음을 결코 모른 체 할 수 있는 처지가 아니었을 것이다. 이 사실은 솔로몬의 구애에서도 이미 밝혀졌지만 모든 여건을 물리치고서라도 술람미 여인을 신부로 맞이

하겠다는 솔로몬의 열망이 강하게 나타나고 있음에도 불구하고 청혼을 받아들여야 할 당사자는 다름 아닌 술람미 여인 자신이라는 점을 부각시키고 있다.

때문에 술람미 여인은 솔로몬의 청혼에 대해 "우리를 위하여 여우 곧 포도원을 허는 작은 여우를 잡으라 우리의 포도원에 꽃이 피었음이라"(2:15)고 하며 솔로몬의 청혼에도 불구하고 여전히 잠재적인 불안 요소가 그들 사이에 남아있음을 암시하고 있다. 왜냐하면 솔로몬의 청혼에 대하여 응답하는 것은 전적으로 자신의 인격적인 판단과 결단을 요하는 것이기 때문이다.

그 어느 누구라 할지라도 또한 상대방의 신분 여하를 떠나서라도 청혼에 대한 응답을 함에 있어, 특히 그처럼 갈망하는 청혼을 받은 상태에서 아무런 심적 두려움이나 갈등이 없을 수 없다. 그만큼 혼인은 중요하기 때문이며 상호간에 순결과 고상함과 신실함이 약속되어야 하기 때문이다. 이 내용은 혼인에 앞서 누구나 고심해야 할 덕목이기도 하다.

앞서 술람미 여인은 자신이 포도원지기임을 밝힌 바 있다(1:6). 그때 술람미 여인은 포도원 지키는 일을 하면서 정작 자기 자신은 햇빛에 검게 그을려 있었으며 그로 인하여 자신이 멸시를 당한다 할지라도 그것으로부터 자신을 보호하고 도와줄 존재는 자기 자신밖에 없었다.

따라서 이러한 심리적인 갈등을 이겨내고 기꺼이 솔로몬의 청혼을 받아들임에 있어서는 그 여부에 대해서 오직 자신만이 감당해야 한다. 때문에 이러한 술람미 여인의 조심스런 반응은 자신과 솔로몬 사이의 사랑이 혹시라도 단절될 수 있지 않을까 하는 두려움과 동시에 자신과 솔로몬의 사랑이 변치 않고 지속되기를 바라는 그녀의 간절한 소망을 드러내고 있다.

여기에 등장하는 '여우'를 가리켜 두 사람 사이에 있어서 사랑을 방해하는 장애물이나 요소를 상징하는 것으로 해석하거나, 심지어 이스라엘 처녀들의 처녀성을 노리는 남자들을 상징한다고 하는 해석 등은 본문과 아무런 상관이 없다. 나아가 포도원을 마치 교회를 상징하는 용어로 보고 이를 근거로 성도들이 악한 세력들을 대항하여 싸워야 하는 것처럼 본문을 해석한다는 것 역시 아무런 근거가 없다.

오히려 이러한 모티프는 포도원에 꽃이 필 즈음에 소년들이 여우를 쫓는 놀이를 하는 당시 이스라엘 지방에서 흔히 볼 수 있었던 풍습이었다는 점을 감안한다면 여우 놀이라고 하는 일종의 긴장감을 통해 솔로몬의 청혼을 받은 상태에 있는 술람미 여인의 심적 긴장을 생동감 있게 표현하고자 하는 것으로 이해해야 할 것이다.

이때 '우리의 포도원에 꽃이 피었음이라' 는 표현은 여우 놀이 철이 되었다는 시기를 암시하면서 동시에 지금 술람미 여인이 느끼고 있는 이러한 긴장감이 자신뿐 아니라 솔로몬도 공유하고 있다는 사실을 암시하고 있다. 이러한 심리적 갈등에 대한 묘사는 다음에 등장하는 솔로몬의 청혼에 대한 술람미 여인의 사랑 고백을 더욱 강화시키는 역할을 한다.

"내 사랑하는 자는 내게 속하였고 나는 그에게 속하였도다"(2:16)와 비슷한 표현은 6장 3절과 7장 10절에서도 나타나는데, 세 곳 모두 둘이 한 몸이 되었음을 은유적으로 표현하고 있다. 여자에게 있어서 남자는 자기 자신이며, 남자 또한 여자가 자기 자신이다. 이렇게 서로가 서로에게 속하였다는 것은 "이는 내 뼈 중의 뼈요 살 중의 살"(창 2:23)과 "이와 같이 남편들도 자기 아내 사랑하기를 제 몸같이 할지니 자기 아내를 사랑하는 자는 자기를 사랑하는 것이라"(엡 5:28)라는 내용과 같은 선상에 있는 말이다.

일반적으로 청혼에 담겨 있는 흥분과 감흥은 자칫 현실을 왜곡시키거나 아니면 필요 이상의 욕망으로 치닫게 만들 수 있다. 이러한 심리적 불안 요소는 오로지 혼인제도를 내신 하나님에 대한 바른 이해 안에서만 해소될 수 있다. 혼인은 두 사람의 존재 의미를 최상급으로 승화시켜 나가도록 하기 위한 하나님의 각별한 배려임을 이해할 때 비로소 "이는 내 뼈 중의 뼈요 살 중의 살"이라는 의미에서 비로소 "내 사랑하는 자는 내게 속하였고 나는 그에게 속하였도다"고 고백할 수 있기 때문이다.

확실히 혼인제도는 인류에게 보편적으로 주어진 가정이라는 울타리를 제공해준다. 이 가정이라는 울타리는 서로를 보호하고 보존할 뿐만 아니라 나아가 하나님의 나라를 가장 온전하게 세워나가는 기초가 된다는 점에서 하나님의 은혜 안에 있는 인류가 누릴 수 있는 최상의 제도라 할 수 있다.

바로 그러한 하나님의 은혜를 친히 공감하고 체득할 수 있는 사랑 나눔은 "아내는 자기 몸을 주장하지 못하고 오직 그 남편이 하며 남편도 그와 같이 자기 몸을 주장하지 못하고 오직 그 아내가 하나니"(고전 7:4)와 같이 전적으로 혼인의 순결과 신성함에 의해서만이 그 능력을 보장받을 수 있다.

참된 사랑은 일부일처제로 나타나기 마련이다. 그것은 상대에 대한 헌신을 함축하면서 또한 상대방에게서 정절을 기대할 수 있는 권리를 가지게 한다. 이처럼 혼인에 대한 확고한 이해가 있을 때 "그가 백합화 가운데에서 (양떼를) 먹이는구나"(2:16)라는 확신에 찬 응답으로 나아갈 수 있는 것이다.

이곳에서 "양떼를 먹인다"라는 말은 전후 문맥을 벗어나는 의역이다. 본문의 '르오'(רעה)는 '가축이 풀을 뜯어먹을 수 있도록 목자가 이끈다'는 말이 아니라 가축을 놓아먹이는 상태를 지시하는데 이것은 가축이 스스로 풀을 뜯어먹는 그 상태를 강조하기 위한 표현이다. 따라서 "그가 백합화 가운데에서 (양떼를) 먹이는구나"는 구절은 마치 솔로몬을 가축으로 (다음 구절에서는 노루, 어린 사슴으로 나타난다) 묘사하고, 술람미 여인은 자신을 백합화로 묘사함으로써 마치 솔로몬이 술람미 여인의 품안에서 마음껏 풍요로움을 느끼고 있는 상태를 보여준다.

이러한 묘사는 두 사람의 관계가 어느 한 쪽만이 일방적으로 사랑하는 왜곡된 관계가 아니라 서로 사랑하고 기쁨을 누리는 관계임을 말하고 있는 앞의 구절과 같이 술람미 여인과 솔로몬의 관계가 서로를 통하여 자신의 존재 가치를 더 높일 수 있으며, 나아가 솔로몬을 떠나서는 자신의 존재 가치를 찾을 수 없다는 술람미 여인의 고백이라 할 수 있다. 이러한 표현은 "이는 내 뼈 중의 뼈요 살 중의 살" 이라고 하는 아담의 노래가 어느 한쪽의 일방적인 고백이 될 수 없는 것과 마찬가지로 서로에게 동일한 사랑의 고백과 같다.

따라서 술람미 여인은 기꺼이 솔로몬을 향해 그동안 신실하게 지켜왔던 마음의 문을 활짝 열 수 있게 되었다. 비로소 술람미 여인은 솔로몬을 향해 손을 힘차게 내밀고 있다. 이것은 솔로몬의 청혼에 대하여 응답하는 것은 전적으로 자신의 인격적인 판단과 결단을 요한다는 요청에 대한(2:15) 술람미 여인의 자발적인 응답이다. 때문에 술람미 여인은 솔로몬을 향해 "내 사랑하는 자야 날이 저물고 그림자가 사라지기 전에 돌아와서 베데르 산의 노루와 어린 사슴 같을지라" (2:17)고 고백할 수 있게 된 것이다.

이 본문은 "날이 숨 쉴 때까지, 그림자가 사라질 때까지, 내 사랑이여! 돌아오서소. 베데르 산의 노루와 어린 사슴처럼" 으로 직역할 수 있다. 여기에서 '날이 숨 쉴 때까지, 그림자가 사라질 때까지' 는 아침 해가 뜰 때까지, 즉 '온 밤 내내' 또는 '밤을 지세다' 는 상황을 묘사한다. 또한 '돌아오소서' (סב)라는 말은 '돌아오다, 돌이키다' (turn, return)로 번역되지만 이 동사의 주체가 솔로몬인지 혹은 밤이 되면 가축들이 어미의 품으로 돌아오는 것을 지칭하는지 분명치 않다. 의미상으로 볼 때는 이 둘을 모두 지칭할 수 있을 것이다.

'베데르 산' 은 '하레 바텔' (הרי בתר)의 음역을 따른 것으로 문자적으로는 '베델의 산' 이지만 구체적인 지명을 지시하는 것으로 볼 수는 없다. 오히려 '바텔' (בתר)이라는 단어가 '나누다' 또는 '쪼개다' 는 의미를 가지고 있기 때문에 이 단어가 희생 동물을 절반으로 나누고 그 사이를 지나가는 언약 체결식을 묘사하기도 하지만(창 15:10; 렘 34:18-19) 여기에서는 나누어진 두 개의 산봉우리로 묘사되는 여인의 가슴을 상징하는 말로 대신할 수도 있다.

이런 점들을 염두에 두고 16절과 연관지어 볼 때 본문은 노루와 어린 사슴으로 비유된 솔로몬에게 밤이 되어서 아침이 될 때까지 자신의 품안에서 평안을 누리라는 술람미 여인의 초청으로 이해되어진다. 따라서 본문에서 술람미 여인은 솔로몬을 기다리는 위치에 서 있음을 암시한다. 솔로몬을 쪼개진 산 또는 갈라진 산의 어린 수사슴과 노루로 비유하면서, 날이 저물었으므로 돌아와서 자신의 가슴 사이에서 즐겁게 뛰노는 노루와 사슴같이 되기를 기다린다는 것이다.

이것은 술람미 여인에게 있어서 솔로몬이 얼마나 사랑스럽고 존귀한 존재인가를 강조하고 있다. 또한 진실한 사랑을 마음에 담고 있는 술람미 여인이 솔로몬을 사랑의 대상으로 귀하게 여기지 않을 수 없음을 보여주며 동시에 솔로몬의 사랑을 홀로 받고 있는 술람미 여인의 존귀함을 상징적으로 표현하고 있다. 이렇게 함으로써 술람미 여인은 자신을 낮추는 겸손과, 솔로몬에 대한 인내의 관용과, 솔로몬을 사랑하는 기쁨 속에서 한껏 승화된 사랑의 즐거움을 나누고 있음을 보여주고 있다.

〈 III 〉

보편의 원칙으로 인류에게 주어진 혼인의 정신

- 아가서 3장

아가서 3장

3:1 내가 밤에 침상에서 마음에 사랑하는 자를 찾았구나 찾아도 발견치
못하였구나
3:2 이에 내가 일어나서 성중으로 돌아다니며 마음에 사랑하는 자를 거
리에서나 큰 길에서나 찾으리라 하고 찾으나 만나지 못하였구나
3:3 성중의 행순하는 자들을 만나서 묻기를 내 마음에 사랑하는 자를 너
희가 보았느냐 하고
3:4 그들을 떠나자마자 마음에 사랑하는 자를 만나서 그를 붙잡고 내 어
미 집으로, 나를 잉태한 자의 방으로 가기까지 놓지 아니하였노라
3:5 예루살렘 여자들아 내가 노루와 들사슴으로 너희에게 부탁한다 사
랑하는 자가 원하기 전에는 흔들지 말고 깨우지 말지니라

3:6 연기 기둥과도 같고 몰약과 유향과 장사의 여러 가지 향품으로 향기
롭게도 하고 거친 들에서 오는 자가 누구인고
3:7 이는 솔로몬의 연(輦)이라 이스라엘 용사 중 육십 인이 옹위하였는데
3:8 다 칼을 잡고 싸움에 익숙한 사람들이라 밤의 두려움을 인하여 각기
허리에 칼을 찼느니라
3:9 솔로몬 왕이 레바논 나무로 자기의 연을 만들었는데
3:10 그 기둥은 은이요 바닥은 금이요 자리는 자색 담이라 그 안에는 예
루살렘 여자들의 사랑이 입혔구나
3:11 시온의 여자들아 나와서 솔로몬 왕을 보라 혼인날 마음이 기쁠 때
에 그 모친의 씌운 면류관(冕旒冠)이 그 머리에 있구나

〈 III 〉

보편의 원칙으로 인류에게 주어진 혼인의 정신

- 아가서 3장

하나님의 형상으로 지음을 받은 정상적인 남녀가 온 인격을 다하여 서로를 사랑하며 그리워하는 내용을 다룬 1장에 이어 2장에서는 술람미 여인이 솔로몬을 사랑하는 기쁨 속에서 느끼는 한껏 승화된 사랑의 즐거움 묘사하고 있다. 비록 신분의 격차를 뛰어 넘은 솔로몬의 청혼에도 불구하고 기꺼이 솔로몬의 청혼을 받아들이겠다고 응답하기에 이른다.

술람미 여인은 솔로몬의 청혼을 받아들였다 할지라도 여전히 자신이 겪고 있는 심적인 갈등을 쉽게 떨쳐버릴 수 없었다(3:1-5). 하지만 모든 갈등을 떨어버리고 "내 사랑하는 자는 내게 속하였고 나는 그에게 속하였도다"(2:16)는 아가서의 주제를 따라 확고하게 청혼을 받아들이기로 결심한다. 여기까지 제2부가 끝나고 마침내 술람미 여인과 솔로몬의 혼인식이 전개됨으로써 제3부가 화려하게 전개된다(3:6-5:1).

이와 같은 맥락 속에서 제3부는 온갖 역경을 이겨내고 마침내 술람미 여인은 솔로몬이 혼인식을 위해 화려하게 제작한 이동용 침대를 타고 혼인식을 위해 예루살렘으로 입성하는 장면이 전개된다. 예루살렘 여인들의 합창으로 혼인식을 알리는 서곡이 울려 퍼지고(3:6-11) 신부의 예루살렘 입성과 함께 왕궁에서 거행되는 혼인식이 펼쳐진다. 이 혼인식에서는 신부에 대한 신랑의 찬미와 그에 대한 신부의 응답이 교창으로 진행되는데 왕궁에서 거행되는 혼인식의 아름다움에 대한 묘사(4:1-5:1)로 구성된다. 이러한 흐름 속에 아가서 3장은 다음과 같이 구성되어 있다.

① 솔로몬의 청혼을 받아들인 술람미 여인의 갈등(3:1-5) : 솔로몬의 청혼이 있기까지 술람미 여인이 겪어야 했던 마음고생과 갈등을 극복하고 그 청혼을 받아들이기까지의 모습을 회상하고 있다.
② 혼인식 행렬에 대한 묘사(3:6) : 거친 광야를 건너서 마침내 화려하게 예루살렘에 입성하는 신부의 행렬 모습이 묘사된다.
③ 신부를 호위하기 위한 군대에 대한 묘사(3:7-8) : 신부를 호위하고 있는 솔로몬 군사들의 늠름한 모습이 묘사된다.
④ 신부를 위한 연에 대한 묘사(3:9-10) : 솔로몬이 신부를 위해 만든 최상의 호화스런 연에 대한 모습이 묘사된다.
⑤ 신부를 맞이하는 신랑에 대한 묘사(3:11) : 솔로몬이 어머니가 새로 만들어준 화관과 예복을 입고 신부를 기다리는 모습이 묘사된다.

1. 솔로몬의 청혼을 받아들인 술람미 여인의 심적 갈등(3:1-5)

3:1 내가 밤에 침상에서 마음에 사랑하는 자를 찾았구나 찾아도 발견치 못하였구나
3:2 이에 내가 일어나서 성중으로 돌아다니며 마음에 사랑하는 자를 거리에서나 큰 길에서나 찾으리라 하고 찾으나 만나지 못하였구나
3:3 성중의 행순하는 자들을 만나서 묻기를 내 마음에 사랑하는 자를 너희가 보았느냐 하고
3:4 그들을 떠나자마자 마음에 사랑하는 자를 만나서 그를 붙잡고 내 어미 집으로, 나를 잉태한 자의 방으로 가기까지 놓지 아니하였노라
3:5 예루살렘 여자들아 내가 노루와 들사슴으로 너희에게 부탁한다 사랑하는 자가 원하기 전에는 흔들지 말고 깨우지 말지니라

(필자역)

술람미 여인의 회상(narrative)

밤중에 내 침상에서 내 영혼이 사랑하는 이를 찾았도다. 내가 그를 찾았으나 그를 찾지 못하였구나. "내가 이제 일어나서 성읍의 거리를 돌아다니리라. 거리들과 광장들에서 내 영혼이 사랑하는 이를 찾으리라" 하며 내가 그를 찾았으나 그를 찾지 못했노라. 성읍을 순찰하는 파수꾼들을 만나 내가 그들에게 묻기를, "내 영혼이 사랑하는 이를 당신들이 보았나이까?" 하였는데 내가 그들을 지나치자마자 내 영혼이 사랑하는 자를 발견하고 내가 그를 붙잡고 놓지 않았도다.

술람미 여인의 노래(독창)

내가 그를 내 어머니의 집,
그녀가 나를 잉태하였던 방으로 그를 데려오기까지
암노루들과 들의 암사슴들을 두고
내가 너희에게 간청하노라
예루살렘의 딸들아
그가 원하기까지
너희는 그 사랑을 흔들지도 말고 깨우지도 말아다오

〈제2부 끝을 알리는 피날레〉

정상적인 여인이라 할지라도 누구나 청혼을 받게 되면 가슴이 들뜨고 혼인에 앞서 두려움을 느끼기 마련이다. 솔로몬의 청혼을 받아들인 술람미 여인 역시 정작 혼인식을 앞두고 심적 갈등을 느끼게 된다. 사랑의 기쁨이 큰 만큼 그 사랑을 받아들임에 있어서의 갈등은 오히려 술람미 여인이 솔로몬과의 혼인을 가볍게 여기지 않고 있음을 대변해 주고 있다는 점에서 이 단락은 앞으로 전개될 혼인식의 기쁨을 배가시키고 있다.

반면에 술람미 여인의 심적 갈등은 "내가 밤에 침상에서 마음으로 사랑하는 자를 찾았노라 찾아도 찾아내지 못하였노라"(3:1)에서 극적으로 표현된다. 여기에서 술람미 여인은 솔로몬과의 혼인을 앞두고 깊은 정신적 고뇌에 빠져 있음을 보여주고 있다. 이러한 고뇌는 고통스럽다기보다는 오히려 앞으로 전개될 혼인에 대한 기대감과 호기심에서 나오는 일종의 카타르시스라 할 수 있다.

본문에서 '밤에'(בלילות)라는 단어는 어느 특정한 날을 지시하기보다는 일상적인 시간을 가리킨다. 때문에 본문은 어느 특정한 날에 일어난 일을 말하기보다는 일상적인 술람미 여인의 심적 갈등상태를 대변하면서 술람미 여인이 얼마나 솔로몬과의 혼인을 애타게 그리워하고 있는가를 강조해 주고 있다. 이러한 묘사는 사랑하는 이를 그리워하는 사람들의 일반적인 경험을 배경으로 함으로써 독자들로 하여금 혼인을 앞둔 술람미 여인의 두근거리는 심적 갈등에 직접 참여하게 만든다.

이 단락에서 여자는 한밤중에 자신의 침상에서까지도 사랑하는 남자를 찾고 있는 것으로 묘사된다. 하지만 그녀는 자기 침상에서 남자를 발견하지 못하였고 남자에 대한 열망이 마침내 남자를 찾기 위하여 그녀를 침상에서 일어나게 만들었다. "이에 내가 일어나서 성중으로 돌아다니며 마음에 사랑하는 자를 거리에서나 큰 길에서나 찾으리라 하고 찾으나 만나지 못하였구나 성중의 행순하는 자들을 만나서 묻기를 내 마음에 사랑하는 자를 너희가 보았느냐 하고 그들을 떠나자마자 마음에 사랑하는 자를 만나서 그를 붙잡고 내 어미 집으로, 나를 잉태한 자의 방으로 가기까지 놓지 아니하였노라"(3:2-4).

이렇게 사랑하는 자를 그리워하다가 찾아나서는 표현은 일반적인 시문학적 특성으로 알려진 '탐구 모티프'(search motif)로서 사랑하는 대상의 매력과 훌륭함을 강조하면서 동시에 그 대상을 사랑하는 자기의 사랑하는 심정도 정당하다는 것을 나타내기 위한 매우 보편화된 표현 방식이다. 아울러 이러한 '탐구' 과정은 일반적으로 주인공의 성장을 알리는 변화의 과정으로 이때 주인공은 여러 가지 경험을 거치면서 독자들이 기대하는 이상형에 도달하는 것으로 묘사된다.

여기에서 이 탐구 모티프는 마치 환상적인 배경을 강조하기 위해 밤중에 발생한 것으로 묘사되는데 이것은 마치 만화경처럼 장면이 빠르게 바뀌면서 술람미 여인의 심적 갈등이 극적인 반전으로 나타나고 있음을 보여주기 위함이다. 이러한 표현 방식은 술람미 여인이 실제로 이러한 사건을 경험했다기보다는 술람미 여인의 심적 상태가 급속도로 발전되고 있다는 점을 짧은 시간을 통해 독자들에게 각인시키는 시각적 효과를 가지고 있다.

본문에서 술람미 여인은 거리로 나와 큰길을 다니며 사랑하는 솔로몬을 애타게 찾고 있는 것으로 묘사된다. 이러한 동일한 모티프는 잠언에서도 등장한다. 잠언에서는 창기가 하룻밤을 같이 보낼 남자를 유인하는 모습(잠 7:10-13)에서 그리고 지혜가 자신의 말을 전하기 위해 사람들이 많은 곳에 자리를 잡고 지혜의 말을 들으라고 초청하고 있는 모습(잠 1:20-21; 8:1-4)에서 각기 '탐구 모티프'(search motif)가 등장하는데 공교롭게도 이 두 '탐구 모티프'는 내용 면에서 서로 극적인 대조를 보여준다.

아가서는 이러한 모티프와는 분명 다른 차원을 보이고 있는데 술람미 여인이 정서적인 위험을 무릅쓰고 솔로몬을 실제로 찾아나서고 있는 모습으로 묘사되고 있다. 하지만 이것은 전적으로 실제가 아닌 비유로 제시되는 방식을 채택함으로써 술람미 여인의 의지적인 결단을 강조하고 있다. 이러한 술람미 여인의 의지적인 결단은 '내가 일어날 것이다', '내가 돌아다닐 것이다', '내가 찾을 것이다'는 자기 권유형인 연속적인 3개의 동사들로 강화되고 있다.

찾아나서는 그 모습은 본래 선한 것도 악한 것도 아닌 도덕적으로 중립성을 가지고 있다. 문제가 되는 것은 찾아나서는 그 실체가 선한가 아니면 악한가에 딸려 달리 해석될 따름이다. 여기에서는 술람미 여인이 단순히 자신의 동반자를 찾고 있음을 강조하여 그 어떤 방해를 극복하고서라도 솔로몬을 찾고자 하는 자신의 결의를 보임으로써 드디어 술람미 여인과 솔로몬의 합일이 극적으로 가까워지고 있음을 암시해 주고 있다.

이런 심적인 압박감에서 술람미 여인은 사랑하는 솔로몬을 발견하지 못하다가 마침 성을 돌며 지키는 사람들을 만나게 되고 그들에게 물어보기도 한다. 그러나 그들로부터도 아무런 소식을 알아내지 못하고 그들을 떠나게 되는데, 그때 극적으로 사랑하는 솔로몬을 만나게 된다. 그러자 술람미 여인은 마치 기다리기라도 했듯이 솔로몬을 붙잡고 놓지 않는다.

이 모습을 아가서는 매우 낭만적으로 묘사하고 있는데 "그를 붙잡고 내 어머니 집으로, 나를 잉태한 이의 방으로 가기까지 놓지 아니하였노라"(3:4b)고 표현하고 있다. "그녀가 나왔던 어머니의 집"과 "나를 잉태한 그녀의 방"은 매우 에로틱한 표현으로 자신과 남자와의 합일을 숭고하고 성스럽게 표현하고 있다. 이러한 표현 양식은 앞서 2장 4-7절에서도 이미 언급된 바 있다.

혼인의 순결과 고상함을 제시한 아가서의 서론부(1:2-2:7)와 마찬가지로 제2부 역시 "예루살렘 딸들아 내가 노루들과 들의 암사슴들을 두고 너희에게 부탁하노니 사랑하는 자가 원하기 전에는 흔들지 말고 깨우지 말지니라"(3:5; 2:7 참고)로 끝나고 있다. 이어 제3부가 전개되는데 드디어 기대했던 혼인식을 향해 나아가는 술람미 여인의 아름다운 모습이 펼쳐진다(3:6-11). 아가서는 이 장면을 극적으로 표현하기 위해 술람미 여인이나 솔로몬의 목소리가 아닌 합창단의 노래를 통해 묘사하고 있다.

2. 혼인식장을 향하는 신부의 행렬(3:6)

3:6 연기 기둥과도 같고 몰약과 유향과 장사의 여러 가지 향품으로 향기롭게도 하고 거친 들에서 오는 자가 누구인고

(필자역)

〈제3부 시작을 알리는 팡파르〉

여인들의 등장(합창, 혼인식을 알리는 서곡)

이는 누구인가?
광야에서 올라오는 이
몰약과 유향의 연기 기둥(들)과 같고
상인들의 온갖 향품들로 향기를 내는구나

고대 근동의 혼인식은 종교적 예식이 아닌 집안간의 예식으로 진행되었다. 이것은 룻과 보아스가 제사장 앞에서가 아니라 장로들 앞에서 혼인식을 거행한 것을 보아서도 알 수 있다(룻 4:10-11). 때문에 혼인식이 성전에서 행해지지 않고 솔로몬의 왕궁에서 거행되는 것은 조금도 이상하지 않다.

혼인식은 먼저 신랑이 신부의 집으로 향하고 신부를 그들이 새로운 거주지로 인도하는 행렬로 절정을 이루고 이어서 피로연이 베풀어져 한 주일 혹은 그 이상 동안 지속되기도 한다. 비록 피로연이 계속된다 할지라도 신랑과 신부는 초야에 들어가는 것으로 혼인식은 완성된다.

이러한 이스라엘의 혼인 관습에 따라 신부가 신랑을 따라나서는 장면은 혼인식의 정절에 이르고 있음을 암시하고 있다. 아가서는 이 장면을 더욱 극적으로 연출하기 위해 "연기 기둥과도 같고 몰약과 유향과 장사의 여러

가지 향품으로 향기롭게도 하고 거친 들에서 오는 자가 누구인고”(3:6)라는 합창단의 웅장한 소리로 묘사하고 있다.

본문의 행렬에서 신랑과 신부가 함께 하고 있는지, 아니면 솔로몬은 왕궁에서 신부인 술람미 여인을 기다리고 있는지 분명하지 않다. 일반적인 경우라면 두 사람이 모두 이 행렬의 주인공으로 등장할 수 있지만, 왕의 신분을 가지고 있는 솔로몬의 경우에는 술람미 여인만이 이 행렬의 주인공이 될 수도 있다.

아가서는 합창단의 목소리를 통해 이 신비롭고 놀라운 광경을 ‘이는 누구인가?’(מִי זֹאת)라는 질문으로 시작한다. 이 표현은 6장 10절과 8장 5절에서도 사용되는데, 이와 비슷한 용례로 사용된 이사야 60장 8절의 내용을 함께 보면 이 표현이 무엇을 의미하는지 짐작할 수 있다.

아가서 8장 5절의 표현을 보면, 거친 들에서 올라오는 자는 앞으로 있을 무엇인가를 기대하고 올라오고 있는데, 그 내용은 “그 여자의 사랑하는 자를 기대하고” 오는 것으로 표현된다. 3장에서도 술람미 여인이 솔로몬의 왕비가 될 것을 기대하고 광야에서 올라오는 상황을 연출하고 있다.

이사야 60장 3-9절의 표현에서도 장차 있을 ‘하나님 나라의 영광’과 ‘기대’를 선포하고 있다. 여기에서도 열방과 열왕, 그리고 바다의 풍부, 스바 사람들의 금과 유향, 게달의 양무리 등이 “구름 같이, 비둘기가 보금자리로 날아오는 것같이”라고 표현하고 있다. 이런 점에서 아가서 3장의 표현은 ‘술람미 여인의 영광’과 ‘술람미 여인이 기대하는 솔로몬’이 강력하게 표현되고 있다.

광야에서 올라오는 그 광경은 무수한 연기 기둥들로부터 시작되는데, 그 연기 기둥들은 몰약과 유향과 상인들의 모든 향료로 향기를 내고 있는 것으로 묘사된다. 이것은 혼인식 행렬 앞에서 타고 있는 향품들을 묘사하고 있는데, 혼인식 행렬의 화려함과 아름다움을 묘사하면서 거기에 향내가 가득함을 강조함으로써 이 전시품들의 가격이 어떠한가를 제시하고 있다.

이처럼 값비싼 향로와 화려함을 강조하는 것은 시각적인 표현을 통하여 혼인이 인생사에 있어서 가장 중요한 사건임을 부각시키기 위함이다. 따라서 혼인에 의한 남녀의 결합을 최상의 방식으로 표현하는 것은 조금도 진부한 방식이 아니다.

혹 이 연기를 가리켜 하나님의 현현(theophany) 또는 임재(present)의 상징이라고 해석하는 주석가들이 있기는 하지만 이 역시 합당한 근거를 찾을 수 없다. 비록 출애굽기 모티프에서 연기나 구름 기둥이 하나님의 임재를 상징한다 할지라도 본문과 연결시킨다는 것은 많은 무리가 따른다. 오히려 본문의 장면은 순수한 신부의 행렬을 최대한 아름답게 꾸미기 위한 문학적 기법으로 보는 것이 자연스럽다.

3. 신부를 호위하는 군사들의 모습(3:7-8)

3:7 이는 솔로몬의 연(輦)이라 이스라엘 용사 중 육십 인이 옹위하였는데
3:8 다 칼을 잡고 싸움에 익숙한 사람들이라 밤의 두려움을 인하여 각기 허리에 칼을 찼느니라

(필자역)

여인들의 합창(합창, 혼인식 행렬에 대한 묘사)

보라, 그의 침상은 솔로몬의 것이라
이스라엘의 용사들 중 60명의 용사들이 옹위하였구나
그들 모두 칼을 잡은 자들이며 전쟁을 배운 자들이니
밤의 위험 때문에 각자 허벅지에 칼을 찼구나

아가서는 이 부분에서 혼인식 행렬에 최상의 찬사를 보내고 있는데 술

람미 여인이 멋지게 장식된 이동용 침대를 타고 왕궁 친위대로 구성된 경호를 받으며 당당하게 예루살렘으로 입성하는 모습을 묘사하고 있다. "볼지어다 솔로몬의 가마라 이스라엘 용사 중 육십 명이 둘러쌌는데 다 칼을 잡고 싸움에 익숙한 사람들이라 밤의 두려움으로 말미암아 각기 허리에 칼을 찼느니라"(3:7-8)는 묘사는 혼인식 행차가 얼마나 위풍당당하고 위용이 있는가를 짐작하게 한다.

여기에서 말하는 '연' 은 솔로몬이 특별한 목적, 즉 술람미 여인을 아내로 맞이하기 위해 술람미 여인이 먼 길을 편하게 이동할 수 있도록 화려하게 제작한 이동용 '침대' 를 가리킨다. 히브리어에서 연(מטה)은 가마가 아니라 '침대' 를 뜻한다. 솔로몬은 그 이동용 침대를 지키기 위해서 칼을 찬 용사 육십 명을 동행하게 하였다.

술람미 여인이 모든 여자들도 공히 사랑할 만한 기품 있고 인격적이며 매력적인 남자인 솔로몬과 한 몸을 이루는 관계라는 것을 자랑스럽게 여기고 있다는 점을 표현하기 위해 여기에서는 '솔로몬의 침대' 라는 은유적 표현을 통해 여자의 아름다움과 가치를 최상으로 높여서 '여자의 영광스러움' 을 드러내고 있다. 비록 이 단락에서 '솔로몬' 이라는 이름이 세 번이나 등장하지만, 그 내용의 핵심에 있어서는 결코 솔로몬 자신은 등장하지 않는다.

신랑의 친구들이 혼인식 행렬에 함께 행진하는 것은 일반적인 관행이었다. 솔로몬은 이 행렬에 이스라엘에서 가장 근엄하고 경험이 많으며 용감무쌍한 자신의 경호원들을 발탁하여 참여하게 하였다. 다윗은 자신의 개인 호위병으로 30명의 용사를 두었으며(삼하 23:13, 18-19, 23-37), 삼손은 자신의 혼인식에 30명의 친구들과 함께 했다(삿 14:11-20). 이와 비교할 때 솔로몬이 자신의 혼인식 행렬에 60명의 경호원들을 참여하게 한 것은 그 규모가 일반적인 규모를 뛰어 넘고 있음을 강조하고 있다.

60명의 경호원 구성이 이스라엘 12지파(각 지파에서 5명씩을 선발하면 60명이 된다)를 대표하는 것으로 해석하는 것에는 무리가 있어 보인다. 어떤 의미에서는 술람미 여인이 이스라엘의 국모라는 점에서 이스라엘 12지파를 대표하는 60명으로 상징되는 경호원으로 호위를 받게 한 것은 납득할 수 있지만 과연 이러한 숫자적 해석 방법이 본문의 이해를 돕는지에 대해서는 쉽게 동의할 수 없게 만든다. 오히려 아가서의 표현은 혼인식 행렬의 화려함과 아름다움을 돋보이게 함으로써 혼인의 신성함을 부각시키기 위한 표현 방식으로 이해하는 것이 자연스러워 보인다.

4. 신부를 위한 이동용 침대에 대한 묘사(3:9-10)

3:9 솔로몬 왕이 레바논 나무로 자기의 연을 만들었는데
3:10 그 기둥은 은이요 바닥은 금이요 자리는 자색 담이라 그 안에는 예루살렘 여자들의 사랑이 입혔구나

(필자역)

여인들의 합창(합창, 술람미 여인의 침상에 대한 묘사)

그 침상은 솔로몬 왕이 자신을 위하여 레바논의 나무로 만들었구나
그 기둥들은 은이요 바닥은 금이요 자리는 자색 천이라
그 안에는 사랑이 입혔구나
예루살렘의 딸들아

이 혼인식 행렬은 그 규모뿐 아니라 내용면에 있어서도 타의 추종을 불허하고 있다. 술람미가 앉아있는 이동용 침대는 최상급 재료들로 제작되었다. 가장 귀한 레바논 나무로 만들어진 이 침대의 기둥은 은으로, 바닥은 금으로 입혀졌다. 신부가 앉는 자리는 자색 비단으로 장식되었는데 자

색은 왕실을 상징하는 색깔이었다. 이처럼 솔로몬은 신부에게 자기가 가진 것 중에서 최고의 것을 제공하였다.

특별히 아가서는 이 최상의 침대를 표현하기 위해 그 안에는 예루살렘 처녀들의 부러움(사랑)이 입혀져 있다고 표현하고 있다. "그 안에는 예루살렘 딸들의 사랑이 엮어져 있구나"(3:10)는 표현은 예루살렘 처녀들이 이 특별한 솔로몬의 침대가 누구의 것일까 상상하면서 그 침대가 자기를 위한 것이라면 좋을 것이라는 마음으로 그 침대를 부러워하고 있음을 상상케 한다. 동시에 이러한 표현은 술람미 여인이 모든 사람들로부터 부러움을 한 몸에 받고 있음을 연상케 한다.

그런데 본문의 '사랑'(אהבה)이라는 단어의 쓰임은 너무나 특이해서 이러한 묘사가 구체적으로 무엇을 지시하는 것인지 분명치 않다. 본문은 히브리어에서 볼 때 "그 기둥들은 은으로 그 등받이는 금으로 그 자리는 자주색 깔개로 만들었고 그 안은 사랑으로 장식되었으니 예루살렘의 딸들이 한 것이라"고 직역이 가능하다. 또는 "그 기둥은 은이요 바닥은 금이요 자리는 자색 천이라 그 안에는 사랑이 입혔구나 예루살렘의 딸들아"라고 읽을 수도 있다.

반면에 개역성경은 "그 기둥은 은이요 바닥은 금이요 자리는 자색 담이라 그 안에는 예루살렘 여자들의 사랑이 입혔구나"라고 번역하고 있으며 개정개역에서는 "기둥은 은으로 입히고, 닫집은 금으로 꾸미고, 자리에는 보랏빛 털을 깔았구나. 그 안은 사랑으로 가득 찼구나. 예루살렘의 아가씨들아"라고 번역하고 있다.

KJV는 "He made the pillars thereof of silver, the bottom thereof of gold, the covering of it of purple, the midst thereof being paved with love, for the daughters of Jerusalem"으로 번역하고 있으며 NIV는 "Its posts he made of silver, its base of gold. Its seat was upholstered with purple, its interior lovingly inlaid by the daughters of Jerusalem"으로 각각 번역하고

있다.

이러한 여러 번역본들을 따라 본문을 유추한다면 이 이동용 침대의 핵심은 다름 아닌 ‘사랑’(אהבה)이라 할 수 있다. 그것이 술람미 여인에 대한 솔로몬의 사랑이었든지, 혹은 예루살렘 여인들의 사랑으로 장식되었든지, 또는 이 침대의 내부가 온통 사랑으로 치장되었다고 하든지, 나아가 이 솔로몬의 특별한 작품을 ‘사랑’ 이라고 칭하든지, 그리고 이로부터 발전하여 화려하고 장엄한 이 행렬의 전체를 ‘사랑’ 으로 확장해서 인식하든지 간에 이 본문에서 가장 중요한 것은 ‘사랑’ 이야 말로 여기 진행하고 있는 모든 혼인식 행렬에서 최고의 지위를 차지하고 있다는 사실이다.

이것은 혼인의 정신이 다름 아닌 ‘사랑’ 으로부터 시작되고 있음을 암시하며 동시에 혼인이 지향하는 최고선 역시 ‘사랑’ 으로 귀착되고 있음을 보여준다. 후에 솔로몬은 술람미 여인을 가리켜 본문과 동일한 단어인 ‘사랑’(אהבה)으로 지칭하고 있다(7:6).

이점을 감안한다면 지금 진행하고 있는 혼인식 행렬을 솔로몬과 술람미 여인이 그 주인공이라기보다는 그들을 하나로 엮어주고 있는 ‘사랑’ 이야 말로 이 혼인식 행렬의 참된 주인공임을 알 수 있다. 그리고 이 사랑이야 말로 남편과 아내가 혼인제도를 통하여 하나가 되게 하는 하나님의 본래 의도를 되찾게 하는 원동력(창 2:24)이라는 사실을 극명하게 보여주고 있다.

5. 신부를 맞이하는 신랑에 대한 묘사(3:11)

> 3:11 시온의 여자들아 나와서 솔로몬 왕을 보라 혼인날 마음이 기쁠 때에 그 모친의 씌운 면류관(冕旒冠)이 그 머리에 있구나

(필자역)

여인들의 합창(합창, 신랑에 대한 묘사)

나오너라, 시온의 딸들아, 보려무나
화관을 쓴 솔로몬 왕을
그 화관은 모친이 씌운 것이라
그의 혼인식 날에
그의 마음에 기쁨의 날에

남녀의 혼인은 본래 존엄하고 고귀한 사건이다. 혼인식에 참여하는 남자와 여자는 평범한 인간이지만 신부를 신랑에게로 데려오는 예식은 그 둘을 왕적인 신분으로 고양시킨다. 이때 혼인은 동시에 하나님이 여자를 첫 번째 '왕' 인 아담에게로 데려오셨을 때인 창세기 2장의 모티프를 재현하게 된다. 그것은 타락으로 완전히 망가지지 않았던 남녀의 연합을 보여줌으로써 창조의 기적을 상기시킨다. 이런 점에서 본문은 왕관을 쓴 솔로몬을 칭송하지 않을 수 없다.

"시온의 딸들아 나와서 솔로몬 왕을 보라 혼인날 마음이 기쁠 때에 그의 어머니가 씌운 왕관이 그 머리에 있구나"(3:11)는 합창단의 선포는 모든 신랑에게 주어지는 왕적인 권위를 명확하게 보여주고 있다. 본문에서 '왕관' 혹은 '면류관' 으로 번역되어 있지만 솔로몬이 지금 머리에 쓰고 있는 화관(עטר)은 한 나라의 왕이 착용하는 왕관이나 면류관이 아닌 혼인식 때 착용하는 화관花冠임이 분명하다. 이 사실은 그의 어머니가 아들의 머리에 맞도록 만든 새로운 왕관이라고 묘사한 것으로 확실해진다.

당시의 혼인식에서 신랑의 어머니가 하는 역할은 혼인식에서 핵심적 위치를 차지하고 있었다. 신랑의 어머니는 혼인식날 신랑의 머리에다 화관을 만들어 씌어주는 역할을 했는데, 이때 화관은 신랑과 신부가 연합됨으로써 얻게 되는 사랑의 기쁨을 상징하고 있다. 따라서 어머니가 신랑의 머리에 화관을 씌어주었다는 것은 마침내 혼인식의 절차에서 최정점에 도달했음을 의미한다.

이러한 맥락에서 합창단들이 시온의 딸들에게 모두 나와서 화관을 쓰고 있는 솔로몬을 보라고 외치는 것은 이 혼인식이 정결하고 흠이 없으며 온전한 부부가 되었음을 선언하는 것과 같은 의미를 가진다. 이로써 술람미 여인과 솔로몬의 혼인식은 그 자리에 참석한 모든 사람들이 증인이 되고 축하하는 가운데서 정점을 찍게 된다.

솔로몬은 한 나라의 왕으로서 평소에 왕관을 착용함에 있어 조금도 이상하지 않았을 것이다. 그러나 혼인식에서 화관을 착용하는 것은 그것과는 절대 비교할 수 있는 성질의 것이 아니다. 혼인식 화관은 인류 보편의 원칙인 하나님께서 세우신 질서를 상징하고 있기 때문이다. 뿐만 아니라 화관을 쓴 모든 신랑들에게 하나님께서 주시는 최상의 권위를 보여준다는 점에서 지금 솔로몬이 착용하고 있는 화관은 바로 하나님으로부터 그 권위가 주어진다는 점을 강조하고 있다.

〈IV〉

에덴동산의 회복을 구현하는 혼인제도

- 아가서 4장

아가서 4장

4:1 내 사랑 너는 어여쁘고도 어여쁘다 너울 속에 있는 네 눈이 비둘기 같
고 네 머리털은 길르앗산기슭에 누운 무리 염소 같구나
4:2 네 이는 목욕장에서 나온 털 깎인 암양 곧 새끼 없는 것은 하나도 없이
각각 쌍태를 낳은 양 같구나
4:3 네 입술은 홍색 실같고 네 입은 어여쁘고 너울 속의 네 뺨은 석류 한
쪽 같구나
4:4 네 목은 군기를 두려고 건축한 다윗의 망대 곧, 일천 방패 용사의 모든
방패가 달린 망대 같고
4:5 네 두 유방은 백합화 가운데서 꼴을 먹는 쌍태 노루 새끼 같구나
4:6 날이 기울고 그림자가 갈 때에 내가 몰약 산과 유향의 작은 산으로 가
리라
4:7 나의 사랑 너는 순전히 어여뻐서 아무 흠이 없구나
4:8 나의 신부야 너는 레바논에서부터 나와 함께 하고 레바논에서부터 나
와 함께 가자 아마나와 스닐과 헤르몬 꼭대기에서 사자 굴과 표범 산
에서 내려다보아라
4:9 나의 누이, 나의 신부야 네가 내 마음을 빼앗았구나 네 눈으로 한 번
보는 것과 네 목의 구슬 한 꿰미로 내 마음을 빼앗았구나

4:10 나의 누이, 나의 신부야 네 사랑이 어찌 그리 아름다운지 네 사랑은
포도주에 지나고 네 기름의 향기는 각양 향품보다 승(勝)하구나
4:11 내 신부야 네 입술에서는 꿀방울이 떨어지고 네 혀 밑에는 꿀과 젖이
있고 네 의복의 향기는 레바논의 향기 같구나
4:12 나의 누이, 나의 신부는 잠근 동산이요 덮은 우물이요 봉한 샘이로구
나
4:13 네게서 나는 것은 석류나무와 각종 아름다운 과수와 고벨화와 나도
초와
4:14 나도와 번홍화와 창포와 계수와 각종 유향목과 몰약과 침향과 모든
귀한 향품이요
4:15 너는 동산의 샘이요 생수의 우물이요 레바논에서부터 흐르는 시내로
구나
4:16 북풍아 일어나라 남풍아 오라 나의 동산에 불어서 향기를 날리라 나
의 사랑하는 이가 그 동산에 들어가서 그 아름다운 실과 먹기를 원하
노라

〈IV〉

에덴동산의 회복을 구현하는 혼인제도

- 아가서 4장

하나님께서 가정을 세우실 때에는 사람이 범죄하기 이전의 일로 창조의 질서에 속하며 하나님께서 계획하신 창조의 목적을 완수하는 데 있어서 아주 유효한 효과를 바라셔서 제정하신 제도이다. 이 가정을 세워나가는 데 있어서 하나님께서 제정하신 제도가 '혼인' 이다.

이 혼인제도는 "사람의 독처하는 것이 좋지 못하니 내가 그(아담)를 위하여 돕는 배필을 지으리라"(창 2:18)는 말씀 속에서 분명하게 제시되어 있다. 남자를 돕기 위하여 여자를 지으시고, 두 사람이 연합하여 한 몸을 이룸으로써(창 2:24), 하나님께서 그들에게 바라셨던 창조의 완성을 이루어 나가도록 하는 방편이 '혼인' 인 것이다.

하나님께서는 이 혼인제도를 통하여 한 몸이 된 아담과 하와가 "생육하고 번성하여 땅에 충만하라, 땅을 정복하라, 바다의 고기와 공중의 새와 땅에 움직이는 모든 생물을 다스리라"(창 1:28)는 사명을 수행하도록 하셨다. 때문에 가정은 하나님께서 인류에게 맡기신 사명을 수행하고 완수함에 있어서 가장 유효하고 고상한 제도이다.

뿐만 아니라 혼인제도는 인류를 발생시키고 확장시키는 방법으로서 매우 효과적이며 하나님의 나라를 확장시켜 나갈 수 있는 유일한 제도이기 때문에 신성하게 여겨져야 한다. 이처럼 혼인은 하나님의 나라를 드러내고 확장함에 있어서 가장 효과적인 제도라는 점에서 무엇보다도 하나님께서 이 제도를 중요시하고 있음을 명심해야 한다.

에덴동산에서의 아담과 하와는 그 두 사람이 가정을 이룰 뿐 아니라 나아가 그들이 사회를 구성하고 그들이 국가이며 동시에 교회였다. 그러므로 아담 혼자로서 존재 의미가 있는 것이 아니다. 아담과 하와가 둘이 한 사회를 형성하고 그것이 국가로서 그리고 교회로서 형태(form)를 갖추어야만 그 속에서 각각의 존재 의미를 찾을 수 있다. 왜냐하면 그들이 그리스도의 몸인 교회를 형성하는 데에서 온전한 인간의 가치를 발견하고 발휘할 수 있기 때문이다. 이것이 하나님께서 세우신 혼인제도에서 가장 중요하게 보여주는 원리이다.

또한 에덴동산에서 아담과 하와는 서로 협력하고 격려하며 돌보아줌으로써 근본적으로 하나님께서 인간을 이 세상에 내신 창조의 목적을 이루어 나가야 했다. 그리고 그 사명을 이루어 가는 데 있어서 가장 자연스런 관계가 부부라는 점에서 혼인제도를 통해 하나님께서 이루시고자 하신 의도가 얼마나 고상하고 원대한 것인지 우리는 가히 짐작할 수 있다.

이런 점에서 혼인은 아무하고 하는 것이 아니다. 하나님께서 우리 인생을 내신 목적에 부합하게 살아가고자 하는 자세와 그에 따른 준비와 책임을 수행할 수 있는 능력을 고루 갖춘 후에 그 목적에 함께 동참하고 동반자가 될 수 있는 상대자와 혼인해야 그 정신에 알맞은 것이다. 그러한 인식을 갖추지 않고 나이가 들었다는 이유로 자기에게 어울릴 만한 사람을 찾아 적당히 혼인하는 것은 하나님이 내신 혼인의 정신에도 위배될 뿐이다. 또한 자기 인생 자체의 의미까지도 상실시키는 경우가 발생할 수 있다는 점에서 유의하여야 한다.

이 혼인제도를 더 확장해 나가면 교회의 제도와 직결된다. 교회라 할 때는 에덴동산에서 시작하여 전 역사의 흐름을 염두에 두고 보아야 한다. 최초의 혼인제도는 이런 점에서 교회를 탄생시키는 원세포라고 할 수 있다.

그러므로 교회는 혼인제도를 통하여 생산된 인류를 그 회원으로 가진다.

따라서 혼인제도를 통하여 인류가 발생하고, 이 인류는 사회를 형성하며, 이 사회가 조직화되어 국가를 세우게 되고, 시간이 진행함에 따라 역사가 진전되면서 창조 이래로 지금까지 그리스도 안에서 택함받은 모든 성도들로 구성된 교회를 이루게 된다. 이처럼 교회는 전 시간적인 존재 의미를 가지는 특수한 사회이자 국가로서 창조 이후부터 세상이 끝나는 시간까지 존재한다. 우리는 이 교회를 유일한 구원의 기관으로서 '무형교회'라고 한다. 이러한 정신 가운데 아가서는 술람미 여인과 솔로몬이 마침내 혼인식을 통해 부부가 되었다는 사실을 여과 없이 묘사해 나가고 있다.

1장에서 하나님의 형상으로 지음을 받은 남녀의 인격적인 사랑을 다루고, 2장에서는 솔로몬을 사랑하는 확신 속에서 승화된 사랑의 즐거움을 노래하며, 3장에서는 신분의 격차를 뛰어 넘은 솔로몬의 청혼을 받아들임으로써 마침내 혼인식에 이르기까지의 과정을 그려낸 아가서는 이제 혼인으로 말미암아 그들에게 보장된 부부 관계의 신비로움을 보여주고 있다. 특히 혼인의 신비함과 신성함을 합창단이 아닌 술람미 여인과 솔로몬의 목소리로 노래하는 방식을 도입함으로써 사랑하는 부부만이 누릴 수 있는 기쁨이 여과 없이 표출된다. 제4부는 다음과 같이 구성된다.

① 솔로몬의 노래(4:1-5) : 혼인식장에서 신부가 신랑에게 나아가자 신랑은 눈부시게 아름다운 신부의 모습을 섬세한 비유로써 찬미한다.
② 술람미 여인의 답가(4:6) : 신랑의 찬미에 대해 신부는 신랑을 맞이하겠다는 소박한 심정을 밝힘으로써 응답한다.
③ 솔로몬의 노래(4:8-15) : 앞서 신부의 아름다움을 극찬한 신랑은 이제 신부가 가지고 있는 내면의 아름다움을 섬세한 비유로써 찬미한다.
④ 술람미 여인의 응답(4:16) : 신부는 어린아이 같은 순결성으로 신랑을 맞이하며 자신을 사랑하는 신랑에 맡기겠다는 서약으로 응답한다.

이어서 ⑤ 사랑으로 자신을 맞이하겠다는 신부를 진정으로 아내로 맞이하겠다는 신랑의 선언(5:1a)과 ⑥ 혼인식의 끝을 알리는 신랑과 신부에 대한 축하(5:1b)의 합창으로 혼인식은 대단원의 막을 내리게 된다.

지금까지 아가서는 솔로몬과 술람미 여인이 서로의 사랑을 발전시키는 과정을 보여주었다. 그들은 서로의 사랑 감정이 깊어감에 따라 부부로서 합일을 갈망하게 되었고 합법적으로 혼인을 통해 부부가 되기까지 서로에 대한 순결을 유지하고 있었다.

이 과정에서 아가서는 솔로몬을 높이고 그리워하는 술람미 여인의 노래들이 주로 등장하는데 외설을 피하는 대신에 시적인 언어를 사용하여 그들 사이에 교감된 사랑의 감정을 묘사하고 있다. 그리고 마침내 그들이 기다리던 혼인식을 마치고 부부가 됨으로써 이제 아가서는 새로운 국면으로 전환된다.

아가서는 그동안 절제해 왔던 그들 사이에 숙성된 사랑의 감정을 이제부터 활짝 피워내기 위해 솔로몬과 술람미 여인이 서로 번갈아 가면서 사랑의 노래를 부르는 장면으로 독자들을 이끌고 있다. 여기에서는 극적인 효과를 살리기 위해 솔로몬이 술람미 여인의 아름다움을 노래하면 술람미 여인이 그에 대한 답가를 하는 형식으로 진행된다.

1. 신부의 아름다움에 대한 솔로몬의 노래(4:1-5)

4:1 내 사랑 너는 어여쁘고도 어여쁘다 너울 속에 있는 네 눈이 비둘기 같고 네 머리털은 길르앗산기슭에 누운 무리 염소 같구나

4:2 네 이는 목욕장에서 나온 털 깎인 암양 곧 새끼 없는 것은 하나도 없이 각각 쌍태를 낳은 양 같구나

4:3 네 입술은 홍색 실같고 네 입은 어여쁘고 너울 속의 네 뺨은 석류 한 쪽 같구나

4:4 네 목은 군기를 두려고 건축한 다윗의 망대 곧, 일천 방패 용사의 모든 방패가 달린 망대 같고
4:5 네 두 유방은 백합화 가운데서 꼴을 먹는 쌍태 노루 새끼 같구나

(필자역)

솔로몬의 노래(독창, 신부의 아름다움에 대한 묘사)

너, 아름다운 내 사랑아, 너는 아름답고 어여쁘구나
네 너울 뒤에서 네 눈은 비둘기요
네 머리채는 길르앗산에서 뛰어 내려오는 염소 떼 같구나
네 이는 씻는 곳에서 올라온 털 깎인 양떼 같으니
모두가 쌍둥이를 낳아 새끼 없는 것이 없구나
네 입술은 주홍색 실같고
네 말은 어여쁘고
네 뺨은 네 너울 뒤에서 석류 조각 같구나
다윗의 망대처럼 네 목은 잘 지어졌으며
방패 천 개가 걸려 있으니
모든 용사들의 방패가 걸려 있구나
네 두 가슴은 백합화들 사이에서 풀을 뜯는
어린 두 마리 암노루 쌍둥이 같도다

솔로몬은 구체적으로 신부의 아름다움을 묘사하기 위해 7가지의 신체 부위를 열거하고 있다. "내 사랑 너는 어여쁘고도 어여쁘다 너울 속에 있는 네 눈이 비둘기 같고 네 머리털은 길르앗산기슭에 누운 무리 염소 같구나 네 이는 목욕장에서 나온 털 깎인 암양 곧 새끼 없는 것은 하나도 없이 각각 쌍태를 낳은 양 같구나 네 입술은 홍색 실같고 네 입은 어여쁘고 너울 속의 네 뺨은 석류 한 쪽 같구나 네 목은 군기를 두려고 건축한 다윗의 망

대 곧, 일천 방패 용사의 모든 방패가 달린 망대 같고 네 두 유방은 백합화 가운데서 꼴을 먹는 쌍태 노루 새끼 같구나" (4:1-5).

이 노래에서 솔로몬은 술람미 여인의 눈은 비둘기로, 머리털은 길르앗 산 염소로, 치아는 쌍태 낳은 암양으로, 입과 입술은 홍색실로, 뺨은 석류로, 목은 다윗의 망대로, 가슴은 쌍태 노루새끼로 비유하고 있다. 이러한 이미지들은 누구에게나 친숙한 개념으로 지금도 중동지방에서는 혼인식에서 이와 유사한 노래인 와스프(Wasf : 사랑하는 이에 대한 찬미의 노래)로 신부를 칭송하고 있다.

① 솔로몬이 바라보고 있는 신부의 눈은 낭떠러지 바위틈에 숨어있는 비둘기처럼 가려진 너울 뒤에서 반짝이는 거울과 같이 빛나고 있다. 당시에 여자들은 평소에는 너울을 착용하지 않았지만 약혼식(창 24:65)이나 혼인식(창 29:23-25)과 같은 특별한 경우에 너울을 착용하는 것이 일반적이었다. 이러한 표현은 너울 뒤에 가려져 있는 여인의 빛나는 눈동자가 솔로몬으로 하여금 눈이 부시게 만든다는 점을 강조하고 있다.

② 검고 곱슬거리는 그녀의 머리털은 산기슭을 뛰어 내려가는 흑염소 떼를 상기시키며 그녀의 빛나는 검은 머리털이 어깨를 거쳐 등 뒤로 흘러내리는 모습을 실감나게 묘사하고 있다. 석양이 빛나는 산등성이를 따라 내려오는 염소들의 검은 털은 한 폭의 그림처럼 아름다움을 묘사하기에 충분하다. 일반적으로 긴 머리털은 여인의 상징이며 헌신 또는 권위에 대한 복종을 의미하였다(민 6:5; 고전 11:2-16).

③ 그녀의 치아는 방금 목욕하고 나온 털 깎인 양과 같이 하얗고 쌍태처럼 양쪽 치아가 서로 균형을 이루고 있다. 이것은 신부의 환한 웃음이 그녀의 건강 상태를 보여주는 표지임을 강조하고 있다. 이러한 목가적인 표현은 목욕장에서 나와 뛰어노는 건강한 양들의 활력을 묘사하는 것으로 목축에 익숙한 목동들에게는 쉽게 다가서는 이야기이다.

④ 홍색실 같은 입술이라는 표현은 입술의 색깔이 아름다운 진홍색이라

는 의미로 젊고 혈색이 좋음을 암시한다. 여기 사용된 '홍색실'은 라합이 이스라엘 백성에게 자기의 집을 알리는 '붉은 줄'(수 2:18)을 가리키는 단어로도 사용되었다. 일반적으로 붉은 여자의 입술은 사랑하는 남자를 초대하는 여성의 상징이라는 점에서 솔로몬은 술람미 여인으로부터 사랑의 초대를 받고 있음을 의미한다.

입이 어여쁘다는 표현은 앞에 등장하는 입술과 짝을 이루고 있는데 언어의 기관으로서 '입'(מִדְבָּר)은 여기에서는 그녀의 입에서 나오는 말씨를 가리키고 있다. 또한 '어여쁘다'(נָאוֶה)는 단어 역시 시각적인 아름다움보다는 청각적인 아름다움을 표현하고 있다. "네 소리를 듣게 하라 네 소리는 부드럽고 네 얼굴은 아름답구나"(2:14)에서 남자가 여자의 목소리를 듣고 기뻐하는 내용을 표현하고 있는 것과 같다. 이것은 술람미 여인의 젊고 아름다운 목소리와 같이 그녀의 말씨 또한 아름답고 기품이 있다는 점을 강조한다.

⑤ 쪼개놓은 석류처럼 맑은 홍옥의 색조를 띄고 있다는 뺨에 대한 묘사는 그녀의 얼굴에 대한 전체적인 윤곽을 보여주고 있다. 본문의 '뺨'(רַקָּה)이라는 단어가 다른 곳에서는 얼굴의 관자놀이를 지칭하고 있는데(삿 4:21-22; 5:26) 여기에서는 좀 더 넓은 영역인 얼굴 옆면인 볼을 가리키는 것으로 보인다.

이것은 너울 너머로 보이는 술람미 여인의 볼 부분이 쪼개진 석류의 내부처럼 핑크빛의 홍조를 띄고 있다는 표현으로 그녀가 젊음의 상징인 홍조를 띄고 있음을 보여주고 있다. 석류가 여성의 달콤함과 관능적인 모습을 상징한다는 의미의 해석은 지나친 확대 해석일 뿐이다.

⑥ 술람미 여인의 목을 묘사하고 있는 다윗의 망대는 왕궁 내에 있는 탑(느 3:25)을 지시하는 것으로 보인다. 여기에서도 언어유희가 등장하는데 술람미 여인이 솔로몬을 가리켜 '나의 사랑하는 이'라는 의미의 '또디'(דּוֹדִי)로 호칭하고 있는데, 여기에서는 솔로몬이 이를 상기시키면서 '또띠'와 철

자가 비슷한 다윗의 이름을 등장시키고 있는 것이다. 다윗은 히브리어로 '따위드' (דויד)인데 솔로몬은 술람미를 '따위드' 의 탑으로 묘사함으로써 술람미와의 관계를 더욱 돋보이게 하고 있다. 이 탑의 모티프는 "나는 성벽이요 나의 유방은 망대 같으니 그러므로 나는 그의 보기에 화평을 얻은 자 같구나"(8:10)는 술람미의 노래에서 또 한번 등장한다.

이 탑은 다윗이 군사적 목적을 위해 건립하여 사용하였거나 혹은 솔로몬에 의해 건축되어서 다윗의 이름이 붙여졌을 가능성이 높다. 이 망대에 방패를 걸어두는 풍습은 왕이나 국가에 대한 충성심을 표현하는 용사들의 상징이었다(겔 27:10-11).

이러한 인상적인 모습은 솔로몬이 그녀의 자태를 더욱 돋보이도록 함으로써 최고의 자리에 어울리는 기품을 지니고 있음을 칭찬하기 위함이다. 나아가 망대가 난공불락의 요새를 상징한다는 점에서 범접할 수 없는 술람미 여인의 용모를 강조하고 있다.

⑦ 그녀의 가슴을 백합화 가운데서 꼴을 먹는 두 마리의 쌍둥이 어린 노루로 묘사하고 있는 부드러운 모습은 앞 절의 강력한 군사적 이미지와 뚜렷한 대조를 보임으로써 여성의 아름다움을 극대화시키고 있다. 특히 백합화(שׁוֹשַׁנִּים)가 수련꽃(water lily)을 의미한다면 이 모습은 수련화가 피어있는 연못 사이에서 꼴을 먹고 있는 어린 쌍둥이 노루의 쾌활함과 매력을 표현하고 있다는 점에서 더욱 환상적인 분위기를 피어오르게 한다.

이상에서 보듯이 아름다운 술람미 여인에 대해 섬세하게 묘사하는 솔로몬의 노래는 특별히 설명을 필요로 하지 않으면서도 대부분은 쉽게 이해될 만한 표현들이다.

2. 술람미 여인의 답가(4:6)

4:6 날이 기울고 그림자가 갈 때에 내가 몰약 산과 유향의 작은 산으로 가

리라

(필자역)

술람미 여인의 노래(독창, 신랑의 호의에 대한 답가)

날이 기울고 그림자가 갈 때에
내가 그 모르 산과 유향 언덕으로 가리이다

대다수 학자들은 6절의 화자를 솔로몬으로 보는 경향이 있다. 때문에 솔로몬은 몰약의 산과 유향의 언덕으로 술람미 여인의 매력을 묘사하는 것으로 이해한다. 또는 1-5절과는 달리 꽃들이 피어있는 높은 언덕에서 이 장면이 연출되는 것으로 해석하기도 한다.

하지만 혼인식을 마친 신랑과 신부가 별다른 이유 없이 밤중에 언덕으로 이동할 이유가 분명치 않다. 오히려 1-5절에서 술람미 여인의 아름다움에 대해 노래한 솔로몬의 찬미에 대한 술람미 여인의 답가로 보는 것이 문맥의 흐름에 훨씬 자연스럽다.

여기에서 술람미 여인이 "날이 저물고 그림자가 사라지기 전에 내가 모르 산과 유향의 언덕으로 가리라"(4:6)고 답하는 내용은 앞에서 등장한 술람미 여인의 노래인 "내 사랑하는 자는 내게 속하였고 나는 그에게 속하였도다 그가 백합화 가운데에서 양떼를 먹이는구나 내 사랑하는 자야 날이 저물고 그림자가 사라지기 전에 돌아와서 베데르 산의 노루와 어린 사슴 같을지라"(2:16-17)와 같은 맥락에서 이해될 수 있다.

아가서 2장 17절에서 술람미 여인은 솔로몬에게 밤이 되어서 아침이 될 때까지 자신의 품안에서 평안을 누리라고 초청한 바 있다. 마찬가지로 본문 역시 술람미 여인이 솔로몬을 모르 산과 유향의 언덕으로 초청하고 있는 모습을 발견하게 된다. 이때 '그 모르 산과 유향의 언덕' 은 당연히 술람미 여인 자신의 가슴을 의미한다. 여기에서 언어유희가 등장하는데 본문의 '모르(מוֹר) 산' 은 값비싼 향료인 '모르' (מֹר)라고 발음하는 몰약을 상징하는 동음이어同音異語로 술람미 여인이 솔로몬을 몰약 향주머니로 비유(1:13)한 내용을 돌아보게 한다.

즉 "나의 사랑하는 이는 내 품 가운데 몰약 향주머니요"(1:13)에서 보았던 것처럼 이미 술람미 여인이 솔로몬을 가리켜 자기 가슴에 있는 몰약(מֹר) 향주머니라고 지칭한 것을 기억하게 하면서 이제 솔로몬을 그곳으로 초청함에 있어 그곳에서 매우 신비한 어떤 것을 기대하게 만들고 있다. 예부터 여인들은 향내 나는 몰약이나 유향과 같이 값비싼 향품들을 작은 주머니에 담아 가슴에 차고 다니는 관습이 있었던 것처럼 여기에서 술람미 여인은 기꺼이 솔로몬을 향해 자기의 가슴을 열어줄 것이라고 답변한 것이다.

이런 유의 답변은 혼인식을 마친 솔로몬과 술람미 여인 사이에 아무런 거리낌이 없는 것으로 오히려 아가서 전체에서 흐르고 있는 주제인 '혼인을 통한 남녀의 합일' 에 매우 자연스럽게 다가서고 있음을 보여준다. 따라서 술람미 여인의 답변은 이어 등장하는 솔로몬의 또 다른 노래의 동인이 되고 있다.

3. 신부의 존재 가치에 대한 솔로몬의 노래(4:7-15)

1) 흠 없는 신부(4:7–8)

4:7 나의 사랑 너는 순전히 어여뻐서 아무 흠이 없구나
4:8 나의 신부야 너는 레바논에서부터 나와 함께 하고 레바논에서부터 나와 함께 가자 아마나와 스닐과 헤르몬 꼭대기에서 사자 굴과 표범 산에서 내려다보아라

(필자역)

솔로몬의 노래(독창, 신부에 대한 노래 1)

내 사랑아, 너는 모든 것이 아름다우니 네게는 흠이 없구나
나의 신부야, 레바논에서 나와 함께 하고
레바논에서부터 나와 함께 가자꾸나
아마나의 꼭대기에서 바라보라
스닐과 헤르몬의 꼭대기에서도,
사자 굴들과 표범들의 산들에서도

앞서 솔로몬이 술람미 여인에 대한 외면적인 아름다움을 노래한 것과 같이(4:1-5) 이제는 술람미 여인의 내면적인 아름다움을 노래하고 있다. 이러한 사랑 노래의 배경에는 앞 절에서 술람미 여인이 기꺼이 솔로몬과 합일을 이루겠다는 의사를 분명히 표하고 있는 것과 깊은 관련이 있다.

이에 솔로몬은 "나의 사랑 너는 어여쁘고 아무 흠이 없구나"(4:7) 하고 노래한다. 여기에서 솔로몬이 바라보고 느끼는 술람미 여인은 외면과 내면 모두가 아름답기만 하다. 술람미 여인에게서 아무 흠도 찾을 수 없다는 표현은 사람이 하나님의 형상으로 처음 창조되었을 때, 곧 타락 전의 상태에서나 볼 수 있는 순결한 상태를 가리킨다.

여기에서 솔로몬이 바라보는 신부의 신체 각 부위에 대한 묘사는 하나님께서 창조하신 피조물들 중 피조물인 하나님의 형상인 여자에 대한 묘사임을 알 수 있다. 죄가 들어오기 전의 상태에서 아담이 하와의 신체를 보고 느끼는 감정은 육욕과 탐욕의 정서가 아니라 기쁨과 감사와 찬미의 마음이었을 것이다.

이와 같은 맥락에서 솔로몬은 다메섹 지역의 아름다운 곳들을 언급하며 그곳, 즉 새로운 의미의 에덴동산에서 두 사람이 함께 사랑을 나누자고 말한다. "내 신부야 너는 레바논에서부터 나와 함께 하고 레바논에서부터 나와 함께 가자 아마나와 스닐과 헤르몬 꼭대기에서 사자 굴과 표범 산에서 내려오너라" (4:8).

여기에서 레바논의 백향목 숲(왕상 4:33), 아마나의 깨끗한 물(왕하 5:12), 스닐의 잣나무 숲(겔 27:5), 헤르몬 산의 이슬과 눈(시 133:3) 등은 흠 없고 완전한 곳을 상징한다. '아마나의 꼭대기' 와 '스닐과 헤르몬 꼭대기' 라는 표현은 솔로몬 통치의 전성기에 있어서 '가장 꼭대기에 있는 지역' 인데 그 지역인 아마나, 스닐, 헤르몬의 꼭대기라는 표현은 꼭대기 중의 꼭대기로 '가장 높은 꼭대기' 를 의미한다.

히브리어 꼭대기(ראשׁ)라는 말은 '가장 좋은 것, 시작, 근원' 등의 의미를 가지고 있다. 이런 점에서 솔로몬이 표현하는 것은 신부의 '순전하고 흠 없는 상태' 와 다른 피조물의 '가장 좋은 상태에서부터 시작하자' 는 것으로, 이 상태는 의심할 것 없이 처음 에덴동산의 상태임을 의미하고 있다.

특히 '사자들의 굴' 과 '표범들의 산' 에서 시작하자는 표현은 사자와 표범의 사나움이 발휘되지 않는 상태에서의 시작을 말하는데 이것은 이사야 11장 6-9절의 표현을 그대로 반영한다. "그 때에 이리가 어린양과 함께 거하며 표범이 어린 염소와 함께 누우며 송아지와 어린 사자와 살찐 짐승이 함께 있어 어린아이에게 끌리며 암소와 곰이 함께 먹으며 그것들의 새끼가 함께 엎드리며 사자가 소처럼 풀을 먹을 것이며 젖 먹는 아이가 독사의 구멍에서 장난하며 젖 뗀 어린아이가 독사의 굴에 손을 넣을 것이라 나의 거룩한 산 모든 곳에서 해됨도 없고 상함도 없을 것이니 이는 물이 바다를 덮음 같이 여호와를 아는 지식이 세상에 충만할 것임이니라" (사 11:6-9).

이러한 표현들은 죄가 들어오기 전의 상태인 '에덴동산의 모티프' 를 표현해주고 있다. 나아가 이 에덴동산의 모티프는 16절의 '그의 동산' 으로 그리고 5장 1절의 '나의 동산' 으로 더욱 구체화되고 있다. 이렇게 아름답고 좋은 곳으로부터 함께 하고 그곳에서 시작하자(가자)는 것은 혼인을 통하여 펼쳐지게 될 새로운 세계로 향하고자 하는 솔로몬의 의지를 보여주고 있다.

곧 그것은 "사랑은 죽음 같이 강하고 질투는 스올같이 잔인하며 불길 같이 일어나니 그 기세가 여호와의 불과 같으니라"(8:6)고 웅변함으로써 사랑이야말로 죄로 인한 죽음의 파괴적인 영향력보다 강력한 건설적인 힘을 발휘하고 있다는 아가서의 메시지를 더욱 강화시켜주고 있다.

따라서 이후 등장하는 술람미 여인에 대한 솔로몬의 찬가(4:9-15)는 마치 아담이 하와에게 "이는 내 뼈 중의 뼈요 살 중의 살이라 이것을 남자에게서 취하였은즉 여자라 칭하리라 하니라"(창 2:23)는 의미의 맥락과 어깨를 나란히 하고 있다. 때문에 솔로몬은 술람미 여인을 향하여 '나의 신부야'(4:8)라고 부르고 있듯이 이제부터 계속해서 '나의 누이, 나의 신부'(4:9,10,11, 12; 5:1)라고 부른다.

확실히 신부(כלה)는 혼인식이 끝나기까지는 진정으로 신부가 아니며, 참으로 신부가 되기 위해서는 신부가 자신의 닫힌 정원을 열어주어야 한다(4:16)는 관계의 본질을 함의하고 있다. 그리고 이후부터 신부는 더 이상 신부가 아니고 한 남자의 '아내'가 되는 것이다.

2) 순결한 신부(4:9-11)

4:9 나의 누이, 나의 신부야 네가 내 마음을 빼앗았구나 네 눈으로 한 번 보는 것과 네 목의 구슬 한 꿰미로 내 마음을 빼앗았구나
4:10 나의 누이, 나의 신부야 네 사랑이 어찌 그리 아름다운지 네 사랑은 포도주에 지나고 네 기름의 향기는 각양 향품보다 승(勝)하구나
4:11 내 신부야 네 입술에서는 꿀방울이 떨어지고 네 혀 밑에는 꿀과 젖이 있고 네 의복의 향기는 레바논의 향기 같구나

(필자역)

솔로몬의 노래(독창, 신부에 대한 노래 2)

네가 내 마음을, 나의 누이 나의 신부야,
네가 내 마음을 네 눈짓 한 번으로
네 목의 구슬꿰미 하나로 사로잡았구나
네 사랑이 얼마나 아름다운지,
나의 누이, 나의 신부야!
네 사랑이 포도주보다,
네 기름 향기가 모든 향수보다
얼마나 더 좋은지!
오, 나의 신부야,
새 꿀이 네 입술에서 떨어지는구나
꿀과 젖이 네 혀 밑에 있고
네 옷의 향기는 레바논의 향기와 같구나

솔로몬은 술람미 여인을 가리켜 '나의 누이, 나의 신부'라고 부른다. 그리고 이 여인에게 자신의 마음이 송두리째 빠져 있음을 고백하고 있다. 이에 대해 솔로몬은 "나의 누이, 나의 신부야 네가 내 마음을 빼앗았구나 네 눈으로 한 번 보는 것과 네 목의 구슬 한 꿰미로 내 마음을 빼앗았구나 나의 누이, 나의 신부야 네 사랑이 어찌 그리 아름다운지 네 사랑은 포도주에 지나고 네 기름의 향기는 각양 향품보다 승勝하구나 내 신부야 네 입술에서는 꿀방울이 떨어지고 네 혀 밑에는 꿀과 젖이 있고 네 의복의 향기는 레바논의 향기 같구나"(4:9-11)라고 묘사하고 있다.

이러한 묘사의 이면에는 잠언 7장에 등장하는 음녀가 자리하고 있다(잠 7:16-21). 이 음탕한 기생은 "내 침상에는 화문 요와 애굽의 문채 있는 이불을 폈고 몰약과 침향과 계피를 뿌렸노라 오라 우리가 아침까지 흡족하게 서로 사랑하며 사랑함으로 희락하자"(잠 7:16-18)라고 하면서 여러 가지 고운 말로 남자를 유혹한다. 반면에 아가서에서는 솔로몬이 사랑하고 있는 술람미 여인의 진정한 아름다움을 묘사하고 있다는 점에서 극적인 대조를 이루고 있다.

여자의 '단 한 번의 보는 것' 과 '목의 구슬 한 꿰미' 라는 말은 잠언에서 "여러 가지 고운 말로 혹하게 하며 입술의 호리는 말로"(잠 7:21) 남자를 유혹하는 음녀의 모습과 비교된다. 동시에 이러한 표현은 음녀의 유혹에 넘어간 어리석은 남자와 술람미 여인에게 마음을 빼앗긴 솔로몬 자신을 비교하는 말이기도 하다. 솔로몬이 술람미 여인에게 마음을 빼앗긴 것은 어리석은 남자와 같지 않고 지혜롭다는 의미이다.

사실 솔로몬의 노래 모티프와 잠언 모티프는 혼인 관계 안에 있는 것과 그렇지 않다는 점에서 극단적인 대조를 이루고 있다. 솔로몬은 잠언의 모티프와는 전혀 다른 양상으로 자신의 신부인 술람미 여인에게 마음을 빼앗긴 의미에 대해 구체적으로 나열하고 있다. 솔로몬이 자신의 마음을 술람미 여인에게 빼앗긴 것은 ① 사랑하는 여자의 비교할 수 없는 사랑, 즉 잘 숙성된 그 어떤 포도주보다 더 숙성한 그녀의 사랑과 ② 각양각색의 향품에서 나는 어떤 향보다 더 고귀한 그녀의 인격으로 말미암아 그렇게 된 것이었다.

이러한 솔로몬의 표현은 "대저 음녀淫女의 입술은 꿀을 떨어뜨리며 그 입은 기름보다 미끄러우나 나중은 쑥 같이 쓰고 두 날 가진 칼같이 날카로우며 그 발은 사지로 내려가며 그 걸음은 음부로 나아가나니 그는 생명의 평탄한 길을 찾지 못하며 자기 길이 든든치 못하여도 그것을 깨닫지 못하느니라"(잠 5:3-6)는 잠언의 묘사와는 철저하게 대조를 이루고 있다.

이런 점에서 정상적인 혼인 관계에서 솔로몬이 묘사하는 신부에 대한 극찬의 모습은 그 혀에 꿀과 젖이 가득 있어 입술에 꿀방울이 떨어질 정도이다. 이것은 음녀에게서도 동일하게 발견된다. 그러나 사랑하는 여자의 말은 사람을 호리는 음녀의 간교한 말이 아니라 사람을 변화시키고 양육하는 지혜의 말이라는 점에서 전적으로 그 본질을 달리한다.

따라서 솔로몬의 노래는 "의인의 입은 생명의 샘이라도 악인의 입은 독을 머금었느니라"(잠 10:11), "지혜자의 입의 말은 은혜로우나 우매자의 입술은 자기를 삼키우니라"(전 10:12), "마음의 정결을 사모하는 자의 입술에는 덕이 있으므로 임금이 그의 친구가 되느니라"(잠 22:11)는 교훈과 그 맥락을 같이하고 있다.

3) 존귀한 신부(4:12–15)

4:12 나의 누이, 나의 신부는 잠근 동산이요 덮은 우물이요 봉한 샘이로구나
4:13 네게서 나는 것은 석류나무와 각종 아름다운 과수와 고벨화와 나도초와
4:14 나도와 번홍화와 창포와 계수와 각종 유향목과 몰약과 침향과 모든 귀한 향품이요
4:15 너는 동산의 샘이요 생수의 우물이요 레바논에서부터 흐르는 시내로구나

(필자역)

솔로몬의 노래(독창, 신부에 대한 노래 3)

나의 누이, 나의 신부는 잠겨진 동산이요, 닫혀진 우물이요, 봉해진 샘이로다
너에게서 나는 것들은 석류나무와 각종 아름다운 과수요
나도와 번홍화와 창포와 계수와 각종 유향목과 몰약과 침향과 모든 귀한 향료들이며
동산들의 샘과, 생수의 우물이며, 레바논에서 흐르는 물이로다

앞에서 흠 없는 신부(4:7-8), 순결한 신부(4:9-11)로 묘사한 솔로몬은 이어서 술람미 여인에 대한 고매한 인품을 "나의 누이, 나의 신부는 잠근 동산이요 덮은 우물이요 봉한 샘이로구나 네게서 나는 것은 석류나무와 각종 아름다운 과수와 고벨화와 나도초와 나도와 번홍화와 창포와 계수와 각종 유향목과 몰약과 침향과 모든 귀한 향품이요 너는 동산의 샘이요 생수의 우물이요 레바논에서부터 흐르는 시내로구나"(4:12-15)라고 묘사하고 있다.

고대 근동 사회에서 신랑이 신부를 '누이'라 칭하는 것은 하나의 사랑스런 호칭이었다. 이 사랑스런 호칭에 더하여 솔로몬은 신부를 가리켜 '잠근 동산, 덮은 우물, 봉한 샘'으로 표현한다. 이 세 가지 표현은 공통적으로 아무나 함부로 드나들 수 없는 깨끗한 비원(secret garden)을 상징하며 특정 기간 동안 개방되지 않은 상태를 말한다. 그리고 그 특정한 때, 곧 약속한 때가 되면 함께 할 모든 사람들에게 충분한 기쁨과 안식을 주는 요소들이다.

여기에서 '동산'은 꽃이나 야채가 심어져 있는 정원이라기보다는 공원에 해당한다. 이 공원은 전도서에 나타나는 것처럼 포도원과 과일나무와 우물을 포함하고 있는 비교적 큰 규모를 가지고 있으며(전 2:4-6 참고) 사람들에게 기쁨과 안식과 즐거움을 주는 곳이다. 이 동산은 담으로 둘려져 있어서 들짐승이나 지나가는 사람들이 들어가 해치거나 더럽힐 수 없게 되어 있다. '덮은 우물'도 마찬가지이다. 이 우물은 자물쇠로 채워 간수한 깨끗한 우물로 허락된 사람들만이 사용할 수 있다(창 29:3). '봉한 샘'이란 활천活泉으로 언제나 샘물이 넘쳐흐르고 있지만 덮어놓아 깨끗하게 보존된 샘을 가리키고 있다.

창세기 3장 24절에 보면 하나님께서는 생명나무 실과를 따먹을 수 없게 에덴동산을 그룹들과 두루 도는 화염검으로 막아 놓으셨다. 이것은 "그 두루마기를 빠는 자들은 복이 있으니 이는 저희가 생명나무에 나아가며 문들을 통하여 성에 들어갈 권세를 얻으려 함이로다"라고 요한계시록 22장

14절에서 말하는 것처럼 때가 이르면 특별히 정한 대상들에게 열려질 것이다.

아가서는 이와 비슷한 뉘앙스를 보여주고 있는데 이러한 표현들이 술람미 여인의 처녀성을 가리키는 것으로 해석되는 것은 진부하게 보인다. 이 사실은 다음에 등장하는 당시 최고의 가치를 나타내는 과일들과 초목들, 향품들, 레바논에서부터 흐르는 시내들과 생수 등 온갖 세상의 가장 귀하다고 하는 모든 것들이 신부에게서 나온다는 내용(4:13-15)을 통해 확인된다.

앞서 술람미 여인은 사랑하는 신랑을 위하여 아직 터트리지 않은 향주머니를 가슴에 차고 있는 것으로 이야기한 바 있다(1:13). 그리고 솔로몬은 이를 의식하듯이 술람미 여인을 가리켜 '잠근 동산, 덮은 우물, 봉한 샘' 으로 묘사한다. 그것이 솔로몬에게 최상의 기쁨을 가져다주는 근원인 것은 분명하다. 그러나 솔로몬은 그 이상의 의미를 여기에 부여하고 있다. 곧 동산 안에서 발견되는 갖가지 그림들을 묘사함으로써 마치 생명의 근원이 그곳으로부터 시작된다는 사실을 밝히고 있다.

"네게서 나는 것은 석류나무와 각종 아름다운 과수와 고벨화와 나도초와 나도와 번홍화와 창포와 계수와 각종 유향목과 몰약과 침향과 모든 귀한 향품이요" (4:13-14)라는 표현은 이곳이 생명력으로 요동치고 있는 특별한 곳임을 강조한다. 여기 등장하는 몇몇 물품들은 성전예배(출 30:24-25)나 왕실의 혼인식(시 45:8)에서 사용되는 진귀한 것들이다. 그런데 솔로몬은 술람미 여인을 이런 값비싼 물품들이 움이 돋듯이 솟아나오는 근원으로 묘사한다. 이 사실을 분명히 하기 위해 솔로몬은 술람미 여인을 가리켜 "너는 동산의 샘이요 생수의 우물이요 레바논에서부터 흐르는 시내로구나" (4:15)라고 강조하고 있다.

'동산의 샘' 은 동산의 수목들에게 물을 공급하는 근원이며, 이 샘은 특별히 '생수의 우물' 이라고 할 수 있는데 물이 마르지 않고 끊임없이 뿜어져 나오는 신선한 수천水泉이기 때문이다. 특히 언제나 눈이 쌓여 있는 레바논 산에서 녹아내리는 물이 끊임없이 흘러넘치듯이 결코 마르지 않는 샘으로 묘사된다. 이것은 솔로몬에게 있어 술람미 여인이 모든 기쁨의 원천이 되고 있음을 강조하며 동시에 술람미 여인으로부터 날마다 때마다 새 힘을 얻게 되었음을 의미하고 있다.

이와 비슷한 모티프는 이사야서에서도 발견된다. "나 여호와가 너를 항상 인도하여 마른 곳에서도 네 영혼을 만족케 하며 네 뼈를 견고케 하리니 너는 물댄 동산 같겠고 물이 끊어지지 아니하는 샘 같을 것이라 네게서 날 자들이 오래 황폐된 곳들을 다시 세울 것이며 너는 역대의 파괴된 기초를 쌓으리니 너를 일컬어 무너진 데를 수보하는 자라 할 것이며 길을 수축하여 거할 곳이 되게 하는 자라 하리라"(사 58:11-12). 여기에서는 이스라엘이 새로운 나라로 회복될 것을 말하고 있다.

아울러 비슷한 내용을 "여호와께서 야곱을 속량하시되 그들보다 강한 자의 손에서 구속하셨으니 그들이 와서 시온의 높은 곳에서 찬송하며 여호와의 은사 곧 곡식과 새 포도주와 기름과 어린 양의 떼와 소의 떼에 모일 것이라 그 심령은 물 댄 동산 같겠고 다시는 근심이 없으리로다 할지어다 그 때에 처녀는 춤추며 즐거워하겠고 청년과 노인이 함께 즐거워하리니 내가 그들의 슬픔을 돌이켜 즐겁게 하며 그들을 위로하여 근심한 후에 기쁨을 얻게 할 것임이니라"(렘 31:11-13)에서도 찾을 수 있다.

이러한 일련의 내용들은 에덴, 잃어버린 동산의 회복이라고 하는 공통된 주제를 담고 있는데, 솔로몬은 혼인의 제도를 통해 술람미 여인에게서 이 사실을 확인하고 있다. 따라서 모든 남자들이 정당한 혼인을 통해 자신의 몸과 마음을 새롭게 한다는 것은 멀리 볼 때 에덴동산의 회복과 깊은 관계를 맺고 있는 가정의 가치를 높이 평가할 수 있게 한다.

특별히 "저는 시냇가에 심은 나무가 시절을 좇아 과실을 맺으며 그 잎사귀가 마르지 아니함 같으니 그 행사가 다 형통하리로다"(시 1:3)에서 말하고 있는 내용에서 살펴볼 수 있듯이 의인이 마르지 않는 시냇가에서 왕성하게 성장하는 것처럼 남편 또한 마르지 않는 아내를 통해서 형통할 수 있다는 점이다.

한 가정의 왕으로서, 남편으로서, 또는 아버지로서의 남자는 전적으로 그 아내를 통해서만 완성된다는 사실을 여기에서 확인할 수 있다. 이 사실은 "이러므로 남자가 부모를 떠나 그 아내와 연합하여 둘이 한 몸을 이룰지로다"(창 2:24)라고 말씀하신 하나님의 본의를 보다 명확하게 드러나게 한다.

이러한 내용들은 모든 신부들을 대신하고 있는 술람미 여인의 존재야말로 이땅에서 가장 사랑을 받고 존귀하게 여겨져야 함을 대변하고 있는데 모든 남편들은 그 아내를 통하여 비로소 완성되기 때문이다.

4. 술람미 여인의 응답과 솔로몬의 축복(4:16-5:1)

4:16 북풍아 일어나라 남풍아 오라 나의 동산에 불어서 향기를 날리라 나의 사랑하는 이가 그 동산에 들어가서 그 아름다운 실과 먹기를 원하노라

5:1 나의 누이, 나의 신부야 내가 내 동산에 들어와서 나의 몰약과 향 재료를 거두고 나의 꿀송이와 꿀을 먹고 내 포도주와 내 젖을 마셨으니 나의 친구들아 먹으라 나의 사랑하는 사람들아 마시고 많이 마시라

(필자역)

술람미 여인의 응답(독창)

깨어나라 북풍아, 나오너라 남풍아
내 동산에 불어서 그 향기 퍼지게 하라
나의 사랑하는 이로 그의 동산에 들어와서
그의 아름다운 과일들을 먹게 하라

솔로몬의 응답(독창)

내가 나의 동산으로 들어왔구나, 나의 누이, 나의 신부야
내가 나의 몰약 향과 내 향료를 따고
내 꿀송이와 꿀을 먹으며
내 포도주와 내 젖을 마시는구나

초청과 축복(독창)

먹으라, 나의 친구들아
마시고 마시라, 나의 사랑하는 사람들아!

〈제3부 끝을 알리는 피날레〉

신부의 아름다움을 극찬한 솔로몬의 노래(4:8-15)에 이어 이제 술람미 여인의 화답이 전개된다. "북풍아 일어나라 남풍아 오라 나의 동산에 불어서 향기를 날리라"(4:16a)는 답가에서 남풍과 북풍이 자신의 동산에 불어서 그 안에 있는 수많은 향을 날리게 하라고 한다.

술람미 여인은 솔로몬의 노래와 마찬가지로 바람이 불어서 술람미 여인이 표현한 자기라는 동산에 있는 모든 귀한 것들이 주변에 향기를 내어 자기의 존재가 세상에서 존귀하게 여겨질 것을 소망한다. 그리고 이어서 자신이 사랑하는 솔로몬에게 그 동산에 들어가서 탐스러운 실과를 따먹으라고 권한다. 이곳에서 표현된 동산은 솔로몬의 것이며 그 동산에서 나는 모든 것들로 인해 기쁨을 누리는 사람도 역시 솔로몬이다.

이스라엘 지역에서 북풍은 차가운 바람이며 남풍은 뜨거운 바람이다. 이 두 바람이 때를 따라 알맞게 불어옴으로써 식물은 왕성하게 성장하게 된다. 여름에는 남풍으로 식물들이 자라게 되고 가을에는 북풍으로 성장한 열매들을 여물게 하기 때문이다.

이런 이유에서 술람미 여인은 이 바람으로 말미암아 자신의 향기가 더욱 널리 퍼져나가게 될 것을 의심치 않는다. 이것은 자기 안에서 사랑의 가치가 되는 모든 것들이 온전하게 풍요로운 열매를 맺게 될 것이며 그 향기가 이 사실을 알리는 증거가 될 것이라는 술람미 여인의 확신을 나타내고 있다.

이러한 모티프가 "여호와 하나님이 흙으로 사람을 지으시고 생기를 그 코에 불어넣으시니 사람이 생령이 된지라"(창 2:7)로부터 나왔는지는 분명치 않다. 그러나 확실한 것은 지금 술람미 여인이 솔로몬에게 있어서는 생명의 근원으로 불리고 있다는 점이다. 또한 그 바람으로 인해 온 땅으로 퍼지는 술람미 여인의 향기는 솔로몬에게 충분히 생생한 활력을 불어넣어 주는 공급원으로 작용하고 있다는 점이다.

여기에서 술람미 여인은 좀 더 이 사실을 강화시키기 위해 "나의 사랑하는 이가 그 동산에 들어가서 그 아름다운 실과 먹기를 원하노라"(4:16b)고 말하고 있다. 이것은 분명히 술람미 여인이 솔로몬에게 있어서 생명력의 근원이 될 수 있음을 암시하고 있다는 점에서 가정은 잃어버린 에덴동산의 회복과 긴밀한 관련이 있음을 보여주는 복된 제도임을 재확인할 수 있다.

이 사실은 이어 등장하는 솔로몬의 노래에서 다시 확인된다. 솔로몬은 술람미 여인의 초청에 기꺼이 응하였고 "나의 누이, 나의 신부야, 내가 나의 동산에 들어와 나의 몰약과 나의 향료를 거두고 나의 벌집을 나의 꿀과 더불어 먹었으며, 내가 나의 포도주를 나의 젖과 더불어 마셨도다"(5:1a, 한글 KJV)라고 하면서 이 모든 일들이 술람미 여인의 청원대로 실행되었음을 말하고 있다.

분명히 솔로몬은 술람미 여인을 통해 실로 감미로운 기쁨과 위로와 달콤한 맛을 누리게 되었다. 그리고 술람미 여인은 솔로몬에게 온갖 향기를 발하는 꽃동산처럼 생기를 불어넣어 주고 있다. 이러한 모습은 바로 회복된 에덴에서만 찾아 볼 수 있는 아름다움이라 할 것이다.

이처럼 에덴동산의 회복을 상징하는 모습은 솔로몬의 노래 이후에 등장하는 "오 친구들아, 먹으라. 오, 사랑하는 사람들아, 마시라. 실로 풍부히 마시라"(5:1b, 한글 KJV)에서 최고조를 이루고 있다. 이 말의 화자가 솔로몬일 수도 있으며, 신랑과 신부를 축복하고 있는 동료들일 수도 있다. 아니면 신랑과 신부가 서로에게 축복하는 말일 수도 있다. 그러나 궁극적으로 이러한 확증과 축하의 말을 하기에 가장 적합한 인물이 있다면 오직 하나님 한 분뿐이시다.

물론 여기에서 갑자기 하나님이 화자로 등장하는 것은 매우 부자연스럽다. 때문에 아가서는 이 말의 화자를 합창단의 목소리로 대신하고 있다. 이런 점에서 "오 친구들아, 먹으라. 오, 사랑하는 사람들아, 마시라. 실로 풍부히 마시라"고 하는 표현은 마치 하나님께서 아담과 하와에게 에덴동산의 열매들을 마음껏 먹을 수 있도록 허용하시는 모습(창 2:16)을 연상케 한다. 이것은 혼인을 통해 세워진 가정제도를 이땅에 만드신 하나님의 의도가 무엇인가를 더 분명하게 보여주고 있다. 그것은 바로 가정을 통해 에덴동산의 회복을 구현하는 것이다.

〈V〉

남자들 중의 남자, 여자들 중의 여자

- 아가서 5장

아가서 5장

5:1 나의 누이, 나의 신부야 내가 내 동산에 들어와서 나의 몰약과 향 재료
를 거두고 나의 꿀송이와 꿀을 먹고 내 포도주와 내 젖을 마셨으니 나의 친
구들아 먹으라 나의 사랑하는 사람들아 마시고 많이 마시라
5:2 내가 잘지라도 마음은 깨었는데 나의 사랑하는 이의 소리가 들리는구
나 문을 두드려 이르기를 나의 누이, 나의 사랑, 나의 비둘기, 나의 완전한
자야 문 열어 다고 내 머리에는 이슬이, 내 머리털에는 밤이슬이 가득하였다
하는구나
5:3 내가 옷을 벗었으니 어찌 다시 입겠으며 내가 발을 씻었으니 어찌 다
시 더럽히랴마는
5:4 나의 사랑하는 이가 문틈으로 손을 들이밀매 내 마음이 동하여서
5:5 일어나서 나의 사랑하는 이를 위하여 문을 열 때 몰약이 내 손에서, 몰
약의 즙이 내 손가락에서 문빗장에 듣는구나
5:6 내가 나의 사랑하는 이를 위하여 문을 열었으나 그가 벌써 물러갔네
그가 말할 때에 내 혼이 나갔구나 내가 그를 찾아도 못 만났고 불러도 응답
이 없었구나
5:7 성중에서 행순하는 자들이 나를 만나매 나를 쳐서 상하게 하였고 성벽
을 파수하는 자들이 나의 웃옷을 벗겨 취하였구나

5:8 예루살렘 여자들아 너희에게 내가 부탁한다 너희가 나의 사랑하는 이
를 만나거든 내가 사랑하므로 병이 났다고 하려무나
5:9 여자 중 극히 어여쁜 자야 너의 사랑하는 자가 남의 사랑하는 자보다
나은 것이 무엇인가 너의 사랑하는 자가 남의 사랑하는 자 보다 나은 것이
무엇이기에 이같이 우리에게 부탁하는가
5:10 나의 사랑하는 이는 희고도 붉어 만 사람에 뛰어난다
5:11 머리는 정금 같고 머리털은 고불고불하고 까마귀같이 검구나
5:12 눈은 시냇가의 비둘기 같은데 젖으로 씻은 듯하고 아름답게도 박혔
구나
5:13 뺨은 향기로운 꽃밭 같고 향기로운 풀 언덕과도 같고 입술은 백합화
같고 몰약의 즙이 뚝뚝 떨어진다
5:14 손은 황옥을 물린 황금 노리개 같고 몸은 아로새긴 상아에 청옥을 입
힌 듯하구나
5:15 다리는 정금 받침에 세운 화반석 기둥 같고 형상은 레바논 같고 백향
목처럼 보기 좋고
5:16 입은 심히 다니 그 전체가 사랑스럽구나 예루살렘 여자들아 이는 나
의 사랑하는 이요 나의 친구이로다

〈V〉
남자들 중의 남자, 여자들 중의 여자
- 아가서 5장

보통 히브리인들은 혼인을 앞두고 1년쯤 전에 약혼을 하였다. 약혼식에는 간략한 축하연과 함께 지참금이라고 하는 공식적인 선물 교환을 하게 된다. 이를 정혼이라고도 하는데 이후부터 이 두 사람은 남편과 아내로 불리어졌으며 사회적으로도 혼인에 준하는 구속력을 지니고 있었다. 이 기간 동안에 남자에게는 군복무조차도 면제해 주었다(신 20:7). 반면에 이 기간에 간음을 하게 되면 돌로 쳐 죽임을 당했다(신 22:23-24).

약혼의 기간이 끝나고 두 사람은 하객들 앞에서 혼인식을 거행하였다. 혼인식은 신랑의 가까운 친구들에 의해 주관되었으며, 신랑은 친구 및 몇몇 친구들과 함께 신부의 집으로 찾아가게 된다. 이때 악기를 연주하거나 노래하는 자들이 동행했다. 신랑이 신부의 집에 도착하면 준비하고 있던 신부는 부모의 축복을 받은 후 하객들의 혼인 축하 노래 속에서 신랑에게 인도되었다.

혼인식이 끝나면 혼인잔치가 거행되었으며 주로 신랑의 집에서 베풀어졌다. 혹 신랑의 집이 멀리 떨어져 있다면 신부의 집에서도 혼인식이 치러지기도 했다. 혼인잔치는 2-3일 또는 일주일가량 진행되기도 한다. 혼인잔치가 진행되는 동안 신랑과 신부는 신방을 차리고 초야를 치르며 이때 신랑은 순결한 처녀성의 표적을 하객들과 친지들 앞에서 보여주며 완전한 부부로서의 결합을 선언했다.

지금까지 아가서는 이러한 혼인식의 관례를 그 배경으로 하여 전개되었다. 1장에서는 하나님의 형상으로 지음을 받은 남녀 사이에 맺어지는 인격적인 만남에 대하여, 2장에서는 솔로몬을 사랑하는 확신 속에서 승화된 술람미 여인의 사랑에 대하여, 3장에서는 신분의 격차를 뛰어 넘은 솔로몬과 술람미 여인이 혼인식에 이르기까지의 과정을, 4장에서는 혼인식을 통해 솔로몬과 술람미 여인이 부부로 완성되기까지에 대하여 기술하였다.

특별히 아가서는 합창단의 축복과 축하(5:1b) 속에서 혼인식에 대한 이야기를 극적으로 마치고 있는데 이로써 제3부가 끝나고 이후 혼인식을 마친 신랑과 신부가 온전한 한 몸이 되어 서로가 부부로 완성되는 과정을 전개시키고 있다. 제4부는 부부가 된 솔로몬과 술람미 여인 사이에서 전개되는 풍요롭고 복된 사랑의 노래들로 전개된다(5:2-8:4).

제4부에서는 혼인식을 마친 술람미 여인이 혼인에 이르기까지 자신이 겪어야 했던 지난날들의 과정을 돌아보며 혼인에 안착한 자신의 모습과 대조되었던 과거를 돌아보면서 그동안 겪어야 했던 심적인 갈등을 문학적 복선 기법으로 묘사하고 있다(5:2-6:3). 이어 심적 갈등과 고통속에 있던 술람미 여인은 솔로몬으로 말미암아 아름다움과 영광을 소유한 여인으로 부각되면서 둘 사이에 맺어진 신비한 부부관계를 통해 불변의 사랑을 노래하고 있다(6:10-8:4). 이러한 흐름 속에서 아가서 5장은 다음과 같이 진행된다.

① 술람미 여인의 독창(5:2-8) : 술람미 여인에게 사랑으로 흠뻑 젖은 솔로몬이 술람미 여인을 찾아왔으나 농촌 생활에 빠져 있던 술람미 여인으로서는 쉽게 솔로몬을 영접할 수 없었다. 그럼에도 불구하고 솔로몬은 적극적으로 술람미 여인에게 애정을 호소하며 술람미 여인의 마음을

열려고 노력한다. 그럴수록 술람미 여인은 솔로몬을 마음에서 멀리하려고 애를 쓰게 된다. 그후 술람미 여인은 솔로몬의 구애를 받아들이고 솔로몬과 혼인하기로 작정하면서 솔로몬과의 사랑을 갈망하고 있음을 하소연한다.

② 여인들의 합창(5:9) : 술람미 여인이 비로소 사랑스럽고 늠름한 솔로몬과의 사랑이 성취될 것이라고 암시한다.

③ 술람미 여인의 독창(5:10-16) : 사랑을 다시 확인한 술람미 여인은 솔로몬에 대한 자신의 그리움을 솔로몬의 모습에 대해 자세하게 묘사함으로써 고백한다. 이것은 신부인 술람미 여인에 대해 솔로몬이 묘사하고 있는 솔로몬의 노래(4:1-5, 8-15)와 병행을 이룬다.

1. 솔로몬에 대한 술람미 여인의 갈망(5:2-8)

5:2 내가 잘지라도 마음은 깨었는데 나의 사랑하는 이의 소리가 들리는구나 문을 두드려 이르기를 나의 누이, 나의 사랑, 나의 비둘기, 나의 완전한 자야 문 열어 다고 내 머리에는 이슬이, 내 머리털에는 밤이슬이 가득하였다 하는구나

5:3 내가 옷을 벗었으니 어찌 다시 입겠으며 내가 발을 씻었으니 어찌 다시 더럽히랴마는

5:4 나의 사랑하는 이가 문틈으로 손을 들이밀매 내 마음이 동하여서

5:5 일어나서 나의 사랑하는 이를 위하여 문을 열 때 몰약이 내 손에서, 몰약의 즙이 내 손가락에서 문빗장에 듣는구나

5:6 내가 나의 사랑하는 이를 위하여 문을 열었으나 그가 벌써 물러갔네 그가 말할 때에 내 혼이 나갔구나 내가 그를 찾아도 못 만났고 불러도 응답이 없었구나

5:7 성중에서 행순하는 자들이 나를 만나매 나를 쳐서 상하게 하였고 성벽을 파수하는 자들이 나의 웃옷을 벗겨 취하였구나

5:8 예루살렘 여자들아 너희에게 내가 부탁한다 너희가 나의 사랑하는 이

를 만나거든 내가 사랑하므로 병이 났다고 하려무나

(필자역)

〈제4부 시작을 알리는 팡파르〉

술람미 여인의 갈망(narrative)

내가 잘지라도 내 마음은 깨어 있으니 나의 사랑하는 이의 소리가 들리는구나. 문을 두르려 이르기를 "나에게 문을 열어다오. 나의 누이, 나의 사랑아, 내 순진한 비둘기야. 내 머리가 이슬에, 내 머리털이 밤이슬에 젖었구나" 하였도다. 내가 내 겉옷을 벗었으니 어찌 다시 입으리요? 내가 나의 발을 씻었으니 어찌 다시 더럽히리요? 나의 사랑하는 이가 문구멍으로 그의 손을 들이미니 내 마음이 그에게로 움직여서 내가 일어나 나의 사랑하는 이를 위하여 문을 여니 내 손에서 몰약이 떨어지고 내 손가락들의 몰약이 문빗장 손잡이로 흘러내리는구나. 내가 나의 사랑하는 이를 위하여 문을 열었으나 나의 사랑하는 이는 돌아서서 가버렸구나. 그가 말할 때 내 영혼이 나가서 그를 찾았으나 그를 만나지 못했고 그를 불렀으나 그가 내게 대답하지 않았구나. 성읍을 돌아다니는 파수꾼들이 나를 발견하더니 나를 쳐서 상처를 입게 하고 성벽을 지키는 자들은 내게서 나의 겉옷을 빼앗아 갔도다.

술람미 여인의 갈망(독창)

내가 너희에게 간청하노라, 예루살렘의 딸들아
만일 너희가 나의 사랑하는 이를 만나거든
너희는 내가 사랑으로 병이 났다고 그에게 말해다오

아가서는 비교적 순수한 입맞춤(נשק, 1:2)이라는 용어를 제외하고는 성적 행위를 묘사하기 위한 용어들을 결코 사용하지 않는다. 성적 행위들에 대한 전형적인 표현인 여자와 함께 눕다(שׁכב), 여자에게 들어가다(בוא), 여자를 알다(ידע), 벗은 것을 보다(גלה ערוה) 등의 용어뿐 아니라 '동정, 처녀성'(בתולים)을 지시하는 용어조차 찾을 수 없다. 그만큼 아가서는 직접적인 성적 행위들을 묘사하지 않으며 매우 담담하게 부부간의 사랑을 표현하고 있다.

이러한 아가서의 경향을 볼 때 솔로몬에 대한 술람미 여인의 심적 상태를 다루고 있는 이 단락을 남녀의 성적 결합에 대한 묘사로 해석한다는 것은 상당한 무리가 따름을 알 수 있다. 특히 4장의 혼인식에 대한 묘사에 이어 5장은 혼인 초야에 대한 묘사가 이어지는 것으로 대다수 주석가들이 언급하면서 4-5절을 처녀성 상실로 해석하는 것은 아가서의 문학적 특성을 간과한 것으로 보인다.

또는 5장을 혼인이후 부부간의 갈등에 대한 묘사로 보는 관점 역시 쉽게 납득하기 어려운 점들이 많다. 오히려 아가서의 주제와 문학적 기법을 연관시켜 볼 때 5장은 혼인 이전에 술람미 여인이 겪어야 했던 심적 갈등을 묘사하고 있으며, 6-7장은 혼인 이후에 전개되는 술람미 여인과 솔로몬의 가정생활에 대한 묘사로 보는 것이 보다 더 자연스런 관점이라 여겨진다. 이런 관점에서 볼 때 5장은 혼인한 술람미 여인이 솔로몬을 처음 만날 때부터 한 남자의 아내로 성장하기까지 자신이 겪어야 했던 심적 갈등이 잘 나타나 있다.

분명히 술람미 여인은 솔로몬과의 혼인식을 마침으로써 혼인 이전과 이후에 자신의 인생에서 극적인 변화가 있었다. 이러한 술람미 여인의 심적인 상태를 아가서는 문학적 복선 기법에 따라 묘사함으로써 6장 이후에 전개될 솔로몬과의 가정생활에 대한 기대감을 배가시키고 있는 것이다.

아가서는 이점을 부각시키기 위해 혼인식 이전에 있었던 술람미 여인의 심적 갈등을 마치 꿈을 꾸는 듯한 몽환적 분위기로 묘사하고 있다. 이런 기법은 이미 지나간 사건을 돌아보고 있다는 점에서 과거에 대한 시간적 간격을 극복하기에 적합하다.

"내가 잘지라도 마음은 깨었는데 나의 사랑하는 이의 소리가 들리는구나 문을 두드려 이르기를 나의 누이, 나의 사랑, 나의 비둘기, 나의 완전한 자야 문 열어 다고 내 머리에는 이슬이, 내 머리털에는 밤이슬이 가득하였다 하는구나"(5:2)라는 표현은 앞서 "내가 밤에 침상에서 마음에 사랑하는 자를 찾았구나 찾아도 발견치 못하였구나"(3:1)에서 발견되는 것처럼 '탐구 모티프' (search motif)로 혼인에 이르기까지 술람미 여인에게서 상당한 심리적인 변화가 발생했음을 암시하고 있다.

3장에서는 청혼을 받은 술람미 여인이 혼인을 바로 앞둔 상황에서 발생한 심리적 갈등에 대한 것이라면 5장에서는 혼인식을 치른 뒤에 술람미 여인이 솔로몬과 만나서 마침내 부부가 되기까지 진행되었던 전반적인 과정에 대한 심리적 갈등을 묘사하고 있다는 점에서 매우 광범위한 배경을 가지고 있다.

이러한 탐구 모티프를 통해 술람미 여인은 한갓 포도원지기에서 솔로몬의 아내가 되었다는 극적인 반전을 보여줄 뿐만 아니라 처녀였던 술람미 여인 자신에게 있어서도 내적으로 많이 성장했음을 보여주고 있다.

사실 술람미 여인에게 있어서 솔로몬을 만나 혼인에 이르기까지의 과정은 그동안 자신이 살아왔던 일상적인 삶과는 현격한 변화를 가져오게 하였다. 무엇보다도 솔로몬을 만난 그 자체가 놀라운 일이었지만 그에 못지않게 자신에게도 커다란 변화가 요구되었던 것이다.

술람미 여인에 대한 솔로몬의 애정 표현은 절대적이었다. 다시 말하면 솔로몬은 자신의 전심을 다하여 술람미 여인에게 구혼을 하였으며 그점에 있어서는 결코 거짓이 없었다. "나의 누이, 나의 사랑, 나의 비둘기, 나의 완전한 자야 문 열어 다고 내 머리에는 이슬이, 내 머리털에는 밤이슬이 가득하였구나"(5:2)는 솔로몬의 구애에서 보듯이 솔로몬은 진심으로 술람미 여인에게 사랑을 고백하였다.

이러한 표현을 가리켜 혼인 초야에 있었던 성적 결합을 상징하는 것으로 해석하는 것에는 문장의 흐름을 보더라도 많은 무리가 뒤따른다. 왜냐하면 '나의 완전한 자야' 라는 솔로몬의 노래는 "이는 내 뼈 중의 뼈요 살 중의 살이라"(창 2:23)고 했던 아담의 노래와 긴밀한 관련이 있기 때문이다. 여기에서 아가서는 솔로몬의 노래를 단순히 성적 행위의 묘사로 말하기보다는 분명히 혼인의 정신이 깃들어진 순도 높은 솔로몬의 구애에 대한 내용을 이야기를 하고 있는 것이 분명하다.

때문에 평범한 일상의 삶을 살아가고 있던 술람미 여인에게는 마음을 열고 솔로몬의 구애를 받아들인다는 일이 그리 쉬운 것이 아니었다. 그것은 솔로몬에 대한 신뢰나 믿음이 없어서가 아니었다. 오히려 술람미 여인으로서는 혼인의 정신에 입각한 그리고 혼인이 의미하는 바 마땅히 자기 자신을 통해 구현해야 할 부부의 삶에 대한 일종의 두려움이 앞섰기 때문이었다.

그만큼 술람미 여인은 혼인에 대해 깊이 신중하게 생각하고 받아들여야 할 이유가 있었다. "이는 내 뼈 중의 뼈요 살 중의 살이라"는 의미에서 술람미 여인에게 '나의 완전한 자' 라고 말하는 솔로몬의 고백에 합당한 신부로서 술람미 여인은 성숙해져야 하기 때문이다.

이에 술람미 여인은 솔로몬의 구애에 대해 자신이 아직 준비되지 않았다는 점을 잘 알고 있었으며, 사실 누구나 가정을 세워나감에 있어 온전히 준비되어 있지 않다고 여겨질 때에는 자신이 좀 더 성장하기 위한 시간이 필요한 것처럼 술람미 여인은 솔로몬의 구애를 완곡하게 거부하지 않을 수 없었다.

"내가 옷을 벗었으니 어찌 다시 입겠으며 내가 발을 씻었으니 어찌 다시 더럽히랴마는 내 사랑하는 자가 문틈으로 손을 들이밀매 내 마음이 움직여서 일어나 내 사랑하는 자를 위하여 문을 열 때 몰약이 내 손에서, 몰약의 즙이 내 손가락에서 문빗장에 떨어지는구나"(5:3-5)에서 밝히고 있는 것처럼 술람미 여인은 솔로몬의 구애를 받아들이기까지 내면의 깊은 갈등을 겪어야 했다.

여기에서 '탐구 모티프'를 사용하여 술람미 여인의 갈등을 통해 보여주고자 하는 아가서의 목적은 분명하다. 그것은 술람미 여인에게서 발생되었던 기나긴 갈등의 시간을 짧은 시간 동안에 해설하기 위함이다.

앞서 4장에서 아가서는 혼인의 제도가 궁극적으로 에덴동산의 회복을 구현하기 위한 가정을 온전히 세우는 것임을 밝힌 바 있다. 따라서 처녀 술람미 여인이 솔로몬의 아내로 성장함에 있어 아무런 갈등도 없이 밋밋하게 시간의 흐름에 따라 아내의 자격을 갖추게 되는 것이 아님을 강조하고 있는 것이다. 술람미 여인은 이 갈등의 과정을 통하여 포도원지기라는 신분을 극복하고 한 가정의 왕으로 표현되는 한 남편의 아내가 되어야 한다는 필연적 요구에 부응하지 않으면 안 되었다.

아가서는 이러한 술람미 여인의 성숙 과정을 문학적 복선을 통해 심미적 감각을 최대한 부각시켜 묘사하고 있다. 그만큼 술람미 여인은 상당한 시간을 들여 혼인에 합당한 인물로 성숙해 갔음을 암시하고 있는 것이다. 이처럼 내적 성숙 과정을 거침으로써 술람미 여인은 솔로몬을 남편으로 맞이할 마음의 준비를 할 수 있었다. 물론 아가서는 이 갈등의 과정에 대해서 더 이상의 언급은 하지 않지만 이 짧은 술람미 여인의 독백 속에서 그 모든 과정을 생략하고 있을 뿐이다.

따라서 아가서는 솔로몬의 구애를 받아들이고 그의 아내가 되고자 결심한 자신의 결단 앞에서 술람미 여인이 더 이상 망설일 이유가 없다는 사실을 명확하게 보여주고 있다. 이미 술람미 여인은 한 남편의 아내로서 마땅히 취해야 할 마음의 자세를 다잡고 있으며 그에 합당한 내적 성숙기를 지냈다는 사실을 밝힌 것이다.

여기에서 아가서는 문학적 복선 기법을 사용하여 솔로몬이 술람미 여인에게 구애하기 위해 술람미 여인을 찾아왔던 것처럼 이제는 술람미 여인이 솔로몬을 찾아 나서는 장면으로 이야기를 발전시키고 있다. 이때도 아가서는 '탐구 모티프' 기법을 동원함으로써 그 과정에 적지 않은 우여곡절과 함께 술람미 여인의 심적 고통이 담겨 있음을 암시해 주고 있다. 따라서 아가서는 술람미 여인이 솔로몬을 찾아나서는 이러한 탐구 모티프를 통해 솔로몬에 대한 술람미 여인의 사랑이 어떠한 과정 가운데서 성숙해 가고 있는가를 시각적으로 상세하게 묘사하고 있다(5:6-8).

술람미 여인은 성안을 돌며 사랑하는 솔로몬을 찾아나선다. 그때 성을 돌며 지키는 자들이 술람미 여인을 상할 정도로 치고 그녀가 쓰고 있던 너울을 벗긴다. 당시에는 밤중에 성을 돌아다니는 여자는 창녀로 취급을 받거나 끌려가서 얼굴을 가렸던 너울을 빼앗기고 매를 맞는 일이 있었다. 이처럼 술람미 여인은 자신이 창녀로 취급을 받고 매를 맞고 너울을 빼앗기는 수모를 감수하면서까지 솔로몬을 찾고 있음을 강조하고 있다. 그만큼 술람미 여인은 자신이 그 정도의 희생을 아랑곳하지 않으면서까지 사랑하는 이를 찾아 나서지 않을 수 없을 정도의 가치가 솔로몬에 있다는 사실을 묘사하고 있다.

이러한 심정에 대해 술람미 여인은 "내가 내 사랑하는 자를 위하여 문을 열었으나 그는 벌써 물러갔네 그가 말할 때에 내 혼이 나갔구나 내가 그를 찾아도 못 만났고 불러도 응답이 없었노라"(5:6)고 노래하고 있다. 이처럼 극단적인 표현을 사용하고 있는 것은 그만큼 처녀 술람미 여인이 한 남자의 아내로 성숙하였다는 사실을 재확인하기 위함이다.

아가서는 이 사실을 강조하기 위해 술람미 여인의 상태를 '내 혼이 나갔구나' 라고 표현하고 있다. 마치 인간이 도달할 수 있는 가장 낮은 상태의 위치까지 내려가 있던 술람미 여인의 상태를 단적으로 보여주기 위함이다. 이러한 자기 버림이라는 철저한 과정을 통해 이제 술람미 여인은 부부가 되기 위해 완숙한 여인으로 극적인 변개가 이루어졌음을 강화시키고 있다. 이것은 아가서에서 매우 중요한 모티프가 된다. 한 남자의 아내가 된다는 것은 여자로서 최상의 상태에 도달하는 것을 의미하기 때문이다.

이 사실을 더욱 극적으로 표현하기 위해 아가서는 예루살렘 딸들을 다시 등장시킨다. 그리고 술람미 여인은 거의 애원하는 말투로 "예루살렘 딸들아 너희에게 내가 부탁한다 너희가 내 사랑하는 자를 만나거든 내가 사랑하므로 병이 났다고 하려무나"(5:8)라고 말한다.

여기에서 예루살렘의 딸들은 한 남자의 아내가 됨에 있어 술람미 여인에게서 더 이상 부족한 것을 찾을 수 없다는 사실을 증거하는 증인의 위치에 서게 된다. 마치 처녀 술람미 여인이 성숙한 여인으로 거듭났으며 한 남자의 아내가 됨에 있어 결코 부족함이 없음을 증명하기 위해 아가서는 예루살렘의 딸들을 등장시키고 있는 것이다.

2. 예루살렘 딸들의 노래(5:9)

5:9 여자 중 극히 어여쁜 자야 너의 사랑하는 자가 남의 사랑하는 자보다 나은 것이 무엇인가 너의 사랑하는 자가 남의 사랑하는 자보다 나은 것이 무엇이기에 이같이 우리에게 부탁하는가

(필자역)

예루살렘 여인들(합창)

무엇이 나은가?
너의 사랑하는 이가 남들이 사랑하는 이보다
너 여자들 중에서 가장 어여쁜 여인아
무엇이 너의 사랑하는 이가 남들이 사랑하는 이보다 낫기에
우리에게 이같이 부탁하는가?

아가서가 합창단의 한 부류인 예루살렘의 딸들을 등장시키는 데에는 특별한 임무가 그들에게 부여되어 있기 때문이다. 처음에 예루살렘 여인들로 등장하는 합창단은 장차 아가서에서 이루어질 일에 대한 '예언과 성취'를 예표하기 위해 등장했다(1:2-4). 이때 합창단은 아가서의 주제를 제시하고 향후 일어날 일들에 대해 암시한 바 있다. 이어 이 합창단은 솔로몬의 사랑을 구하는 술람미 여인의 소원이 응답될 것임을 예시해 준다(1:8).

두 번째 등장하는 예루살렘 여인들의 합창은 온갖 역경을 이겨낸 술람미 여인이 솔로몬과 혼인식을 시작하는 장면을 묘사하고(3:6-11) 이어 혼인식을 끝낸 솔로몬과 술람미 여인이 정상적인 부부가 되었음에 대한 축복을 하였다(5:1b). 이때 이들은 혼인식의 하객이면서 동시에 그들이 정당한 혼인을 함으로써 정상적인 부부가 되었음을 인증하는 증인의 역할을 하였다.

이처럼 아가서에서 등장하는 합창단은 이야기의 흐름에서 때로는 해설자로, 때로는 예언자로, 때로는 증인으로 등장하고 있는데 이러한 합창단의 등장은 극적인 흐름을 원만하게 하거나 또는 반전을 예표함으로써 독자들로 하여금 새로운 장면이 펼쳐지게 된다는 사실을 직감할 수 있도록 돕고 있다.

여기에 등장하고 있는 예루살렘의 딸들도 그 역할이 비슷하다. 앞서 솔로몬의 구애로 말미암아 갈등하였던 술람미 여인이 마침내 그 구애를 받아들이고, 이제 완숙한 여인으로서 한 남자의 아내가 되고자 하는 극적인 전환점에 다다랐다는 점에서 이미 합창단의 등장은 예견되고 있었다(5:8). 예루살렘의 딸들로 불리는 이 합창단은 사실 혼인식의 하객이며 동시에 그 혼인식의 증인이기도 하다(5:1b).

이들은 마치 술람미 여인이 어려울 때 도움을 주려고 준비하였던 것처럼 "예루살렘 딸들아 너희에게 내가 부탁한다 너희가 내 사랑하는 자를 만나거든 내가 사랑하므로 병이 났다고 하려무나"(5:8)라고 술람미 여인이 도움을 청하자 "여자들 가운데에 어여쁜 자야 너의 사랑하는 자가 남의 사랑하는 자보다 나은 것이 무엇인가 너의 사랑하는 자가 남의 사랑하는 자보다 나은 것이 무엇이기에 이같이 우리에게 부탁하는가" (5:9) 하며 응답하고 나선다. 이러한 즉각적인 응답은 술람미 여인의 애절한 바람이 곧 성취될 것을 암시한다.

본문에서 이 합창단의 역할은 이후 등장하게 될 솔로몬에 대한 술람미 여인의 고백을 유도하고 있지만, 본질적으로 솔로몬의 구애를 승인한 술람미 여인이 상대적으로 솔로몬의 아내로서 적합한 자질을 갖고 있는가를 테스트하는 역할도 겸하고 있다. 이렇게 함으로써 처녀 술람미 여인이 어엿한 부인으로 성숙하였다는 사실을 모든 사람들에게 인증을 받도록 하고 있는 것이다.

또한 이 합창단의 목소리는 어쩌면 술람미 여인이 자기 자신에게 묻는 물음일 수도 있음을 암시한다. 과연 한 남자의 아내로서 솔로몬을 자신의 남편으로 받아들일 수 있는가 하는 질문에 대한 답변을 스스로 유도하고 있는 것이다.

이러한 복선 가운데서 합창단이 '너의 사랑하는 자가 남의 사랑하는 자보다 나은 것이 무엇인가' 라고 술람미 여인에게 묻는 것은 그들이 솔로몬의 품격을 몰라서 묻고 있는 것이 아니다. 이미 그들은 혼인식의 하객이며 증인이었다는 점에서 솔로몬에 대해 잘 알고 있었다. 그럼에도 불구하고 이와 같이 묻는 것은 술람미 여인이 남편으로 받아들이고자 하는 솔로몬에 대한 인격적인 판단이 어떤 것인가를 독자들에게 확인시켜 주기 위함이다.

이렇게 하여 술람미 여인이 알고 있는 솔로몬의 품성을 술람미 여인 자신의 목소리로 낱낱이 표현하게 함으로써 그들의 부부됨이 합당하다는 점에 대하여 독자들도 스스럼없이 동의할 수 있도록 유도하기 위함이다. 이로써 독자들은 솔로몬이 '나의 완전한 자' (5:2)라고 술람미 여인을 정의한 것처럼, 술람미 여인은 솔로몬을 어떻게 정의하게 될 것인지 긴장하며 술람미 여인의 답변을 기다리게 된다.

3. 술람미 여인의 답변(5:10-16)

5:10 나의 사랑하는 이는 희고도 붉어 만 사람에 뛰어난다
5:11 머리는 정금 같고 머리털은 고불고불하고 까마귀같이 검구나
5:12 눈은 시냇가의 비둘기 같은데 젖으로 씻은 듯하고 아름답게도 박혔구나
5:13 뺨은 향기로운 꽃밭 같고 향기로운 풀 언덕과도 같고 입술은 백합화 같고 몰약의 즙이 뚝뚝 떨어진다
5:14 손은 황옥을 물린 황금 노리개 같고 몸은 아로새긴 상아에 청옥을 입힌 듯하구나
5:15 다리는 정금 받침에 세운 화반석 기둥 같고 형상은 레바논 같고 백향목처럼 보기 좋고
5:16 입은 심히 다니 그 전체가 사랑스럽구나 예루살렘 여자들아 이는 나의 사랑하는 이요 나의 친구이로구다

(필자역)

술람미 여인의 답변(독창)

나의 사랑하는 이는 희고도 붉어 일만 명 가운데 으뜸이라
그의 머리는 정금 같고
그의 머리채는 고불고불하고 까마귀 같이 검도다
그의 눈은 시냇가의 젖으로 씻은 듯하고
물로 가득한 웅덩이에 앉아 있는 비둘기 같도다
그의 뺨은 향나무의 화단과 같으며 향기로운 꽃 같으며
그의 입술을 몰약을 떨어뜨리는 백합화 같도다
그의 손은 녹보석이 박힌 금 고리들 같으며
그의 배는 아로새긴 상아에 청옥을 입힌 듯 하도다

그의 넓적다리들은 정금 받침대 위에 세운 대리석 기둥 같으며
그의 용모는 레바논과 같고 백향목처럼 수려하도다
그의 혀는 달콤하니,
참으로 그의 모든 것이 귀하도다
이 사람이 나의 사랑하는 이요 나의 연인이로다
예루살렘의 딸들아

독자들의 긴장이 고조되어 있는 순간에 솔로몬에 대한 술람미 여인의 묘사는 거침없이 이어진다. "내 사랑하는 자는 희고도 붉어 많은 사람 가운데에 뛰어나구나 머리는 순금 같고 머리털은 고불고불하고 까마귀 같이 검구나 눈은 시냇가의 비둘기 같은데 우유로 씻은 듯하고 아름답게도 박혔구나 뺨은 향기로운 꽃밭 같고 향기로운 풀언덕과도 같고 입술은 백합화 같고 몰약의 즙이 뚝뚝 떨어지는구나 손은 황옥을 물린 황금 노리개 같고 몸은 아로새긴 상아에 청옥을 입힌 듯하구나 다리는 순금 받침에 세운 화반석 기둥 같고 생김새는 레바논 같으며 백향목처럼 보기 좋고 입은 심히 달콤하니 그 전체가 사랑스럽구나 예루살렘 딸들아 이는 내 사랑하는 자요 나의 친구로다"(5:10-16).

세상에서 이처럼 연인의 인품에 대해서 웅장하게 표현한 작품을 찾아보기란 쉽지 않다. 이 짧은 와스프(Wasf) 속에서 술람미 여인은 '남자들 중의 남자'인 사랑하는 솔로몬의 뛰어난 품성을 매우 다채롭게 표현하고 있다. 이러한 표현은 앞서 솔로몬이 술람미 여인의 아름다움을 노래하는 장면(4:1-5, 8-15)을 연상시킨다. 또한 이 노래는 앞서 술람미 여인이 솔로몬의 구애에 대해서 자신이 겪어야 했던 커다란 심적 갈등(5:2-7)을 상대적으로 축소시키는 역할을 하고 있다.

이처럼 아가서는 솔로몬이 술람미 여인의 아름다움을 노래하고 또 다시 술람미 여인이 솔로몬의 뛰어남을 노래하게 함으로써 이들이 서로를 사랑하고 존중하며 상호 복종하는 부부로 완성되어 가고 있음을 보여주고 있다. 동시에 아가서는 남자들 중의 남자인 솔로몬과 여자들 중의 여자인 술람미 여인이 피조물 중의 피조물인 '하나님의 형상'으로 마침내 부부가 될 수 있었다는 점을 부각시켜주고 있다. 이러한 흐름들을 통해 아가서는 술람미 여인과 솔로몬이 신비한 혼인의 제도를 통하여 둘이 하나가 되어 온전한 부부로 발전됨을 강화시키고 있다.

특히 술람미 여인이 솔로몬을 가리켜 "나의 사랑하는 사람은 희고 붉어 일만 명 가운데 가장 뛰어난 자라"(5:10)는 표현은 다양한 복선이 담겨 있는 언어유희를 통해 "내 뼈 중의 뼈요 살 중의 살"이라고 솔로몬이 이야기한 것에 대한 술람미 여인의 응답을 담고 있다.

이러한 표현은 다윗의 용모를 돌아보게 하는데(삼상 16:12) 동시에 첫 사람 아담을 생각하게 하는 표현이기도 하다. 여기에는 일종의 언어유희가 등장하는데 술람미 여인은 솔로몬의 뛰어남을 '붉다'는 의미를 가진 '아담'(אדם)이라고 표현함으로써 솔로몬을 가리켜 하나님의 형상으로서 흠 없는 인격을 가진 남자임을 강조하고 있다.

이어 진행되는 노래에서(5:11-16) 술람미 여인이 사용하는 용어들은 일종의 상징을 표현하고 있는데 이 상징어들은 솔로몬의 외모를 자랑하기 위함이라기보다는 솔로몬의 가치와 매력을 묘사하기 위해 다음과 같이 사용되고 있다.

① 11절에서 솔로몬의 머리, 즉 그의 이마를 황금색으로 표현하고 있는 것은 솔로몬의 개성과 인격을 함축하기 위함이다. 다시 말하면 술람미 여인이 사랑하고 있는 것은 솔로몬의 신체 일부가 아니라 바로 그 자신임을 보여주고 있다. 또한 그의 검은머리는 솔로몬의 젊음과 활력을 보여주며 자연스럽게 나이와 경험을 그 안에 담고 있다.

② 12절에서 그의 비둘기 같은 눈은 솔로몬의 성품이 평화스럽고 온화함을 말하고 있는데, 젖으로 씻은 듯 하다는 것은 흰자위 때문에 돋보이는 그의 눈동자를 묘사함으로써 솔로몬의 현명함을 보여주고 있다.

③ 13절에서 향수를 바른 수염은 힘과 영예의 상징이었다. 또한 그의 입술은 백합화 같고 그 입에는 몰약 즙이 뚝뚝 떨어진다고 한 표현은 솔로몬이 "네 신부야 네 입술에서는 꿀방울이 떨어지고 네 혀 밑에는 꿀과 젖이 있고"(4:11)라는 말과 동일한 의미를 갖는다. 입에서 나오는 말 또한 그 사람의 인격과 지혜를 나타내는 것으로 악과 험담, 비방, 거짓 증거를 멀리하게 하고 사랑과 공의를 가까이 하게 하는 지혜를 솔로몬이 갖추고 있음을 의미한다.

④ 14절에서 그의 팔은 청옥이나 감람석을 박아 넣은 황금 지팡이와 같고 그의 몸은 조각을 새겨 넣은 윤기 있는 상아와 같다는 것은 솔로몬이 한 가정의 왕으로서 부족함이 없음을 가리킨다.

⑤ 15절에서 그의 다리가 기름으로 광택을 낸 대리석처럼 든든한 기둥 같다는 표현은 솔로몬의 자태가 늠름하다는 것을 표현하고 있으며,

⑥ 16절에서 그의 입이 달콤하다는 것은 솔로몬의 입에서 나오는 모든 말들이 지혜롭고 고상함을 표현하고 있다.

이상에서 보는 것처럼 솔로몬은 사랑스럽고 흠도 없고 점도 없을 정도로 완벽하게 묘사되고 있는데 이것은 앞서 보았던 것처럼 술람미 여인을 가리켜 '나의 완전한 자'(5:2)라고 한 것과 병행을 이루면서 '하나님의 형상'으로 지음받은 솔로몬을 가리켜 '남자들 중의 남자'라고 고백하는 것과 같은 의미를 가진다. 이로써 독자들은 한 남자의 아내가 되기 위해 완벽하게 성숙한 술람미 여인을 발견하게 되고 그녀의 품성에 대한 검증을 마칠 수 있게 된다.

따라서 "예루살렘 딸들아 이는 내 사랑하는 자요 나의 친구로다"라는 술람미 여인의 선언에 대해 모든 이들이 동의하도록 유도하고 있다. 만일

누구라도 술람미 여인의 선언에 대해 의문을 가지고 있다면 그 둘이 부부가 되는 것에 대하여 "아니오"라고 말하게 될 것이지만 이처럼 확고한 술람미 여인의 표현에 대해서는 더 이상 아무도 이의를 제기할 수 없을 것이다.

이제 여자들 중의 여자인 술람미 여인과 남자들 중의 남자인 솔로몬은 서로에 대하여 "내 뼈 중의 뼈요 살 중의 살이라"(창 2:23)고 사랑을 고백하고 모든 이들이 이에 대해 이의를 제기할 수 없게 됨으로써 "이러므로 남자가 부모를 떠나 그 아내와 연합하여 둘이 한 몸을 이룰지로다"(창 2:24)라는 명백한 선언과 함께 정상적인 부부가 되었음을 모든 증인들 앞에서 인증을 받게 되었다.

이로써 솔로몬과 술람미 여인의 완전한 혼인과 정상한 부부관계로 말미암아 그들이 가정생활을 통해 에덴동산의 회복을 구현하게 될 것을 바라보게 한다. 이 사실은 술람미 여인이 처음에 솔로몬을 가리켜 '아담'(אדם)이라고 불렀던 언어유희에서 암시되었던 내용이기도 하다.

〈VI〉

"이는 내 뼈 중의 뼈요 살 중의 살이라"

- 아가서 6장

아가서 6장

6:1 여자 중 극히 어여쁜 자야 너의 사랑하는 자가 어디로 갔는가 너의 사
랑하는 자가 어디로 돌이켰는가 우리가 너와 함께 찾으리라
6:2 나의 사랑하는 이가 자기 동산으로 내려가 향기로운 꽃밭에 이르러서
동산 가운데서 양떼를 먹이며 백합화를 꺾는구나
6:3 나는 나의 사랑하는 이에게 속하였고 나의 사랑하는 이는 내게 속하였
다 그가 백합화 가운데서 그 양떼를 먹이는구나
6:4 내 사랑아 너의 어여쁨이 디르사 같고 너의 고움이 예루살렘 같고 엄
위함이 기치를 벌인 군대 같구나
6:5 네 눈이 나를 놀래니 돌이켜 나를 보지 말라 네 머리털은 길르앗산 기
슭에 누운 염소 떼 같고
6:6 네 이는 목욕장에서 나온 암양 떼 곧 새끼 없는 것은 하나도 없이 각각
쌍태를 낳은 양 같고
6:7 너울 속의 너의 뺨은 석류 한 쪽 같구나

6:8 왕후가 육십이요 비빈이 팔십이요 시녀가 무수하되
6:9 나의 비둘기, 나의 완전한 자는 하나뿐이로구나 그는 그 어미의 외딸
이요 그 낳은 자의 귀중히 여기는 자로구나 여자들이 그를 보고 복된 자라
하고 왕후와 비빈들도 그를 칭찬하는구나
6:10 아침 빛 같이 뚜렷하고 달같이 아름답고 해같이 맑고 기치를 벌인 군
대같이 엄위한 여자가 누구인가
6:11 골짜기의 푸른 초목을 보려고 포도나무가 순이 났는가 석류나무가
꽃이 피었는가 알려고 내가 호도 동산으로 내려갔을 때에
6:12 부지중에 내 마음이 나로 내 귀한 백성의 수레 가운데 이르게 하였구
나
6:13 돌아오고 돌아오라 술람미 여자야 돌아오고 돌아오라 우리로 너를
보게 하라
6:14 너희가 어찌하여 마하나임의 춤추는 것을 보는 것처럼 술람미 여자
를 보려느냐

〈VI〉
"이는 내 뼈 중의 뼈요 살 중의 살이라"
- 아가서 6장

5장에서는 하나님의 형상으로 지음을 받은 남녀의 인격적인 만남에 근거하여 솔로몬에 대한 사랑을 확신하는 술람미 여인의 사랑과 신분의 격차를 뛰어 넘은 솔로몬과의 혼인식을 통해 많은 사람들의 축복과 축하(5:1b) 속에서 부부로 거듭 태어난 내용을 보여주면서, 술람미 여인이 현재 자신의 모습과 대조되었던 과거를 되돌아보며 자신이 완숙한 여인으로 성숙하는 과정 속에서 겪어야 했던 심적 갈등을 '탐구 모티프' (search motif)와 문학적 복선 기법으로 묘사하고 있다(5:2-6:3).

이 과정에서 술람미 여인은 온전한 가정을 이루기 위해 한 남자의 아내가 되기까지의 성장을 통해 에덴동산의 회복을 구현해야 한다는 자신의 위치를 정확하게 이해하게 되었다(5:10-16). 여기에서 술람미 여인은 여자들 중의 여자로서 남자들 중의 남자인 솔로몬을 남편으로 맞이함으로 말미암아 온전한 가정을 이룰 수 있다는 자신감을 확인할 수 있었다. 이러한 흐름 속에서 아가서 6장은 다음과 같이 진행된다.

① 여인들의 합창(6:1) : 술람미 여인의 이야기를 들은 여인들이 술람미 여인과 함께 솔로몬을 찾아 나섬으로써 솔로몬에 대한 술람미 여인의 애정이 표현된다.

② 술람미 여인의 독창(6:2-3) : 술람미 여인은 자신이 쉽게 대할 수 없는 솔로몬의 고상함에도 불구하고 이를 극복함으로써 자신이 온전히 솔로몬에게 속했다는 사실을 고백한다.
③ 솔로몬의 극적인 등장(6:4-9) : 혼인식 이전에 있었던 솔로몬과의 갈등을 묘사함으로써 혼인식에 이르기까지 복잡했던 술람미 여인의 심적인 부담들은 홀연히 등장하는 솔로몬의 웅장한 모습으로 모두 사라지게 되고 동시에 술람미 여인에 대한 솔로몬의 사랑이 다시 생동감 있게 그려짐으로써 대 반전이 시작된다.

이어 혼인 이후 변화된 술람미 여인을 통해 온전한 가정 안에서 이루어지는 부부 생활의 아름다움이 묘사되는데(6:10-8:4) 이 내용은 다음과 같이 전개된다.

① 여인들의 합창(6:10) : 아침의 붉은 햇살이 떠오르는 모습으로 술람미 여인의 신분에 급격한 변화가 일어나고 있음을 선포한다.
② 술람미 여인의 노래(6:11-12) : 술람미 여인은 자신이 왕의 수레를 타고 있는 것을 묘사함으로써 왕국 백성들 앞에서 자신이 존귀한 위치에 서 있음을 노래한다. 이것은 화려하게 장식된 이동성 침대를 타고 예루살렘에 입성하던 술람미 여인의 모습(3:6)을 재조명해 주고 있다
③ 여인들의 합창(6:13-14) : 예루살렘의 모든 여인들이 술람미 여인을 바라보며 솔로몬에 대한 술람미 여인의 열정적인 사랑이 계속되기를 기원한다.

이어 ④ 술람미 여인에 대한 자신의 사랑을 극적으로 노래하며 신비한 부부간의 사랑을 보여주는 솔로몬의 노래(7:1-9), ⑤ 사랑의 고백과 함께 신비한 합일을 이룬 부부간의 사랑에 대한 술람미 여인의 답가(7:10-8:4)로 전개된다.

1. 솔로몬을 향한 술람미 여인의 애정 확인(6:1-3)

6:1 여자 중 극히 어여쁜 자야 너의 사랑하는 자가 어디로 갔는가 너의 사
랑하는 자가 어디로 돌이켰는가 우리가 너와 함께 찾으리라
6:2 나의 사랑하는 이가 자기 동산으로 내려가 향기로운 꽃밭에 이르러서
동산 가운데서 양떼를 먹이며 백합화를 꺾는구나
6:3 나는 나의 사랑하는 이에게 속하였고 나의 사랑하는 이는 내게 속하였
다 그가 백합화 가운데서 그 양떼를 먹이는구나

(필자역)

여인들의 답변(합창)

너의 사랑하는 이가 어디로 갔을꼬?
여자들 중에 가장 아름다운 여인아
너의 사랑하는 이가 어디로 향하여 갔는가?
우리가 너와 함께 그를 찾아보리라

술람미의 노래(독창)

나의 사랑하는 이가 그의 동산, 향나무 화단으로 내려갔구나
그 동산에서 양떼를 먹이며 백합화를 거두는구나
나의 사랑하는 이는 내게 속하였고
나는 그에게 속하였도다
그가 백합화들 사이에서 (양떼를) 먹이는구나

시가서 문서인 아가서의 독특한 표현 기법으로 볼 때 아가서는 서술문을 주로 사용하는 드라마도 아니며 더욱이 대범하게 듬성듬성 간결체로

기록하는 역사도 아니다. 아가서가 시문학적 특성을 가지고 있다는 것은 아가서를 대할 때 실제 사실과 비유로 묘사되는 주인공들의 심적인 상태를 혼동하지 않아야 할 것을 요구한다. 따라서 주인공들의 말을 실제로 발생한 일들에 대한 기술로 보아야 할 내용과 그렇지 않은 부분들이 혼재해 있음을 주의해야 한다.

앞장에서 술람미 여인을 찾아 온 솔로몬이 애타게 구애를 하였지만 술람미 여인이 뒤늦게 반응하게 되자 솔로몬이 가버리고 난 후 그때서야 술람미 여인이 사라진 솔로몬을 찾아 나서는 것으로 묘사된 내용(5:2-6)은 실제 발생한 사건이 아니다. 뿐만 아니라 술람미 여인이 성 안에서 파수꾼들에게 매를 맞는 내용(5:7)도 자신의 심적 상태에 대한 비유적인 이야기를 기술한 것과 같다.

특히 파수꾼들에게 폭행당하는 것을 가리켜 마치 술람미 여인이 초야에 처녀성을 잃은 것에 대한 육체적이고 감정적인 고통을 대변하기 위한 것이라고 할 수 없다. 마찬가지로 혼인식을 마친 신부가 첫날밤에 사라져버린 신랑을 찾아달라고 친구들에게 도움을 구하고 함께 찾아나선다는 이야기도 실제로 발생한 사건이 아니다(5:9).

이러한 아가서의 시문학적 특성을 감안하지 않는다면 "여자들 가운데에서 어여쁜 자야 네 사랑하는 자가 어디로 갔는가 네 사랑하는 자가 어디로 돌아갔는가 우리가 너와 함께 찾으리라"(6:1)는 합창단의 노래조차 엉뚱한 상상력의 산물로 말미암아 본의를 놓치게 된다.

이 합창단의 노래는 앞서 솔로몬에 대한 술람미 여인의 고백에 대한 응답이다. 바로 앞에서 술람미 여인은 하나님의 형상을 닮은 '남자들 중의 남자' 인 솔로몬의 성품에 대해 자세하게 묘사한 바 있다(5:10-16). 따라서 이 합창단의 노래는 술람미 여인이 잃어버린 신랑을 함께 찾아나서자는 내용이 아니며 오히려 이 합창단의 노래는 술람미 여인이 묘사한 솔로몬의 품성에 대해 동의하면서, 술람미 여인이 묘사하고 있는 솔로몬의 인품에 대해 동의를 표하는 인증과 같은 의미를 가진다.

동시에 이러한 시문학적 흐름은 술람미 여인이 점차 솔로몬에게 매우 가깝게 다가서고 있음을 보여주고 있다. 이 사실은 다음절에 등장하는 술람미 여인의 답변에서 찾을 수 있다. 술람미 여인은 거침없이 "내 사랑하는 자가 자기 동산으로 내려가 향기로운 꽃밭에 이르러서 동산 가운데에서 양떼를 먹이며 백합화를 꺾는구나"(6:2)라고 말한다.

앞서 술람미 여인이 솔로몬을 찾아나선 것은 실제로 없어진 사람을 찾으러 간 것이 아니라 솔로몬이 누구인가를 알아가는 과정을 '탐구 모티프'(search motif)를 통해 묘사한 것이다. 분명히 합창단의 질문에서도 "너의 사랑하는 자가 남의 사랑하는 자보다 나은 것이 무엇인가"(5:9)라고 묻고 있다. 이러한 질문과 답변의 과정을 통해 술람미 여인은 자신에게 있어서 남편이 누구인가 하는 점을 명확하게 답할 수 있었다. 곧 '솔로몬은 자신에게 있어 남자들 중의 남자' 임을 고백한 것이다.

따라서 지금 합창단이 "네 사랑하는 자가 어디로 갔는가 네 사랑하는 자가 어디로 돌아갔는가 우리가 너와 함께 찾으리라"(6:2)고 노래한 말의 요지는 술람미 여인의 고백에 대해 전적으로 동의함을 표하기 위함인 것이다. 동시에 이러한 표현은 술람미 여인의 내적인 경험을 겉으로 보여주고자 하는 시문학적 복선 기법이기도 하다. 즉 아가서는 이러한 복선 기법을 사용하여 술람미 여인이 자신에 대한 온전한 사랑의 의미를 깨달았으며 자신 또한 솔로몬에 대해 얼마나 사랑하는지를 일깨워가는 변화의 과정을 통해 한 남자의 아내로 완성되어 감을 보여주고 있는 것이다.

이와 같은 문맥에서 "내 사랑하는 자가 자기 동산으로 내려가 향기로운 꽃밭에 이르러서 동산 가운데에서 양떼를 먹이며 백합화를 꺾는구나"(6:2)라는 술람미 여인의 노래는 이제 기꺼이 솔로몬 앞에 서 있는 자신이 누구인가를 온전히 알게 되었음을 말하고 있다.

여기에서 "그의 동산으로 내려갔다"는 말은 그림 언어로 당시 예루살렘

주민들에게는 매우 익숙한 표현이었다. 일반적으로 여기에 등장하는 동산은 성으로부터 약 1마일 정도 떨어져 있는데 동산으로 갈 때는 내려간다고 말하고, 성으로 돌아올 때는 올라간다고 말하였기 때문이다. 또한 본문에서 "그의(그 남자의) 동산"은 술람미 여인이 자신을 가리켜 '잠근 동산' (4:12) 또는 '나의 동산' (5:1)이라고 표현했던 것처럼 자기 자신을 상징하는 용어이다. 이 사실은 이 동산이 계단식 모양의 향기로운 꽃밭으로 치장되어 있다는 묘사를 통해서도 잘 나타나고 있다.

뿐만 아니라 한글 개역성경은 대부분의 영어역 성경을 따라 "동산 가운데서 양떼를 먹이며"라고 번역하고 있는데 히브리 성경에는 '양떼' 라는 말이 없이 '먹으려고' (לרעות)라는 표현만 있다. 이 '먹는다' (רעה)는 단어를 취하여 "양떼를 먹이며"라고 의역하고 있다. 그러나 '먹는다' (רעה)는 이 단어는 '사귄다' 는 뜻도 가지고 있는데, 사실 이 두 가지 의미는 깊은 관련이 있다.

당시 히브리인들은 '먹는다' 는 행위를 공동체 안에서 함께 사귀는 차원으로 생각하였기 때문에 문맥에 따라서 '먹는다' 는 뜻으로도 사용되기도 하며 '사귄다' 는 뜻으로도 사용되었다. 따라서 본문에서는 "양떼를 먹이며"라는 식의 의역보다는 그의 동산, 즉 향기나는 꽃밭으로 장식된 동산에 솔로몬이 '사귐을 나누려고' 술람미 여인을 찾아온 것으로 번역하는 것이 훨씬 자연스럽다.

이 사실은 바로 이어 등장하는 '백합화를 꺾는구나' 라는 표현에서도 확인된다. 앞서 술람미 여인은 자신을 가리켜 "나는 사론의 수선화요 골짜기의 백합화로구나"(2:1)라고 하였고, 솔로몬 역시 술람미 여인을 가리켜 '내 사랑은 가시나무 가운데 피어있는 백합화' (2:2)라고 묘사한 것처럼 백합화는 술람미 여인을 상징하는 그림 언어이다.

따라서 솔로몬이 백합화를 '꺾는다' 는 표현은 이 단어가 '거둔다' 또는 '취한다' (to gather)는 의미를 가지고 있다는 점에서 술람미 여인이 솔로몬에게 거둠을 당하는 것을 보여주고 있다. 이것은 일종의 소속을 밝히고 있는데 앞서 술람미 여인은 "나의 사랑하는 이는 내게 속하였고 나는 그에게 속하였구나 그가 백합화 가운데서 먹이는구나"(2:16)라고 표현한 바 있는데, 거기에서는 솔로몬이 자기에게 속해 있다는 점을 앞세운 반면 여기에서는 자신이 솔로몬에 속해 있음을 더욱 부각시키고 있다.

술람미 여인은 이 내용을 반전시켜 곧바로 "나는 나의 사랑하는 이에게 속하였고 나의 사랑하는 이는 내게 속하였다 그가 백합화 가운데서 그 양떼를 먹이는구나"(6:3)라고 말하고 있다. 물론 이 두 번의 표현이 어느 일방적인 소속을 말하지 않고 상호적임을 반영하고 있다 할지라도 앞에서는 그가 나에게 속한 점을, 이번에는 내가 그에게 속한 점을 각각 앞세움으로써 그녀가 이제 애정과 헌신으로 솔로몬에게 완전히 소속되었고 그가 술람미 여인을 소유한 것처럼 그녀 또한 솔로몬을 소유하고 있음을 밝히고 있는 것이다. 확실히 여기에서는 일부일처 이외에 다른 어떤 종류의 사랑도 언급하지 않고 있음이 분명하다.

이러한 표현은 위에서 솔로몬이 술람미 여인을 상징하는 동산에서 사귀며, 또한 술람미 여인을 상징하는 백합화를 거두어 모으는 것과 연결됨으로써 결국 술람미 여인이 앞서 묘사했던 심적인 갈등(5:2-7)을 극복하고 이제는 서로 사랑하는 자와 사랑받는 자가 되었으며 솔로몬의 바람이 마침내 술람미 여인을 통해 실현되고 있음을 보여주고 있다. 이 모든 일련의 과정은 처녀 술람미 여인이 솔로몬의 아내로 완성되어 가는 과정을 보다 심도 있게 강화시켜주고 있다.

2. 흠 없는 신부에 대한 노래(6:4-9)

> 6:4 내 사랑아 너의 어여쁨이 디르사 같고 너의 고움이 예루살렘 같고 엄위함이 기치를 벌인 군대 같구나

6:5 네 눈이 나를 놀래니 돌이켜 나를 보지 말라 네 머리털은 길르앗산 기슭에 누운 염소 떼 같고
6:6 네 이는 목욕장에서 나온 암양 떼 곧 새끼 없는 것은 하나도 없이 각각 쌍태를 낳은 양 같고
6:7 너울 속의 너의 뺨은 석류 한 쪽 같구나
6:8 왕후가 육십이요 비빈이 팔십이요 시녀가 무수하되
6:9 나의 비둘기, 나의 완전한 자는 하나뿐이로구나 그는 그 어미의 외딸이요 그 낳은 자의 귀중히 여기는 자로구나 여자들이 그를 보고 복된 자라 하고 왕후와 비빈들도 그를 칭찬하는구나

(필자역)

솔로몬의 등장(독창)

내 사랑아, 너는 디르사처럼 아름답고 예루살렘처럼 고우며
깃발들을 든 군대처럼 위엄이 있구나
네 눈이 나를 압도하니 그 눈을 내게서 돌이켜다오
네 머리채는 길르앗산에서 뛰어 내려오는 염소 떼 같고
네 이는 씻는 곳에서 올라온 암양 떼 같으니
모두가 쌍둥이를 낳아 새끼 없는 것이 없구나
네 뺨은 네 너울 뒤에서 석류 조각 같구나
왕후가 육십이요, 비빈이 팔십이요, 시녀가 무수하되
내 순진한 비둘기는 오직 하나로구나
그녀는 그녀의 어머니에게 외동딸이니
그녀를 낳은 자에게 귀하도다
여자들이 그녀를 보고 복되다 하고
왕후와 비빈들도 그녀를 칭찬하는구나

하나님의 형상으로 창조함을 받은 성숙한 여자와 남자가 “이러므로 남

자가 부모를 떠나 그 아내와 연합하여 둘이 한 몸을 이룰지로다"(창 2:24)라는 말씀처럼 한 가정을 이룬다는 것은 에덴동산에서 아담과 하와가 건설하고자 했던 온전한 형태의 가정을 보여주고 있다. 특별히 처녀 술람미 여인은 이점에 있어서 한 남자의 아내가 되기 위한 성장의 과정을 거침으로써 그녀가 느끼고 있던 모든 심적 갈등으로부터 자유롭게 되었다(5:2-7). 이 사실을 증명하듯이 완숙한 여인을 향한 솔로몬의 노래는 술람미 여인의 성숙한 인격적 성품과 자태를 찬미하고 있다.

이 단락은 앞서 솔로몬의 와스프(Wasf, 아 4:1-5, 8-15)의 주제와 은유가 상당히 반복되어 나타난다. 그렇지만 여기에서 등장하는 와스프는 비슷한 비유에도 불구하고 그 용어와 주제는 비교할 수 없을 정도로 발전적이라는 점에서 차이가 난다. 특별히 새롭게 등장하게 되는 주제가 있는데 그것은 술람미 여인이 다른 모든 여인들에 비해, 심지어 최상류층인 궁중의 여인들보다도 월등한 존재로 묘사되고 있다는 점이다(6:8-9). 따라서 이 와스프는 술람미 여인에 대한 솔로몬의 찬사와 헌신을 그 목적으로 하고 있음을 알 수 있다.

"내 사랑아 너의 어여쁨이 디르사 같고 너의 고움이 예루살렘 같고 엄위함이 기치를 벌인 군대 같구나"(6:4)로 시작되는 솔로몬의 찬사는 술람미 여인이 얼마나 지혜롭고 아름다운가를 보여주고 있다. 이때 "여자들 중 극히 어여쁜 자"(6:1)라는 표제어는 술람미 여인을 '여자들 중의 여자'의 반열에 올려놓음으로써 한 가정을 이룸에 있어 조금도 부족함이 없음을 반복적으로 알리는 모티프 역할을 하고 있다.

그동안 여러 번에 걸쳐 아가서는 '탐구 모티프'(search motif)를 통해 변화되어가는 술람미 여인의 성숙한 모습을 보여준 바 있다(3:1-5; 5:2-8; 6:2-3). 이제 아가서는 그 술람미 여인에 대한 솔로몬의 최고 등급의 찬미를 등장하게 함으로써 술람미 여인이 완성된 여인임을 최종적으로 인증하고 있다.

이것은 앞서 "나의 사랑하는 이는 내게 속하였고 나는 그에게 속하였구나 그가 백합화 가운데서 양떼를 먹이는구나"(2:16)에서, 그리고 "나는 나의 사랑하는 이에게 속하였고 나의 사랑하는 이는 내게 속하였다 그가 백합화 가운데서 그 양떼를 먹이는구나"(6:3)에서 확인된 바 술람미 여인과 솔로몬은 이제 서로가 서로에게 속했으며 서로를 존중하고 사랑하는 위치에 서 있다는 사실에 근거하고 있다.

솔로몬은 술람미 여인의 어여쁨을 "디르사 같다"고 하며 그 고움을 "예루살렘 같다"고 묘사한다. 이 두 지역은 이스라엘의 북쪽과 남쪽에 위치한 대표적인 도시로 술람미 여인의 어여쁨과 고움이 모든 여자들을 대표한다는 점을 강조하고 있다. 디르사는 '기쁨, 달콤함, 매력적인'의 뜻을 가진 지명으로 주전 880년 오므리가 사마리아를 북이스라엘의 수도로 삼기 전까지는 예루살렘과 어깨를 나란히 하는 최상의 성읍이었다. 예루살렘은 말 그대로 **'샬롬'**에서 나온 말인 '완전하다, 안전하다'는 의미를 가지고 있으며 이스라엘에서 '온전히 아름다운 곳'(시 50:2; 애 2:15)이었다. 이 두 성읍은 이스라엘의 모든 성읍들을 대표하고 있음에 분명하다.

나아가 솔로몬은 술람미 여인의 아름다움을 '기치를 벌인 군대와 같다'고 표현함으로써 술람미 여인의 아름다움에 깊은 위엄이 자리하고 있음을 밝히고 있다. 종종 군대가 깃발을 펼쳐들고 전진하는 모습은 말 그대로 장엄하고 당당하다는 모습으로 표현된다. 심지어 그 모습, 즉 군대가 행군하는 엄위한 광경은 한편으로 보는 이들로 하여금 공포심을 불러일으킬 정도이다.

이러한 표현은 혼인식을 앞두고 예루살렘으로 입성하기 위해 술람미 여인이 타고 온 '솔로몬의 침대' 행렬이 얼마나 장엄했는가를 돌아보게 한다(3:6-11). 비록 이 표현이 술람미 여인이 아닌 디르사나 예루살렘에 대한 묘사라 할지라도 결국 여기에서 표현하고 있는 위풍당당한 모습은 술람미 여인에 대한 찬사로 돌리지 않을 수 없다.

앞서 '여자들 중 극히 어여쁜 자'라고 불리고 있는 여자들 중의 여자로 성숙한 술람미 여인은 이미 솔로몬에게 있어서는 최상의 아름다움과 전율을 일으킬 정도의 위엄을 갖추고 있었다. 이 사실을 보다 더 정교하게 묘사하기 위해 솔로몬은 "네 눈이 나를 놀래니 돌이켜 나를 보지 말라"(6:5)고 할 정도였다고 표현하고 있다. 한때 포도원지기였던 처녀 술람미 여인은 이제 솔로몬과 어깨를 나란히 할 정도로 당당한 신부로 성장한 것을 솔로몬이 고백하고 있는 것이다.

이러한 표현은 앞서 "나는 나의 사랑하는 이에게 속하였고 나의 사랑하는 이는 내게 속하였다"(6:3)고 노래하면서 온전히 솔로몬에 속해 있다는 술람미 여인의 어엿함이 결코 솔로몬의 위용에 압박을 당하여 어쩔수없는 비굴함에서 나온 것이 아니라 철저하게 자신의 내면적 성숙을 통해 성장한 결과였음을 다시 확인하게 한다. 술람미 여인은 더 이상 포도원지기도 아니며 어머니의 품안에 갇혀 있는 나약하고 가녀린 처녀도 아니다. 이제 술람미 여인은 '여자들 중의 여자'로서 그리고 '여자들 중 극히 어여쁜 자'로 성숙하여 당당하게 솔로몬 앞에 서 있게 된 것이다.

이러한 솔로몬의 묘사는 술람미 여인의 외면적인 아름다움에 대한 것이 아님을 명확하게 하고 있다. 술람미 여인은 이제 솔로몬과 함께 한 가정, 나아가 한 나라를 세워나가는 의젓하고 당당한 '아내'라고 하는 자리에 어울리는 존재가 되었기 때문이다. 이 사실만으로도 혼인을 통한 남자와 여자의 지위가 얼마나 달라지는가를 여실히 증명해 주고 있다. 남자와 여자가 남편과 아내가 되었다는 것은 가정의 경영자이며 통치자가 되었음을 보여줄 뿐만 아니라 비로소 하나님 나라의 경영에 참여할 수 있는 돈독한 위치에 서 있음을 일깨워준다.

이러한 일련의 흐름 속에 이제 솔로몬의 와스프(Wasf)가 다시 등장하면서 아가서는 새로운 국면으로 전환된다. "네 머리털은 길르앗 산기슭에 누운 염소 떼 같고 네 이는 목욕장에서 나온 암양 떼 곧 새끼 없는 것은 하나도 없이 각각 쌍태를 낳은 양 같고 너울 속의 너의 뺨은 석류 한 쪽 같구나 왕후가 육십이요 비빈이 팔십이요 시녀가 무수하되 나의 비둘기, 나의 완전한 자는 하나뿐이로구나 그는 그 어미의 외딸이요 그 낳은 자의 귀중히 여기는 자로구나 여자들이 그를 보고 복된 자라 하고 왕후와 비빈들도 그를 칭찬하는구나” (6:5b-9).

솔로몬은 여기에서 술람미 여인의 어여쁨과 고움을 상세하게 표현한다 (이와 관련해 아 4:8-15의 와스프와 비교하라). 술람미 여인의 머리털은 산기슭에 누운 염소 떼 같으며, 치아는 배열이 매우 고르게 되었을 뿐 아니라 희고 깨끗하다. 그 뺨은 너울 속에 가려져서 살짝 보이는 석류 한 쪽같이 아름답다고 말한다. 이러한 솔로몬의 노래는 자신이 사랑하고 있는 술람미 여인에게 얼마나 깊이 속하여 있는지를 보여주고 있다. 그리고 술람미 여인을 육체적 관점, 즉 남자들의 성적 본능을 자극하는 정도의 미적 감각의 대상으로 보는 것이 아니라 ‘기치를 벌인 군대와 같은’ 위엄을 갖춘 대상으로 표현함으로써 술람미 여인의 아름다움을 극대화시키고 있다.

이점을 강조하기 위해 솔로몬은 술람미 여인을 왕후, 비빈, 시녀와 같은 궁중의 여인들을 예로 들어 비교함으로써 아무리 그들이 상류층 출신으로 화려하게 꾸미고 최상의 교육을 받고 세상의 지혜를 자랑한다 할지라도 결코 술람미 여인과는 비교할 수 없다고 단언하고 있다. 여기에서 술람미 여인과 비교하기 위해 등장하는 궁중 여인들은 실제로 솔로몬의 여인들임을 의미하지는 않는다. 오히려 아무리 많은 궁중 여인들이라 할지라도 여자들 중의 여자인 술람미 여인 하나와 결코 비교가 되지 않음을 강조하기 위한 표현 기법으로 등장할 뿐이다.

실제로 솔로몬에게는 많은 궁중 여인들이 있었다. “왕은 후비가 칠백 인이요 빈장이 삼백 인이라 왕비들이 왕의 마음을 돌이켰더라” (왕상 11:3)고 역사서가 기록하고 있으며 그 결과는 솔로몬으로 하여금 하나님의 말씀을 떠나 배도의 길을 가는 것으로 나타나고 있다. 이런 점을 볼 때, 이곳에 언급된 궁중 여인들이 솔로몬의 여자들이라고 주장하는 것은 논리적이지 못하다.

또한 술람미 여인을 가리켜 "그 여자의 어머니에게 소중한 딸" 이며, "여자들이 그녀를 보고 복된 자" 라고 축복하고, "왕후와 비빈들도 그녀를 칭찬한다" 고 하는 솔로몬의 표현을 볼 때 술람미 여인이 자신에 대해 묘사하고 있는 내용(1:5-7)과는 거리가 멀다는 사실을 보아서도 술람미 여인에 대한 솔로몬의 찬미는 상당히 과장되고 있음을 알 수 있다. 오히려 이러한 과장이 섞인 표현들은 솔로몬이 상당수의 왕비, 비빈, 시녀들을 언급하면서도 상대적으로 술람미 여인을 가리켜 "나의 비둘기, 나의 완전한 자는 하나뿐이다" (6:9)라고 하는 말을 강조하기 위한 문학적 기법으로 보아야 한다.

아가서의 내용을 보면 실제로 솔로몬이 사랑하는 술람미 여인은 심지어 자신의 가족들로부터도 따돌림을 당하던 존재였다(1:6). 그럼에도 불구하고 솔로몬은 여기에서 술람미 여인을 그녀의 어머니로부터 귀하고 소중한 딸로 인정을 받고 있는 것으로 묘사하고 있다. 뿐만 아니라 왕후와 비빈들로부터도 칭송을 받는 존재로 표현하고 있다. 이와 같은 표현의 부조화는 솔로몬이 술람미 여인을 더욱 아름답고 존귀하게 높이고 있음을 반증한다.

사실 술람미 여인은 솔로몬을 '왕' 으로 표현한 바 있는데(1:4) 여기에서 솔로몬은 술람미 여인을 왕후들보다 더 귀한 존재로 표현함으로써 "나의 완전한 자는 단 하나뿐이다" 라는 의미를 더욱 강화시키고 있다. 이렇게 함으로써 솔로몬은 술람미 여인을 자신의 '가장 완전한 자' (5:2), 즉 자기의 전부이며 자기 자신처럼 여기고 있음을 강조하고 있는데 이것은 에덴동산에서 아담이 하와를 향해 "이는 내 뼈 중의 뼈요 살 중의 살이라" (창 2:23)고 하였던 감동과 동일함을 보여주고 있다. 이러한 문학적 복선은 술람미 여인이 솔로몬을 가리켜 '아담' (אדם)이라고 부르는 언어유희에서 암시되었던 내용(5:10)에 대해 솔로몬의 마땅한 응답이기도 하다.

3. 뼈 중의 뼈, 살 중의 살(6:10)

6:10 아침 빛 같이 뚜렷하고 달같이 아름답고 해같이 맑고 기치를 벌인 군대같이 엄위한 여자가 누구인가

(필자역)

여인들의 축복(합창)

이는 누구인가?
동이 트는 것처럼 비추고 달처럼 아름답고 해처럼 정결하며
깃발들을 세운 군대처럼 위엄 있는 이

이제 장면이 바뀌어 술람미 여인과 솔로몬이 혼인식을 마친 이후에 시작된 가정생활을 통해 발휘하게 되는 불변의 사랑에 대한 이야기가 본격적으로 전개된다(6:10-8:4). 아가서는 이러한 흐름의 변화를 독자들이 새롭게 감지할 수 있도록 하기 위해 혼인식을 알리는 합창단의 소리였던 “연기 기둥과도 같고 몰약과 유향과 장사의 여러 가지 향품으로 향기롭게도 하고 거친 들에서 오는 자가 누구인가”(3:6)와 흡사한 내용의 웅장한 합창으로 시작하고 있다.

“아침 빛 같이 뚜렷하고 달같이 아름답고 해같이 맑고 기치를 벌인 군대같이 엄위한 여자가 누구인가”(6:10)라는 합창단의 웅장한 소리는 앞서 솔로몬이 술람미 여인을 가리켜 “내 사랑아 너의 어여쁨이 디르사 같고 너의 고움이 예루살렘 같고 엄위함이 기치를 벌인 군대 같구나”(6:4)에 대한 인증 절차와 같다.

솔로몬은 “내 사랑아 너의 어여쁨이 디르사 같고 너의 고움이 예루살렘 같고 엄위함이 기치를 벌인 군대 같구나”라며 술람미 여인을 난공불락의

도성으로 비유함으로써 술람미 여인의 아름다움을 묘사했다. 그 솔로몬의 노래를 이어받아 여기에서 합창단은 훨씬 웅장한 스케일로 천체의 장엄함과 신비스러움을 앞세워 술람미 여인의 아름다움을 묘사하고 있다.

'이는 누구인가?' (מי זאת)라는 질문(3:6을 참고하라)으로 시작되는 본문은 점점 더 웅장함을 강조하기 위한 점진적 과장법으로 진행된다. '아침 빛'은 어둠이 거치고 새벽이 열림으로써 사물이 뚜렷하게 보이게 하며, 보름달의 밝은 빛은 여인의 장엄함과 아름다움을 보여주며, 해(חמה는 밝은 '빛'이 아닌 따스한 '볕'을 강조한다)처럼 정열적임을 상징한다.

그리고 '기치를 벌인 군대들' (אימה כנדגלות)은 하늘에 가득한 군대로서의 천상의 무리들인 별들을 가리키며 결코 그 어떤 침략도 용납하지 않는 견고함을 보여준다. 이처럼 새벽에서 보름달로 그리고 태양으로 점점 고조되면서 마침내 하늘을 가득 채운 별들로 술람미 여인의 존재가 확장되고 있다.

이것은 솔로몬이 술람미 여인을 디르사에서 예루살렘으로 그리고 깃발을 나부끼는 땅위의 군대들(이 표현은 난공불락의 도성들을 가리킨다)로 묘사하는 것과는 비교조차 거부할 정도로 웅장하며 장엄하게 확장됨으로써 오히려 술람미 여인에 대한 솔로몬의 찬미가 지나치게 겸손하게 표현되었음을 증언하고 있는데 이로써 상대적으로 솔로몬의 찬미(6:4-9)에 대한 진실성을 인증하고 있다.

여기에서 아가서는 합창단의 노래에 등장하는 천체들에 대한 용어를 조심스럽게 사용하고 있다. 익히 알고 있는 것처럼 '새벽' (שחר)은 당시에 시간을 알리는 단위가 아니라 일종의 천문학적 용어로 '새벽의 여신' 이라든지 '밝은 기호가 표시되는 새벽' 과 같이 우주를 구성하는 천체의 일부였으며, 달과 태양과 별들 역시 천상의 존재들로 당시에는 신적 존재를 상징하거나 신앙의 대상인 '신' 으로 섬겨지기도 했었다.

그러나 아가서는 이러한 신적 존재 또는 신들로 여겨지는 천체들에게 그 어떤 인격적인 경외감을 보여주지 않으며 그것들이 아무리 웅장하고 과장되었다 할지라도 결코 신격화시키지 않는다. 오히려 이러한 천체들을 술람미 여인의 아름다움을 묘사하기 위한 도구들로 사용함으로써 술람미 여인의 품성이나 인격의 지배 아래 놓아두고 있다. 동시에 술람미 여인을 여신으로 치켜세우지도 않는다.

나아가 이 합창단의 노래는 술람미 여인이 자신에 대해 설명한 내용이 지나치게 축소되었으며 오히려 술람미 여인의 진면목이 이렇다는 사실을 만방에 선포하고 있다.

술람미 여인은 "예루살렘 딸들아 내가 비록 검으나 아름다우니 게달의 장막 같을지라도 솔로몬의 휘장과도 같구나 내가 햇볕에 쬐어서 거무스름할지라도 흘겨보지 말 것은 내 어머니의 아들들이 나에게 노하여 포도원지기로 삼았음이라 나의 포도원을 내가 지키지 못하였구나"(1:5-6)라고 하면서 자신은 검고 거칠고 구박을 당하며 포도원조차 지키지 못하는 무능력자로 묘사한다. 반면에 합창단들은 술람미 여인이 새벽빛처럼 또렷하고 달처럼 아름답고 해처럼 열정적이며 솔로몬이 말한 난공불락의 도성들조차 감히 엄두도 낼 수 없는 천상의 군대들이라고 증언하고 있다.

아가서는 이 한 절의 노래를 통해 술람미 여인 자신의 자존감(1:5-6)을 완벽하게 회복시켜주고 있으며, 바로 앞에서 말한 솔로몬의 찬미(6:5-9)조차도 술람미 여인에 대해 심각할 정도로 평가절하되어 있음을 밝힘으로써 '여자들 중의 여자' 가 상징하고 있는 의미에 대하여 명쾌한 선을 긋고 있다. 이것은 일반적으로 사람들이 상상하는 정도에서 일컬어지는 여성에 대한 찬미 또는 와스프(Wasf) 정도로서는 감히 넘을 수 없음을 선언한 것이며, 하나님의 형상으로 지음 받은 '여자들 중의 여자' 에 대한 경이로움과 존경심을 요구하고 있다.

에덴동산에 있던 '하와' 를 제외하고서는 이만한 찬사를 받을 수 있는 여자를 인류 역사상 찾을 수 없을 것임에도 불구하고 합창단은 기꺼이 술람미 여인에게 이처럼 찬사를 보냄으로써 "이는 내 뼈 중의 뼈요 살 중의 살이라 이것을 남자에게서 취하였은즉 여자라 부르리라"(창 2:23)고 한 아담의 노래가 얼마나 심오한 의미를 담고 있는가를 증거하고 있다. 이로써 '아내' 의 위치가 얼마나 경이로운가를 보여주는데, 이것은 새 생명을 잉태하고 탄생시키는 여성의 존엄성에 대한 존경을 요구하고 있다.

4. 완숙한 여인 술람미 여인의 노래(6:11-12)

6:11 골짜기의 푸른 초목을 보려고 포도나무가 순이 났는가 석류나무가 꽃이 피었는가 알려고 내가 호도 동산으로 내려갔을 때에
6:12 부지중에 내 마음이 나로 내 귀한 백성의 수레 가운데 이르게 하였구나

(필자역)

술람미 여인의 노래(독창)

내가 골짜기의 열매들을 보려고,
포도 넝쿨이 무성한지 석류나무가 싹이 났는지 보려고
호두나무 동산으로 내려갔도다
내가 부지중에 내 마음이 나를
'암미 나디브' **마차들 가운데에 이르게 하였구나**

아가서에서는 직접 언급하고 있지 않지만 아가서의 배경은 포도원이 있는 한적한 시골에서부터 시작하여 예루살렘을 거쳐 에덴동산을 넘나들고 있다. 실제로 아가서는 에덴동산 모티프를 이야기의 배경으로 삼고 있으며 모든 이야기는 이 에덴동산으로 거슬러 올라가고 있다.

솔로몬과 술람미 여인은 아담과 하와로부터 나오는 이미지를 가지고 있으며, 그들이 가정을 이루어 살고 있는 예루살렘은 에덴동산의 또 다른 모형이기도 하다. 이것은 아가서가 매우 목가적인 분위기를 가지고 있는 이유를 설명하고 있는데 술람미 여인의 포도원이나 솔로몬의 동산조차도 아가서의 목가적 분위기를 한층 고조시키는 데 일조를 하게 만든다. 나아가 아가서는 '포도원' 이나 '동산' 으로 상징되는 완숙한 술람미 여인의 여성상을 제공함으로써 그 아름다움뿐 아니라 '생명의 잉태와 탄생' 에 대한 기대감을 강력하게 활성화시키고 있다.

앞에서 "이는 내 뼈 중의 뼈요 살 중의 살이라"(창 2:23)는 말속에 담겨 있는 '여성' 의 경이로움에 대해 합창단의 노래로 설명한 것(6:10)처럼 이제 술람미 여인은 완숙한 여성으로서 생명의 잉태와 탄생을 예고하기 위해 그 자신이 직접 동산으로 입장하는 장면이 연출된다.

"골짜기의 푸른 초목을 보려고 포도나무가 순이 났는가 석류나무가 꽃이 피었는가 알려고 내가 호도 동산으로 내려갔을 때에 부지중에 내 마음이 나를 내 귀한 백성의 수레 가운데에 이르게 하였구나"(6:11-12). 언급한 것처럼 이 장면들이 실제로 현실 속에서 발생하였음을 의미하지는 않는다. 아가서가 시문학적 특성으로 짜여있다는 점을 감안할 때 이러한 술람미 여인의 이야기는 그녀 자신의 심적인 상태를 묘사하기 위한 것으로 이해되어야 한다.

이미 새 생명의 잉태와 탄생을 위한 위치에 서 있는 술람미 여인으로서는 '여자들 중의 여자' 라고 하는 최상의 여인상으로 변화되어 있다. 이러한 극적인 변화는 "예루살렘 딸들아 내가 노루와 들사슴을 두고 너희에게 부탁한다 내 사랑이 원하기 전에는 흔들지 말고 깨우지 말지니라"(2:7)와 병행하고 있는 "예루살렘 딸들아 내가 노루와 들사슴을 두고 너희에게 부탁한다 사랑하는 자가 원하기 전에는 흔들지 말고 깨우지 말지니라"(3:5)에서 의미하고 있는 바와 같이 준비가 될 때까지는 사랑의 열정을 일깨우지 않겠다는 술람미 여인의 바람처럼 마침내 솔로몬과의 사랑에 대한 열정이 실현되고 있음을 보여주고 있다.

본문에서 "골짜기의 초목을 보려고, 포도나무의 싹이 났나 보려고, 석류나무가 꽃이 피었나 보려고 호도 동산으로 내려갔을 때"라고 묘사되어 있지만 그 자체로서는 술람미 여인이 호도 동산에 왜 내려가야 했는지 분명하게 나타나지 않는다. 그러나 이 표현 속에는 술람미 여인이 무언가를 예감했거나 아니면 무언가를 기대하고 내려갔다는 뉘앙스가 주는 것처럼 술람미 여인은 자신이 이미 예감하거나 기대하는 무언가를 얻기 위해 동산으로 내려갔음을 암시한다.

그것이 무엇이었는가는 정확하게 밝히지는 않지만 지금까지 진행된 문맥의 흐름에 따른다면 사랑하는 대상에게 자기의 사랑을 주려고 하는 마음을 표현하기 위한 것임을 유추할 수 있다. 아마 5장에서 "내 누이, 내 신부야 내가 내 동산에 들어와서 나의 몰약과 향 재료를 거두고 나의 꿀송이와 꿀을 먹고 내 포도주와 내 우유를 마셨으니"(5:1a)라는 솔로몬의 노래에 대한 기대감의 연속일 것으로 여겨진다.

이런 점에서 술람미 여인은 이제 사랑하는 남자인 솔로몬에게 자기의 사랑을 주고 그의 사랑을 받고자 하는 사랑의 사귐, 즉 사랑 나눔을 기대하는 가운데 그 사랑을 실현할 수 있을 것이라는 예감을 표현하고 있는 것으로 보인다. 이에 대한 구체적인 내용에 대해서는 다음에 말하고 있는 "우리가 일찍이 일어나서 포도원으로 가서 포도 움이 돋았는지, 꽃술이 퍼졌는지, 석류꽃이 피었는지 보자 거기에서 내가 내 사랑을 네게 주리라"(7:12)에서 보다 분명하게 나타난다.

이러한 술람미 여인의 간절한 사랑의 열정은 "부지중에 내 마음이 나를 내 귀한 백성의 수레 가운데에 이르게 하였구나"(6:12)에서 그 정점을 찍는다. '부지중에'(לא ידעתי)라는 표현은 술람미 여인의 마음속에 담겨 있는 솔로몬과의 사랑 나눔에 대한 간절한 소망을 표현하기 위한 기법이다. 그녀는 무의식중에서라도 솔로몬과 사랑을 나누고자 하는 간절한 소망을 가지고 있다는 것이다.

술람미 여인은 자신의 이런 열정을 '내 마음이 나를 내 귀한 백성의 수레 가운데에 이르게 하였구나' 라고 표현한다. 그런데 이 구절의 해석은 참으로 난해해서 대부분의 주석가들조차 서로 일치하지 않을 정도로 의견이 분분하다. 본문의 수레(מרכבות)는 복수형으로 '마차들' 을 의미한다.

이것은 여러 말들이 끄는 많은 무리의 수레들, 즉 왕이나 고관들이 행차할 때 수행되는 여러 수레들처럼(삼상 8:11; 삼하 15:1) 술람미 여인의 행차를 위해 특별히 마련된 마차들로 보아야 한다. 이 마차들은 전쟁에서 사용하기 위한 수레, 즉 병거들이 아님이 분명하다. 반면에 이 마차들을 묘사하는 '내 귀한 백성' 으로 번역된 '암미 나디브' (עמי נדיב)를 어떻게 번역해야 할 것인가에 대한 논란은 지금도 계속되고 있다.

'암미 나디브' (히브리 원문에서는 띄어 쓰지 않는다)를 단순히 고유명사로 처리한다면 '내 영혼이 나를 암미 나디브의 마차들 가운데 이르렀다' 또는 '내 영혼이 나를 암미 나디브에 있는 마차들 가운데 이르게 하였다' 로 번역할 수 있다(KJV). 이때 '암미 나디브' 가 무엇을 의미하는지 확인할 길이 없다. 때문에 어떤 이들은 이 단어를 '아미나답' 으로 바꾸어 읽는다(한글 흠정역). 하지만 '아미나답' 이 성경 여러 곳에 등장하는 인물의 이름이라 할지라도 이 문맥과 어떤 연관성이 있는지 확인할 수 없고 무엇보다도 그 의미가 무엇인지 정확하게 전달되지도 않는다.

이보다는 좀 더 의미를 분명히 하기 위해 '암미 나디브' (עמי נדיב)를 '나디브 암미' (נדיב עמי)로 단어 순서를 바꾸어 해독함으로써 '존귀한 내 백성들' 또는 '내 백성은 귀족이다' 는 의미로 번역을 시도하기도 하였다. 또는 '암미 나디브' 를 '임미 나디브' 로 음역을 바꿈으로써 '왕자다운 사람이 나와 함께 있다' 는 식으로 번역하기도 한다(새번역, 공동번역, NIV). 그렇다 할지라도 이러한 해독 방식이 본문의 뜻을 충분히 전해주지 않는다는 문제가 남아 있다.

이에 대한 해결의 열쇠는 '암미 나디브' 를 솔로몬에 대한 별칭으로 보는 방법이다. 사실 솔로몬과 술람미 여인은 서로에 대해 별칭으로 자주 호칭해 왔다. 솔로몬은 술람미 여인을 '나의 사랑' (רעיתי)으로 불렀으며, 술람미 여인은 솔로몬을 '나의 사랑하는 이' 라는 특별한 호칭인 '또띠' (דודי)로 각각 부르고 있다. 그런데 히브리어에서 '또띠' (דודי)와 '암미' (עמי)는 모두 '나의 삼촌' 이라는 의미를 가지고 있지만 이 단어들은 특별히 사랑하는 남자를 부르는 애칭이기도 했다. 따라서 술람미 여인이 '또띠' (דודי)를 이곳에서 '암미' (עמי)로 바꾸어 부른다 해도 조금도 어색하지 않다. 이와 연관지어 다음에 솔로몬은 술람미 여인을 '바드 나디브' (בת נדיב ; 왕자의 딸 / 존귀한 자의 딸)라고 부름으로써(7:1) 술람미 여인이 자신을 '암미 나디브' (עמי נדיב)로 부른 것에 응답하고 있음을 볼 수 있다.

따라서 본문의 '암미 나디브' (עמי נדיב)는 '존귀한 나의 사랑' 또는 '왕 같은 나의 사랑' 또는 '나의 왕자님' 이라는 의미를 가진 애칭으로 볼 수 있으며 이 용어를 술람미 여인이 앉아 있는 이 마차들을 부르는 별명인 고유명사로 여긴다면 이 문제는 쉽게 해결된다. 즉 이 문장을 '나의 존귀한 사랑' 이라는 이름을 가진 마차들, 혹은 '내 사랑 왕자님' 이라는 이름을 가진 마차들로 보는 것이 자연스럽게 된다.

그렇다면 "부지중에 내 마음이 나를 내 귀한 백성의 수레 가운데에 이르게 하였구나" (6:12)라는 본문은 "부지중에 내 마음이 나를 '나의 사랑 왕자님' (또는 '존귀한 나의 사랑' 이라는 이름의) 마차들 가운데에 이르게 하였구나" (6:12)로 번역할 수 있으며 본 문장에 대한 보다 분명한 의미를 찾을 수 있게 한다. 특히 이러한 묘사는 이집트의 사랑 노래에도 자주 표현되는 내용으로 준마들이 끄는 마차에 왕과 왕이 제일 사랑하는 여자를 태우고 백성들 앞에서 행진함으로써 그 둘의 사랑을 공개하며 과시하는 장면과도 연관지을 수 있다는 점에서 자연스럽게 받아들이게 한다.

이 문장은 술람미 여인이 솔로몬에 대한 사랑의 열정으로 가득 차 있기 때문에 무의식중에서라도 그러한 사랑의 열정은 모든 사람들에게 자랑할 수 있을 뿐 아니라 그들로부터 부러움을 살 만큼 솔로몬에 대한 사랑의 열정을 소중히 여긴다는 것을 표현하고 있다.

무엇보다도 지금 그녀가 타고 있는 마차의 이름, 즉 '나의 사랑하는 이는 왕이다' 는 이름이 상징하고 있는 것처럼 솔로몬은 그녀에게 있어서 사랑의 원인이며 유일한 사랑의 대상이라는 점에서 여전히 술람미 여인의 사랑을 열정적으로 불태우게 하는 이가 솔로몬밖에 없음을 강조하고 있다.

이러한 표현은 앞서 합창단이 술람미 여인을 가리켜 이 세상에서 가장 존귀한 여인이라고 인증한 것(6:10)과 동일한 맥락을 이루면서 "이는 내 뼈 중의 뼈요 살 중의 살이라 이것을 남자에게서 취하였은즉 여자라 부르리라"(창 2:23)는 아담의 노래에 술람미 여인이 가장 잘 어울리고 있음을 보여주고 있다.

5. 예루살렘 여인들의 환호(6:13-14)

> 6:13 돌아오고 돌아오라 술람미 여자야 돌아오고 돌아오라 우리로 너를 보게 하라
> 6:14 너희가 어찌하여 마하나임의 춤추는 것을 보는 것처럼 술람미 여자를 보려느냐

(필자역)

여인들의 노래(합창)

슈-비, 슈-비 **술람미 여인아**
슈-비, 슈-비 **우리가 너를 좀 보자꾸나**

솔로몬의 노래(독창)

왜 너희는 마하나임의 춤을 보는 것처럼
술람미 여인을 보려하느냐?

솔로몬에 대한 사랑의 열정으로 가득함을 표현한 술람미 여인의 노래(6:11-12)에 대해 예루살렘 여인들의 합창이 이어진다. 한글 개역성경의 6장 13-14절은 영어 역본에서는 13절로 되어 있으며 히브리 성경에는 이 내용이 7장 1절로 되어 있다. 이 합창에서 예루살렘 여인들은 "돌아오고 돌아오라 술람미 여인아 돌아오고 돌아오라 우리로 너를 보게 하라"(6:13)며 술람미 여인이 노래한 사랑의 열정이 더욱 활활 타오르기를 환호하고 있다.

본문에서 '돌아오라' 고 번역된 히브리어 슈브(שׁוב)라는 단어는 자주 쓰이는 용어로 '계속하다' 는 뜻을 가지고 있다. 이 부분은 히브리어 음가로 볼 때 연속되는 '슈비, 슈비'(שׁובי שׁובי)가 두 번 연속해서 등장함으로써 박수갈채가 동반된 군중들의 환호하는 모습을 소리를 통해 묘사하고 있는 장면이다. 그들은 박수와 함께 '슈비, 슈비' 소리를 내면서 솔로몬에 대한 사랑의 열정으로 가득 담겨 있는 술람미 여인을 보기 위해 모여들고 있다.

아마도 그 모습은 술람미 여인을 가운데 두고 예루살렘 여인들이 두 줄로 원을 그리면서 술람미 여인을 향해 박수갈채와 함께 술람미 여인으로 하여금 계속해서 솔로몬에 대한 사랑의 열정을 독려하는 모습을 연상시킨다. 이것은 다음에 등장하는 "너희가 어찌하여 마하나임의 춤추는 것을 보는 것처럼 술람미 여자를 보려느냐"(6:14)고 말하는 솔로몬의 노래를 통해서도 얼마든지 유추가 가능하다.

이 장면에서 여인들은 사랑의 열정으로 가득한 술람미 여인의 아름다움을 계속 지켜보고 싶어 하며, 점점 그 열정이 훨훨 타오르기를 소망하고 있음을 보여주고 있다. 이러한 장면은 술람미 여인의 내면에 담겨 있는 사랑의 열정이 얼마나 활기차게 피어오르고 있는가를 강조함으로써 술람미 여인의 사랑이 일시적이지 않으며 내면 깊숙한 곳으로부터 피어오르고 있음을 강화시키고 있다.

여기에서 예루살렘 여인들이 '술람미 여자야'(השׁולמית, 하슐람미트)라고 부르는 호칭은 심미적인 언어유희가 담겨 있다. **슐람미트**(שׁולמית)라는 단어는 솔로몬을 지칭하는 **쉘로모**(שׁלמה)의 여성형으로 '솔로몬의 여자' 라는 의미를 가진다. 반면에 이 여성형에 정관사(ה)를 붙임으로써 고유명사로 부르고 있는데, 이러한 기법은 좀 전에 술람미 여인이 솔로몬을 '암미 나디브' (עמי נדיב)라 호칭하는 언어유희와 병행을 이룬다.

이 장면은 잠시 후 솔로몬이 술람미 여인을 '바드 나디브' (בת נדיב)라고 호칭하는 것(7:1)과 어울려 독자들에게 잔잔한 미소를 선물하고 있다. 이러한 아가서의 기법은 진지함 가운데서도 진부하지 않게 하는 문학적 요소에 충실한 것으로 아가서에 대한 흥미를 더욱 북돋아주고 있다.

이어 등장하는 "너희가 어찌하여 마하나임의 춤추는 것을 보는 것처럼 술람미 여인을 보려느냐"(6:14)고 말하는 화자는 분명치 않다. 여인들이 자문자답을 하기 위한 말일 수도 있으며 혹은 솔로몬이 하는 말일 수도 있다. 아마 솔로몬을 화자로 보는 것이 문맥의 흐름에 더 어울리는 것으로 보인다.

본문에서 '마하나임의 춤추는 것' 은 의미상으로 두 무리가 회전하면서 추는 즐거운 춤을 시사하는 것으로 보인다(출 15:20; 32:19; 삿 21:21; 삼상 29:5). 아마 이 춤은 아가서의 독자들에게도 매우 익숙하였을 것이다. 이 장면은 술람미 여인이 마치 양치는 목동이나 포도원지기가 입는 가벼운 옷을 입고 겉옷을 들어 올리며 예루살렘 여인들 앞에서 춤을 추면서 그들의 흥을 돋우고 있는 것으로 보일 수도 있지만 아가서의 흐름을 볼 때 실제로 그런

일이 있었다고 보기는 쉽지 않다.

오히려 전반적인 분위기를 감안할 때 이 말의 요지는 술람미 여인의 내면에서부터 타오르는 사랑의 열정이 마치 춤을 추듯 꿈틀거리며 용솟음치는 모습을 바라보고 있는 독자들이 "계속해! 계속해!" 라는 의미의 '슈비, 슈비' (שׁוּבִי שׁוּבִי)를 외치면서 필요 이상으로 반응을 하거나 그로 인해 술람미 여인의 내면에 담겨 있는 사랑의 열정을 놓칠 수 있기 때문에 이 고조된 분위기를 억제함으로써 이 장면을 숙연하게 만들기 위한 문학적 기법으로 보인다. 사랑의 열정은 내면으로부터 나오는 것으로 화려하고 사람들의 감성을 자극하는 마하나임의 춤과는 같지 않기 때문이다.

〈VII〉

아담의 노래에 대한 하와의 노래

- 아가서 7장

아가서 7장

7:1 귀한 자의 딸아 신을 신은 네 발이 어찌 그리 아름다운가 네 넓적다리
는 둥글어서 공교한 장색의 만든 구슬꿰미 같구나
7:2 배꼽은 섞은 포도주를 가득히 부은 둥근 잔 같고 허리는 백합화로 두
른 밀단 같구나
7:3 두 유방은 암사슴의 쌍태 새끼 같고
7:4 목은 상아 망대 같구나 눈은 헤스본 바드랍빔 문 곁의 못 같고 코는 다
메섹을 향한 레바논 망대 같구나
7:5 머리는 갈멜 산 같고 드리운 머리털은 자주 빛이 있으니 왕이 그 머리
카락에 매이었구나
7:6 사랑아 네가 어찌 그리 아름다운지, 어찌 그리 화창한지 쾌락하게 하
는구나
7:7 네 키는 종려나무 같고 네 유방은 그 열매 송이 같구나

7:8 내가 말하기를 종려나무에 올라가서 그 가지를 잡으리라 하였나니 네
유방은 포도송이 같고 네 콧김은 사과 냄새 같고
7:9 네 입은 좋은 포도주 같을 것이니라 이 포도주는 나의 사랑하는 이를
위하여 미끄럽게 흘러 내려서 자는 자의 입으로 움직이게 하느니라
7:10 나는 나의 사랑하는 이에게 속하였구나 그가 나를 사모하는구나
7:11 나의 사랑하는 이여 우리가 함께 들로 가서 동네에서 유숙하자
7:12 우리가 일찍이 일어나서 포도원으로 가서 포도 움이 돋았는지 꽃술
이 퍼졌는지 석류꽃이 피었는지 보자 거기서 내가 나의 사랑을 네게 주리라
7:13 합환채가 향기를 토하고 우리의 문 앞에는 각양 귀한 실과가 새 것,
묵은 것이 구비하였구나 내가 나의 사랑하는 이 너를 위하여 쌓아둔 것이로
구나

〈VII〉

아담의 노래에 대한 하와의 노래 - 아가서 7장

아가서는 솔로몬에 대한 술람미 여인의 열정적인 사랑이야말로 혼인의 정신에 입각하고 있으며 혼인제도가 가지고 있는 본의를 충분히 반영하고 있기에 ‘여자들 중의 여자’ 인 술람미 여인을 가리켜 “아침 빛 같이 뚜렷하고 달같이 아름답고 해같이 맑고 기치를 벌인 군대같이 엄위한 여자가 누구인가” (6:10)라며 최상의 찬사를 보내고 있다.

뿐만 아니라 아가서는 솔로몬과 술람미 여인이 서로를 가리켜 가장 존귀한 자로 부르고 있다는 사실을 강조함으로써 ‘이는 내 뼈 중의 뼈요 살 중의 살이라’ (창 2:23)고 노래한 아담의 감동이 그대로 이들에게서 발견되고 있음을 보여주고 있다. 이처럼 아가서는 솔로몬과 술람미 여인을 아담과 하와를 그 원형으로 삼고 있는 지상의 인물들로 제시하며, 이 두 인물들이 아담과 하와를 통해 에덴동산에서 보여주었던 혼인과 가정제도를 온전히 구현하고 있다는 사실을 온 인류에게 증거하고 있다. 이런 점에서 아가서는 오늘날 인류에게 혼인의 정형을 제시하고 있다고 보아야 한다.

특별히 6장에서 술람미 여인이 솔로몬을 ‘존귀한 나의 사랑’ 이라는 의미를 가진 ‘암미 나디브’ (עמי נדיב)로 부르고(6:12), 이에 병행하여 여인들이 술람미 여인을 솔로몬의 여자라는 의미의 슐람미트(שולמית)라고 부르는

(6:13) 장면은 이어 술람미 여인의 애칭으로 등장하는 '존귀한 자의 딸' 또는 '존귀한 여인' 이라는 의미를 가지는 '바드 나디브' (בת נדיב, 아 7:1)에 대한 기대감을 높이고 있다는 점에서 이 두 사람을 통해 묘사될 사랑의 순수한 열정을 예견하게 만들어 주고 있다. 이와 같은 흐름 속에서 7장은 다음과 같이 전개된다.

① 솔로몬의 사랑 노래(7:1-9) : 술람미 여인에 대한 솔로몬의 사랑을 극적으로 노래하며 신비한 부부간의 사랑을 보여준다.
② 술람미 여인의 사랑 답가(7:10-8:4) : 사랑의 고백과 함께 신비한 합일을 이룬 부부간의 사랑이 충만한 가운데 솔로몬의 사랑 노래에 대해 술람미 여인이 응답한다.

이로써 제4부가 끝나고 제5부가 이어지는데 술람미 여인과 솔로몬은 사랑의 언약을 재확인하는 가운데 상호간에 결합된 깊은 사랑을 노래하면서 아가서는 대단원의 막을 내리고 있다.

1. 술람미 여인에 대한 솔로몬의 사랑 노래(7:1-9)

1) 존귀한 여인 술람미 여인(7:1–5)

7:1 귀한 자의 딸아 신을 신은 네 발이 어찌 그리 아름다운가 네 넓적다리는 둥글어서 공교한 장색의 만든 구슬꿰미 같구나
7:2 배꼽은 섞은 포도주를 가득히 부은 둥근 잔 같고 허리는 백합화로 두른 밀단 같구나
7:3 두 유방은 암사슴의 쌍태 새끼 같고
7:4 목은 상아 망대 같구나 눈은 헤스본 바드랍빔 문 곁의 못 같고 코는 다메섹을 향한 레바논 망대 같구나
7:5 머리는 갈멜산 같고 드리운 머리털은 자주 빛이 있으니 왕이 그 머리

카락에 매이었구나

(필자역)

솔로몬의 사랑 노래 1(독창)

어찌 그리 아름다운지 신발 속의 네 발들이
존귀한 자의 딸아!
네 둥근 허벅지는 조각품 같으니
장인이 손으로 만든 작품 같구나
네 배꼽은 섞은 포도주를 가득히 부은 둥근 잔 같고
네 배는 백합화로 두른 밀단 같구나
네 두 가슴은 새끼 노루들 같으니 쌍둥이 암노루 같도다
네 목은 상아 망대 같고 네 눈은 헤스본 바드람빔 문 곁의 연못 같고
네 코는 다메섹을 향한 레바논 망대 같구나
네 머리는 갈멜산 같고
네 머리채는 자주 빛이 있으니 왕이 그 머리다발에 묶였구나

이름을 부른다는 것은 그것이 애칭이든 별칭이든 상대의 인격에 대한 인식과 깊은 관련이 있다. 솔로몬은 술람미 여인에 대해 다양한 이름을 부여하고 있는데 나의 누이, 나의 사랑, 나의 신부, 나의 비둘기(5:1,2)를 비롯해 나의 완전한 자(5:2; 6:9)라고도 하며 대부분은 나의 사랑(1:15; 4:1; 6:4)이라고 부르고 있다. 이러한 호칭들은 그만큼 술람미 여인이 솔로몬에게 중요한 존재임을 부각시키고 있다.

앞에서 술람미 여인은 솔로몬에게 '암미 나디브'(עמי נדיב)라는 각별한 호칭을 부여하고 있는데 이는 솔로몬이 술람미 여인을 존귀한 존재로 여기고 있다는 사실(6:5b-9)에 대한 응답이기도 하다. 뿐만 아니라 솔로몬과 술람미 여인은 이미 서로에게 속해 있다는 사실을 확인하였다는 점에서

(2:16; 6:3) 이처럼 서로를 존귀하게 여기는 것은 너무도 당연하고 자연스럽다. 이와 같은 맥락에서 솔로몬은 또 다시 술람미 여인의 인품을 찬미하고 있다.

"귀한 자의 딸아 신을 신은 네 발이 어찌 그리 아름다운가 네 넓적다리는 둥글어서 숙련공의 손이 만든 구슬꿰미 같구나 배꼽은 섞은 포도주를 가득히 부은 둥근 잔 같고 허리는 백합화로 두른 밀단 같구나 두 유방은 암사슴의 쌍태 새끼 같고 목은 상아 망대 같구나 눈은 헤스본 바드랍빔 문 곁에 있는 연못 같고 코는 다메섹을 향한 레바논 망대 같구나 머리는 갈멜산 같고 드리운 머리털은 자주 빛이 있으니 왕이 그 머리카락에 매이었구나" (7:1-5).

이 단락을 6장에 이어서 신부 술람미 여인이 춤추는 모습을 묘사한 것으로 보아야 할 것인가 하는 문제는 논란의 여지가 있다. 대다수 주석가들은 이 단락을 솔로몬 앞에서 춤추고 있는 술람미 여인에 대한 묘사라고 이야기하는데(이 묘사는 9절까지 이어진다고 말한다) 그것은 "너희가 어찌하여 마하나임에서 춤추는 것을 보는 것처럼 술람미 여인 여자를 보려느냐"(6:14)에서 솔로몬이 그동안 함께 술람미 여인과 있었던 예루살렘 여인들을 돌려보내고 솔로몬과 술람미 여인만 남아 있는 상태에서 술람미 여인이 솔로몬 앞에서 성애의 춤을 추었다고 추측하기 때문이다.

나아가 일부 주석가들은 이 장면은 술람미 여인이 솔로몬과 사랑을 나누기 위해 춤추는 모습을 묘사한 것으로 이 장면은 오로지 솔로몬만 볼 수 있는 것이라고 말하기도 한다. 특히 이후 전개되는 내용들이 최소한도 내에서 신체를 가리고 거의 온 몸을 드러낸 채 춤추는 술람미 여인의 모습을 표현하고 있다고 추정하고 이 단락은 부부 관계에 대한 구체적인 묘사인 것처럼 해설한다. 그들은 여기에 등장하는 여러 신체 부위들에 대한 묘사들을 성관계와 관련짓고 있는데 사실 그러한 해석은 그다지 설득력을 갖지 않으며 신뢰하기조차 쉽지 않다.

아가서는 그 어디에서도 에로틱한 성애에 대한 묘사를 통해 남녀간의 성관계 장면을 언급하지 않는다. 오히려 다양한 용어를 사용하는 은유를 통해 하나님의 형상으로 지음 받은 남녀간의 인격적인 사랑에 대해 그 모습이 어떤가를 다채롭게 표현하고 있다는 점에서 아가서는 에로틱한 성애와는 상관이 없다.

비록 아가서에 신체의 각 부위들과 그에 상응하는 단어들이 등장한다고 할지라도 그 단어들은 두 사람 사이에서 발전되고 승화되는 인격적인 사랑의 숭고함을 묘사하기 위함이라는 사실에 더 무게를 두어야 한다. 솔로몬과 술람미 여인 사이에 실제로 흥분이 넘치는 성적 교감이 있었다 할지라도 아가서의 시문학적 특성은 이러한 에로틱한 장면들을 얼마든지 순화시켜 묘사할 수 있다는 점을 감안해야 한다.

아가서의 기록 목적은 남녀간의 성행위를 구체적으로 묘사하여 독자들에게 성적 흥분을 유발하거나 혹은 성적 수치심을 심어주기 위함이 아니다. 오히려 아가서는 하나님의 형상으로 지음 받은 남녀의 인격적인 만남에 근거한 부부간의 사랑이 얼마나 숭고하며 아름다우며 순수한가를 보여주기 위해 기록되었다.

그러므로 이 단락에 등장하는 발, 넓적다리, 배꼽, 유방, 목, 눈, 머리, 머리털에 대한 상세한 묘사들은 여성의 신체 부위를 성적인 특성에 대한 표현으로 언급하지 않는다. 오히려 이러한 방법은 술람미 여인의 고매하고 고상한 인격과 품성을 신체적인 언어를 통하여 표현하고 있는 것으로 보아야 한다.

아무리 술람미 여인의 신체적 특성이 여느 여인들과 비교해 볼 때 뛰어나다 할지라도 어느 한 면에서는 결함이 발견될 수 있기 마련이다. 이 세상에서는 그 아무리 미모가 출중한 여인이라 할지라도 결코 모든 면에서 완벽할 수 없기 때문이다. 특히 상대적으로 매우 미모가 빼어난 여인과 비교한다면 그 어떤 아름다운 여인이라 할지라도 어느 한 면에서는 결함이 발견될 수밖에 없다.

때문에 아가서가 이처럼 상식이나 보편성의 지지를 받을 수 없는 무리한 방법으로 술람미 여인의 모든 신체 부위들을 다른 여인들에 비해 유독 뛰어나게 아름답다고 묘사할 이유가 없다. 만일 그랬다 한다면 그 사실성에 대해 독자들의 의구심만 증폭시킬 뿐 아니라 지금까지 전개해 왔던 이야기들의 신빙성조차도 의심의 여지를 남기게 되는 치명적인 이유가 될 것이다.

또한 아가서가 무리를 하면서까지 술람미 여인의 신체 부위들을 아름답게 치장할 이유도 딱히 없다는 점에서 이 단락의 묘사들이 각 신체의 특성을 통해 술람미 여인의 성적인 아름다움을 묘사하기보다는 술람미 여인의 인격과 품성에 대한 묘사로 보아야 한다.

특히 술람미 여인을 묘사함에 있어서 아무리 아름다운 동식물이나 웅장한 사물들로 표현한다 할지라도 이미 그 자체가 비인격적이라는 사실만으로도 인격체에 대한 표현의 한계가 드러나기 마련이다. 때문에 아가서는 보다 더 술람미 여인의 인격과 품성을 묘사하기 위해 부득이 인체의 특성을 살릴 수 있는 동식물이나 사물들을 통해 그 특징을 표현하는 방법을 택하고 있을 뿐이다.

이것은 어떤 여인의 고매한 인격을 찬미할 때 그녀의 이목구비 중 하나를 매우 아름다운 것으로 묘사함으로써 그 효력을 훨씬 잘 드러내게 하는 아주 보편적인 문학적 기법 중 하나이다. 이러한 아가서의 문학적 특징은 본 단락에서 사용된 용어들이 신체의 은밀한 부분들에 대한 구체적인 유비로 사용되지 않는다는 점에서도 확인된다.

따라서 본 단락은 여러 가지 신체 부위에 대한 비유를 사용하되 그것은 어디까지나 술람미 여인의 내면으로부터 발산되고 있는 인격의 고귀함과 고상함에 대한 다양한 모습들을 다채롭고 풍부한 방식으로 묘사하는 것으로 보아야 한다.

이에 대한 보다 확실한 증거는 솔로몬이 술람미 여인을 '바드 나디브'(בת נדיב)라고 호칭하면서 이 단락이 시작되고 있다는 사실이다. 앞서 예루살렘 여인들은 술람미 여인을 가리켜 "여자들 중 극히 어여쁜 자"(1:8; 5:9; 6:1)로 부르고 있는 것처럼, 사실 이러한 표현은 객관적으로 그녀의 인품이 인증되었음을 제시하는데 이와 더불어 솔로몬 역시 '여자들 중의 여자' 인 술람미 여인의 인품에 대해 최상의 찬사를 통해 묘사하기 위함이다.

특히 이 단락을 시작하면서 술람미 여인을 '바드 나디브'(בת נדיב - '존귀한 자의 딸')로 부른 것은 술람미 여인이 솔로몬을 '암미 나디브'(עמי נדיב - '존귀한 나의 사랑')로 호칭한 것(6:12)에 대한 응답이기도 하다. 아가서는 이 두 단어 사이에 '슐람미트'(שולמית - '솔로몬의 여자')라는 호칭을 술람미 여인에게 부여함으로써(6:13) 이 두 사람의 관계가 부부의 전형을 이루고 있음을 암시하고 있다.

만일 이 단락이 성적인 행위를 연상시키기 위한 것이라 한다면 '신을 신은 네 발이 어찌 그리 아름다운가'(7:1)라는 묘사는 전혀 어울리지 않는다. 성적인 묘사를 목적으로 한다면 신발을 신지 않은 발이 더 어울리기 때문이다. 오히려 신발을 신었다는 것은 그녀가 높은 신분의 사람처럼 기품을 가진 여인이라는 사실을 강조하고 있다.

실제로 신발은 사치품들 중의 하나였다(겔 16:10). 반면에 맨발인 사람은 슬픔에 잠기었거나 가난한 사람이거나 포로가 된 자들이었다는 점에서 더욱 극명하게 대조된다. 이 사실은 그녀가 귀족적인 품위를 가지고 있음을 암시하는데 본문에 사용된 '발'(פעם)은 복수형으로 이 단어는 대개의 경우 신체의 한 부분인 발을 가리키기보다는 발로 하는 행동들을 가리킨다는 점에서 이 표현은 '품격 있게 움직이는 발걸음들' 로 번역하는 것이 훨씬 타당하다. 이러한 정황들은 본 단락이 매우 높은 품위와 인격을 가지고 있는 술람미 여인을 묘사하고 있다는 사실을 단정적으로 보여준다.

이 단락은 "내 사랑 너는 어여쁘고도 어여쁘다 너울 속에 있는 네 눈이 비둘기 같고 네 머리털은 길르앗산 기슭에 누운 염소 떼 같구나 네 이는 목욕장에서 나오는 털 깎인 암양 곧 새끼 없는 것은 하나도 없이 각각 쌍태를 낳은 양 같구나 네 입술은 홍색 실같고 네 입은 어여쁘고 너울 속의 네 뺨은 석류 한 쪽 같구나 네 목은 무기를 두려고 건축한 다윗의 망대 곧 방패 천 개, 용사의 모든 방패가 달린 망대 같고 네 두 유방은 백합화 가운데서 꼴을 먹는 쌍태 어린 사슴 같구나"(4:1-4)와 깊은 관련이 있다.

나아가 "네 머리털은 길르앗산 기슭에 누운 염소 떼 같고 네 이는 목욕장에서 나온 암양 떼 곧 새끼 없는 것은 하나도 없이 각각 쌍태를 낳은 양 같고 너울 속의 너의 뺨은 석류 한 쪽 같구나 왕후가 육십이요 비빈이 팔십이요 시녀가 무수하되 나의 비둘기, 나의 완전한 자는 하나뿐이로구나 그는 그 어미의 외딸이요 그 낳은 자의 귀중히 여기는 자로구나 여자들이 그를 보고 복된 자라 하고 왕후와 비빈들도 그를 칭찬하는구나"(6:5b-9)의 문맥과 연속성을 가지고 있다.

이 두 와스프가 술람미 여인의 기품 있는 인격에 대한 솔로몬의 노래인 것처럼 본 단락 역시 발끝에서 머리끝까지 언급하면서 총체적인 술람미 여인의 고상한 인품을 노래하는 와스프임이 분명하다. 이러한 솔로몬의 노래는 앞서 술람미 여인이 솔로몬에 대한 극찬의 노래로 자신의 사랑이 품고 있는 열정을 노래한 것에 대한 응답이며, '여자들 중의 여자' 이자 '내 뼈 중의 뼈이며 살 중의 살' 이라고 유일하게 고백할 수 있는 아내인 술람미 여인을 위해 솔로몬이 해줄 수 있는 최상의 사랑 노래가 아닐 수 없다. 이러한 맥락에서 솔로몬은 먼저 술람미 여인의 외형적인 아름다움을 통해 그녀의 내적인 사랑의 열정을 묘사하고 있는 것이다.

와스프에 등장하는 묘사에 있어서 주의해야 할 것이 있는데 그것은 아가서가 거듭 동일하거나 엇비슷한 용어들을 사용하고 있다는 점이다. 이것은 아가서의 용어들이 아무렇게나 선택된 것이 아니며 일정한 정형의 원칙(formula)을 가지고 있어서 매우 주도면밀하게 취사선택되었다는 사실을 가늠하게 한다. 이것은 독자들이 각 용어들이 상징하는 의미들을 자의적으로 해석하는 잘못에 빠지지 않도록 강화시켜주고 있다. 따라서 해석자들마다 각 용어들이 상징하는 의미들에 대해 아가서가 보여주는 정형의 원칙에서 벗어나거나 독자적으로 자의적인 해석을 적용하지 않아야 한다.

이런 이유에서 본 단락에 등장하는 각각의 신체 부위들이 상징하는 바를 일일이 해석하기보다는 이미 앞서 등장한 솔로몬의 와스프들에서 사용된 용어들이 상징하는 의미들을 먼저 충분히 인지하고 본 와스프에서 솔로몬이 말하고자 하는 의도를 보다 분명하게 이해할 필요가 있다.

초두에 밝힌 것처럼 이 단락의 와스프는 솔로몬이 술람미 여인을 '존귀한 자의 딸' 이라고 부른 '바드 나디브' (בת נדיב)에 대한 다양하고 다채로운 표현들을 앞선 와스프의 단어들을 사용하여 묘사하고 있다는 점을 놓쳐서는 안 된다. 따라서 2-5절까지의 내용들은 한결같이 '바드 나디브' (בת נדיב)에 대한 묘사의 범위에서 벗어나지 않아야 하며 앞서 등장한 와스프들의 용어들이 상징하는 바를 충분히 반영하고 있어야 한다.

2) 사랑의 화신 술람미 여인(7:6–9)

> 7:6 사랑아 네가 어찌 그리 아름다운지, 어찌 그리 화창한지 쾌락하게 하는구나
> 7:7 네 키는 종려나무 같고 네 유방은 그 열매 송이 같구나
> 7:8 내가 말하기를 종려나무에 올라가서 그 가지를 잡으리라 하였나니 네 유방은 포도송이 같고 네 콧김은 사과 냄새 같고
> 7:9 네 입은 좋은 포도주 같을 것이니라 이 포도주는 나의 사랑하는 이를 위하여 미끄럽게 흘러 내려서 자는 자의 입으로 움직이게 하느니라

(필자역)

솔로몬의 사랑 노래 2(독창)

너는 어찌 그리 아름답고 어찌 그리 사랑스러운가,
참으로 귀여운 여인아!
네 키는 종려나무와 같고 네 가슴은 그 열매 같구나
내가 말하기를 "내가 종려나무에 올라가 그 가지들을 잡으리라"
하였도다
이제 네 가슴은 포도나무 송이들과 같고
네 코의 향기는 사과와 같구나
네 혀는 가장 좋은 포도주와 같아서
달콤하게 내려가 잠든 자의 입술로 말하게 하는구나

앞 단락에서 술람미 여인을 존귀한 아내로 묘사한 솔로몬은 이어서 "사랑아 네가 어찌 그리 아름다운지, 어찌 그리 화창한지 즐겁게 하는구나"(7:6)라고 노래하고 있다. 그런데 이 문장만으로는 도무지 어떤 의미를 함의하고 있는지 파악하기가 쉽지 않다. 따라서 이미 등장했던 솔로몬의 와스프들의 도움을 받아야 한다.

이미 살펴본 것처럼 앞 단락은 '존귀한 자의 딸' 로 번역된 '나의 존귀한 여인' 이라는 의미의 '바드 나디브' (בת נדיב)에 대한 다양한 묘사이다. 그리고 이 두 번째 단락 역시 '사랑아' 라고 번역된 '사랑 그 자체인 여인' 이라는 의미의 '아하바' (אהבה)에 대한 묘사가 진행된다. 여기에서 '아하바' 는 지금까지 솔로몬이 술람미 여인을 지칭했던 모든 호칭들의 총체적인 의미를 함의하고 있다는 점에서 각별한 관심을 가지게 한다.

이전에 솔로몬은 흠조차 찾을 수 없는 아름다운 여인으로 술람미 여인을 노래했다(4:1-5, 7-15). 그리고 모든 여인들보다 귀한 여인으로 노래했다(6:4-9). 이러한 맥락에 따라 앞 단락에서는 '나의 존귀한 여인' 이라는 의미의 '바드 나디브' (בת נדיב)라 부르고 술람미 여인이 왜 자신에게 존귀한 여인인가에 대해 다양하게 신체 부위들을 묘사함으로써 설명하였다. 본 단락에서도 그와 동일한 방식으로 술람미 여인을 '아하바'(אהבה)라고 부르고 있는데 그 '아하바'의 특성에 대해 다채롭게 묘사하고 있는 것이다.

그런데 이 '아하바'는 뒤따라 나오는 '즐거움, 기쁨'의 의미를 가지고 있는 '타아누김'(תענוגים)의 수식을 받고 있는 추상명사인데 이 두 단어가 '사랑이 주는 즐거움' 또는 '기쁨의 원천인 사랑'으로 술람미 여인을 상징하기 위해 의인화되어 있다. 이것은 솔로몬에게 '유일한 기쁨과 즐거움을 가져다주는 사랑'이라고 하는 아내가 바로 술람미 여인이라는 사실을 강화시키기 위함이다.

다시 말해서 술람미 여인이야말로 솔로몬에게 있어서 기쁨의 원천이 된다는 의미이며, 술람미 여인을 떠나서는 그 어떤 곳에서나 그 누구에게서라도 기쁨과 즐거움을 찾을 수 없다는 의미를 강조하고 있다. 여기에서 술람미 여인은 '기쁨과 즐거움을 가진 사랑'이라는 이름, 즉 '아하바'(אהבה)로 불리고 있다.

따라서 "사랑아 네가 어찌 그리 아름다운지, 어찌 그리 화창한지 즐겁게 하는구나"라는 본문은 히브리 성경의 어순에 따라 "어찌 그리 어여쁜지! 어찌 그리 아름다운지! 나의 기쁨의 사랑아"라고 번역할 수 있다. 이때 '나의 기쁨의 사랑'은 술람미 여인을 호칭하는 고유명사처럼 사용된다. 이에 비해 영어 역본들이나 한글 역본들은 상당히 이 단어를 의역함으로써 본의에 충실하지 못하는 아쉬움을 남기고 있다.

이처럼 술람미 여인을 가리켜 '나의 기쁨의 사랑'이라는 이름으로 부른 후 이어서 솔로몬은 왜 술람미 여인이 자신에게 기쁨의 원천이 되는가를 다양한 용어들을 사용하여 증거하고 있다. 다시 말하면 술람미 여인의 어떤 모습이 솔로몬에게는 세상 어디에서도 찾아볼 수 없는 기쁨이 되는가에 대한 내용을 7-9절에서 노래하고 있는데, 그것은 곧 '아하바'(אהבה)에 대한 묘사이다.

이 노래에서 솔로몬은 "네 키는 종려나무 같고 네 유방은 그 열매송이 같구나 내가 말하기를 종려나무에 올라가서 그 가지를 잡으리라 하였나니 네 유방은 포도송이 같고 네 콧김은 사과 냄새 같고 네 입은 좋은 포도주 같을 것이니라 이 포도주는 내 사랑하는 자를 위하여 미끄럽게 흘러내려서 자는 자의 입을 움직이게 하느니라"(7:7-9)고 하면서 술람미 여인이 자신에게 유일한 기쁨을 주는 '나의 기쁨의 사랑' 이라는 이름에 합당하다고 독자들에게 선언하고 있다. 즉 솔로몬에게 있어 술람미 여인은 '아하바'(אהבה), 즉 '나의 기쁨의 사랑' 이라는 이름으로 불림에 있어 조금도 부족함이 없음을 말한다.

이 두 번째 단락 역시 첫 번째 단락과 같이 성적인 결합을 묘사하거나 혹은 여성의 신체 부위들을 아름답게 묘사하거나 성애의 대상으로 삼기 위한 노래라고 할 수 없다. 따라서 본문에 등장하는 키, 유방, 콧김, 입(입술) 등을 여성의 은밀한 부위와 연관지어 상상하든지, 혹은 성애의 대상이 되는 것으로 유추해서도 안 된다. 솔로몬이 자신에게 유일한 즐거움을 주는 아내를 '나의 기쁨의 사랑' 이라고 부르면서 왜 그 아내가 어여쁘고 아름다운지를 7-9절에서 표현하고 있을 뿐이다.

때문에 이 단락에서는 성애를 추구하거나 심지어 성을 제의적 사건으로 다루지도 않으며 술람미 여인을 신격화시키는 경우도 없다. 아울러 유방으로 뒤덮인 에베소의 아데미 여신처럼 형상화시키지도 않으며, 다산을 유추하거나 성적인 쾌락이나 남자의 정열적인 사랑의 대상으로 상상할 그 어떤 것도 발견할 수 없다. 그러므로 본 단락에서는 술람미 여인의 성품과 인격 그 자체가 솔로몬에게 기쁨의 원천이라는 내용 외에 그 어떤 성적 행위와 관련된 것도 유추하거나 유비해서 해석되어는 안 될 것이다.

이러한 솔로몬의 의도는 술람미 여인만이 "이는 내 뼈 중의 뼈요 살 중의 살이라 이것을 남자에게서 취하였은즉 여자라 칭하리라"(창 2:23)고 할 수 있는 유일한 대상이며 그녀로부터만 기쁨을 찾을 수 있음을 강조하기 위함이다. 이 사실은 다음에 등장하는 술람미 여인의 노래인 "나는 내 사랑하는 자에게 속하였도다 그가 나를 사모하는구나"(7:10)에서도 확인된다. 여기에서 술람미 여인은 솔로몬의 사랑 노래가 바로 자기 자신을 사모하고 있음을 표현한 것이며, 이로 인해 술람미 여인 자신 또한 솔로몬에게 속해 있음을 확인해주고 있다.

2. 술람미 여인의 사랑 답가(7:10-13)

7:10 나는 나의 사랑하는 이에게 속하였구나 그가 나를 사모하는구나
7:11 나의 사랑하는 이여 우리가 함께 들로 가서 동네에서 유숙하자
7:12 우리가 일찍이 일어나서 포도원으로 가서 포도 움이 돋았는지 꽃술이 퍼졌는지 석류꽃이 피었는지 보자 거기서 내가 나의 사랑을 네게 주리라
7:13 합환채가 향기를 토하고 우리의 문 앞에는 각양 귀한 실과가 새 것, 묵은 것이 구비하였구나 내가 나의 사랑하는 이 너를 위하여 쌓아둔 것이로구나

(필자역)

술람미 여인의 사랑 노래 1(독창)

나는 나의 사랑하는 이의 것이며 그의 사모함은 나를 향해 있도다
오소서, 나의 사랑하는 이여,
우리 들로 나가서 고벨화 숲에서 밤을 지내요
우리 일찍 일어나 포도원으로 가서 포도 움이 돋았는지, 꽃술이 퍼졌는지,
석류나무들이 꽃을 피웠는지 보아요
거기에서 내가 내 사랑을 당신에게 주리이다

술람미 여인의 "나는 내 사랑하는 자에게 속하였도다 그가 나를 사모하는구나"(7:10)라는 노래는 이미 독자들에게 익숙한 표현이다. 이와 비슷한 표현이 앞서 "나는 나의 사랑하는 이에게 속하였고 사랑하는 자는 내게 속하였다"(6:3)에서 이미 등장하였으며, 좀 더 멀리는 "사랑하는 자는 내게 속하였고 나는 사랑하는 자에게 속하였다"(2:16)에서도 등장한 바 있다. 단지 '나'와 '너'(사랑하는 자)라는 자리가 바뀌어 등장하고 있을 뿐이며, 그 표현이 의미하는 바는 동일한 의미를 가진다.

이 표현은 창세기에서 아담이 하와를 향하여 불렀던 노래의 의미를 그대로 반영하고 있는데 아담은 하와를 향하여 "이는 내 뼈 중의 뼈요 살 중의 살이라 이것을 남자에게서 취하였은즉 여자라 칭하리라"(창 2:23)고 노래한 내용과 상응한다. 이와 동일한 의미에서 술람미 여인은 이제 솔로몬을 향하여 "나는 내 사랑하는 자에게 속하였도다 그가 나를 사모하는구나"라고 응답하고 있다. 이런 점에서 이 술람미 여인의 노래는 사실상 하와의 노래를 대신하고 있음을 암시하고 있다.

특히 본문의 '그가 나를 사모하는구나'에서 '사모하다'(תשוקה)는 단어는 성경에 3번 등장하는데 창세기 4장 7절에서는 죄가 가인을 먹이로 삼으려고 매복하여 웅크리고 있는 맹수를 상징하는 은유로 사용되며, 창세기 3장 16절에서는 에덴동산에서 인류가 범죄한 이후 하나님께서 하와에게 하신 말씀으로 여자가 남자를 사모하지만 그것은 건강치 못하고 의존적이거나 지배적인 욕구가 될 것이며, 남자 역시 복된 형태가 아니라 냉엄한 억압자로서 여자를 다스리게 될 것이라는 부정적인 의미로 사용되었다. 여기에서 '사모함'과 '다스림'은 범죄이후 혼인의 이상이 깨어지고 치명상을 입은 것을 암시하는 용어로 사용된다.

반면에 아가서에서는 매우 이상적으로 이 단어가 사용된다는 점에서 구별된다. 술람미 여인은 솔로몬에게 속해 있고 솔로몬의 사모함(תשוקה)이 술람미 여인을 위한 것으로 그 내용이 바뀌고 있다. 이러한 술람미 여인의 표현은 범죄로 인해 저주의 파괴적인 결과들이 발생했지만 혼인을 통해 그 효과를 뒤엎는 결과를 가져왔다는 새로운 사실을 암시하고 있다. 이 사실은 하나님의 계획 속에서 범죄가 인간관계 안으로 이끌어들인 파멸로부터 혼인을 통해 인류에게 주어진 하나님의 은혜가 회복되는 수단들 중의 하나로 승화되고 있음을 보여준다. 혼인 안에서 이루어지는 사랑으로 말미암아 이처럼 하나님의 은혜가 주어지게 된다는 것은 어느 면에서 에덴동산의 회복에 대한 소망을 일깨워주고 있다.

이처럼 "나는 나의 사랑하는 이에게 속하였고 그 남자의 사모함은 나를 위하여 있도다"(7:10)라고 하면서 솔로몬의 사랑 노래에 응답한 술람미 여인은 그 응답이 헛되지 않고 그 둘 사이에 참으로 그렇게 사랑이 실현되었다는 사실을 증거하기 위해 "내 사랑하는 자야 우리가 함께 들로 가서 동네에서 유숙하자"(7:11)고 하며 즉각적인 반응으로 솔로몬에게 보답하고 있다. 이 보답은 술람미 여인에 대한 숭고한 사랑을 고백하면서 청혼했던 솔로몬의 구애(2:10-14)를 기억나게 한다. 그런데 이처럼 실감나는 술람미 여인의 노래가 어떤 의미를 가지고 있는지, 어떤 것을 상징하기 위한 것인지 쉽게 와닿지 않는 아쉬움이 있다. 그 이유는 본문에서 갑자기 등장하는 '동네' 라고 번역된 단어 때문이다.

이 '동네' 라고 번역된 단어인 '케파림' (כפרים)을 대부분 역본에서 성벽이 없는 '마을, 동네' (삼상 6:18; 대상 27:25; 느 6:2)를 지칭하는 말로 번역하고 있는데 아가서에서 자주 사용되고 있는 이 단어는 고벨화를 지시하고 있다(1:14; 4:13).

특별히 고벨화는 술람미 여인에 대한 솔로몬의 사랑이 마치 술람미 여인의 아름다움을 장식하는 상징으로 묘사되며(1:14), 술람미 여인이 솔로몬에게 주는 다양한 기쁨을 상징하는 것으로 묘사된다는 점에서(4:13) 본문은 야생의 고벨화들이 만발한 곳, 즉 사랑의 향기가 온통 자기들을 감싸고 있는 모습을 상징하는 것으로 보는 것이 자연스럽다.

이때 '들로 나간다' 는 표현은 "나의 사랑하는 이가 내게 말하여 이르기를 나의 사랑, 내 어여쁜 자야 일어나서 함께 가자 겨울도 지나고 비도 그쳤고 지면에는 꽃이 피고 새가 노래할 때가 이르렀는데 비둘기의 소리가 우리 땅에 들리는구나 무화과나무에는 푸른 열매가 익었고 포도나무는 꽃을 피워 향기를 토하는구나 나의 사랑, 나의 어여쁜 자야 일어나서 함께 가자" (2:10-13)에서 솔로몬이 술람미 여인에게 청혼하기 위해 노래했던 것처럼 일정한 어떤 장소를 가리키는 단어가 아니라 그들이 지향하는 하나의 사랑의 교차점을 상징하는 것으로 볼 수 있다. 많은 주석가들이 이 노래를 해설하면서 마치 솔로몬을 맞이할 준비가 되어 있는 술람미 여인이 부부관계를 하기 위해 들로 나가자고 솔로몬을 종용하는 것으로 말하는데, 문맥의 흐름으로 볼 때 전혀 어울리지 않는 해석이다.

따라서 이 노래는 술람미 여인과 솔로몬 사이에 맺어진 사랑의 교차점을 제시해줌으로써 서로 사랑의 동질성을 확인하게 하는 결과로 이어지면서 마침내 공동의 목적을 향해 함께 출발하자는 원동력으로 작용하고 있다고 보아야 한다. 이 사실을 분명히 밝히기 위해 술람미 여인은 "우리가 일찍이 일어나서 포도원으로 가서 포도 움이 돋았는지, 꽃술이 퍼졌는지, 석류꽃이 피었는지 보자 거기에서 내가 내 사랑을 네게 주리라" (7:12)고 솔로몬에게 말하고 있다.

이 술람미 여인의 요청은 당연히 "무화과나무에는 푸른 열매가 익었고 포도나무는 꽃을 피워 향기를 토하는구나 나의 사랑, 나의 어여쁜 자야 일어나서 함께 가자" (2:1)라고 하며 솔로몬이 술람미 여인에게 청혼했던 내용에 대해 이제 함께 그 사실을 확인하러 가자는 권유이기도 하다.

그리고 그 두 사람이 포도원에서 탐구하고자 하는 것은 다름 아닌 술람미 여인과 솔로몬이 서로 확인하고 있는 동질의 '사랑' 에 대한 것이다. '거기에서 내가 내 사랑을 네게 주리라' 는 술람미 여인의 말처럼 이 탐구의 권유는 사실상 자신의 사랑을 솔로몬에게 주기 위해 함께 사랑을 찾아

나서자는 의미였던 것이다.

여기에서 술람미 여인은 계속해서 '우리' 라는 인칭을 사용함으로써 그 두 사람 안에 동질의 사랑이 충만하게 형성되어 있음을 암시하고 있다. 그리고 술람미 여인이 솔로몬에게 주겠다는 '그 사랑' 에 대해 묘사하기를 "합환채가 향기를 뿜어내고 우리의 문 앞에는 여러 가지 귀한 열매가 새것, 묵은 것으로 마련되었구나 내가 내 사랑하는 자 너를 위하여 쌓아둔 것이로다" (7:13)라고 말한다.

'합환채' 가 어떤 효능이 있는지 분명치 않지만(창 30:1-16 참고) 본문에서는 합환채의 향기만을 언급하고 있는데, 이는 합환채의 향기가 최음제 내지는 다산을 촉진하는 기능을 가지고 있다고 회자된다 할지라도 여기에서는 그 기능을 함축하거나 강조하기 위함이라고 단정할 수 없다. 즉 합환채가 성욕을 부추기거나 임신을 가능하게 하는 효력이 있다고 하는 풍문 때문에 합환채를 등장시키는 것이 아니다.

오히려 본문의 흐름을 따라서 '내가 내 사랑을 네게 주리라' (7:13)고 언급했던 바로 그 '사랑' 을 가리켜 '너를 위하여 쌓아 둔 것' 이라 설명하고 있는 것처럼 그 '사랑' 의 성격을 보다 아름답게 묘사하기 위해 '합환채의 향기' 를 등장시키고 있는 것이다. 그리고 그 '사랑' 을 마치 여러 가지 귀한 열매들, 즉 온갖 종류의 열매들로 상징화시키는 것으로 보는 것이 자연스럽다.

따라서 본문은 술람미 여인이 솔로몬에게 주고자 하는 것은 온갖 비싼 보화들을 아무렇게나 내어놓지 않고 감추어두는 것처럼 깊이 숨겨두었던 '사랑' 으로 솔로몬이 찾고자 했던 바로 그 동질의 사랑을 솔로몬에게 주겠다는 의지의 표현이다. 동시에 그 '사랑' 은 '우리' 가 함께 찾아 나섬으로써 얻을 수 있는 그 대상임을 강조하고 있다.

그런데 그들이 찾을 수 있는 그 사랑은 마치 합환채 향기를 내는 것처럼 향기로운 것으로 온갖 귀한 열매들처럼 언제든지 손만 뻗기만 하면 얻을 수 있다는 점에서 이 모티프는 온갖 과일들이 풍성하게 열린 에덴동산에서 아담과 하와가 마음껏 과일들을 취하는 장면을 연출하고 있다. 사실 이 세상에서는 에덴동산처럼 언제든지 귀한 과일을 얻을 수 있는 곳은 없다. 반면에 술람미 여인과 솔로몬이 이룬 가정이라고 하는 동산에서는 진한 합환채 향기를 담은 사랑이라는 진귀한 과일들을 언제든지 얻을 수 있다는 사실을 강화시키고 있다.

특히 본문에서 '우리의 문 앞에는' 이라는 표현이 등장하는데 이는 정한 때가 되면 열어 놓는 동산의 문에 그들이 이르렀음을 암시하고 있다. 이것은 여자가 남자의 아내가 되기 위해서는 여자 자신이 자기의 닫힌 동산의 문을 열어주어야 한다는 의미에서 술람미 여인이 말한 "북풍아 일어나라 남풍아 오라 나의 동산에 불어서 향기를 날리라 나의 사랑하는 이가 그 동산에 들어가서 그 아름다운 열매 먹기를 원하노라"(4:16)고 했던 암시가 이곳에서 성취되고 있음을 보여준다.

이로써 솔로몬이 그 동산에 들어가서 '사랑' 이라는 이름의 그 아름다운 열매를 먹고자 했던 소원은 마침내 술람미 여인을 통해 이루어지고 있음을 알 수 있다. 그리고 이 '사랑' 은 솔로몬이 술람미 여인을 호칭했던 '나의 기쁨의 사랑' 이라는 의미의 '아하바'(אהבה)라는 이름을 가진 사랑으로(7:6), 처음에 아담이 에덴동산에서 하와를 통해 언제든지 풍성하게 얻을 수 있었던 바로 그 과일인 것이다.

이러한 모티프는 과거에 에덴동산에서 아담으로 하여금 죄를 범하도록 만들었던 과일을 하와가 주었던 장면을 되돌아보게 한다. 당시에는 하와로 말미암아 아담으로 하여금 죄를 범하게 만들었지만 이제는 동질의 사랑으로 맺어진 혼인의 신비함 안에서 술람미 여인이 주는 사랑이라는 과일은 솔로몬을 기쁘게 하는 '아하바'(אהבה), 즉 '나의 기쁨의 사랑' 이라는 이름의 바로 그 과일인 것이다.

〈Ⅷ〉

위대한 사랑의 언약

- 아가서 8장 ①

아가서 8장 ①

8:1 네가 내 어미의 젖을 먹은 오라비 같았었더면 내가 밖에서 너를 만날
때에 입을 맞추어도 나를 업신여길 자가 없었을 것이라
8:2 내가 너를 이끌어 내 어미 집에 들이고 네게서 교훈을 받았으리라 나
는 향기로운 술 곧 석류즙(石榴汁)으로 네게 마시웠겠고
8:3 너는 왼손으로 내 머리에 베게하고 오른손으론 나를 안았었으리라
8:4 예루살렘 여자들아 내가 너희에게 부탁한다 나의 사랑하는 이가 원하
기 전에는 흔들지 말며 깨우지 말지니라
8:5 그 사랑하는 자를 의지하고 거친 들에서 올라오는 여자가 누구인고 너
를 인하여 네 어미가 신고(辛苦)한, 너를 낳은 자가 애쓴 그 곳 사과나무 아
래서 내가 너를 깨웠노라
8:6 너는 나를 인같이 마음에 품고 도장같이 팔에 두라 사랑은 죽음같이
강하고 투기는 음부같이 잔혹하며 불같이 일어나니 그 기세가 여호와의 불
과 같으니라
8:7 이 사랑은 많은 물이 꺼치지 못하겠고 홍수라도 엄몰하지 못하나니 사
람이 그 온 가산을 다 주고 사랑과 바꾸려 할지라도 오히려 멸시를 받으리라

8:8 우리에게 있는 작은 누이는 아직도 유방이 없구나 그가 청혼함을 받는
날에는 우리가 그를 위하여 무엇을 할꼬
8:9 그가 성벽일진대 우리는 은 망대를 그 위에 세울 것이요 그가 문일진
대 우리는 백향목 판자로 두르리라
8:10 나는 성벽이요 나의 유방은 망대 같으니 그러므로 나는 그의 보기에
화평을 얻은 자 같구나
8:11 솔로몬이 바알하몬에 포도원이 있어 지키는 자들에게 맡겨두고 그들
로 각기 그 실과를 인하여서 은 일천을 바치게 하였구나
8:12 솔로몬 너는 일천을 얻겠고 실과 지키는 자도 이백을 얻으려니와 내
게 속한 내 포도원은 내 앞에 있구나
8:13 너 동산에 거한 자야 동무들이 네 소리에 귀를 기울이니 나로 듣게
하려무나
8:14 나의 사랑하는 이여 너는 빨리 달리라 향기로운 산들에서 노루와도
같고 어린 사슴과도 같아여라

〈VIII〉
위대한 사랑의 언약
- 아가서 8장 ①

창세기를 알고 있는 독자라면 "이는 내 뼈 중의 뼈요 살 중의 살이라 이것을 남자에게서 취하였은즉 여자라 칭하리라"(창 2:23)는 아담의 노래에 매우 익숙해 있을 것이며, 반면에 그 노래에 대해 하와는 어떻게 답가를 했을까 유추할 수 있을 것이다. 하지만 에덴동산을 떠나 온 이후 그 어디에서도 하와의 노래를 찾을 수 없으며 그와 유사한 응답조차 찾을 수 없다는 사실도 잘 알고 있을 것이다.

뿐만 아니라 아담과 하와의 범죄로 말미암아 "내가 네게 임신하는 고통을 크게 더하리니 네가 수고하고 자식을 낳을 것이며 너는 남편을 사모하고 남편은 너를 다스릴 것이니라"(창 3:16)는 하나님의 선언과 함께 에덴동산에서 쫓겨남을 당한 이후부터 과연 그 둘 사이에 어떤 사랑의 노래들을 주고받았을 것인가 궁금하지 않을 수 없다. 때문에 이러한 궁금증을 해결할 수 있는 열쇠인 '하와의 노래' 를 발견한다면 그 기쁨을 결코 감출 수 없을 것이다.

그 해결의 열쇠를 찾을 수 있는 책이 바로 아가서이다. '노래들 중의 노래' (The song of songs)라는 책의 제목이 암시하는 것처럼 최상의 노래라는 의미를 가지고 있는 아가서라면 기꺼이 이러한 궁금증에 대한 열쇠를 찾을 수 있도록 길을 열어줄 것이기 때문이다.

그런데 그 해결의 실마리가 되는 열쇠가 아가서 곳곳에 널려 있다는 점에서, 마치 수많은 황금 열쇠들이 아가서에 가득 차 있다는 사실에서 놀라움을 금할 수 없다. 곧 술람미 여인이 솔로몬을 향해 노래하는 수많은 구절들 안에 독자들이 궁금해 하는 모든 해답들이 고스란히 담겨 있다는 것이다. 그 많은 황금 열쇠들 가운데 하나를 예로 든다면 아가서를 주의 깊게 살피지 않았다 할지라도 기꺼이 "나는 내 사랑하는 자에게 속하였도다 그가 나를 사모하는구나"(7:10)라는 술람미 여인의 노래를 제시할 수 있다.

이 노래의 한 구절만으로도 "너는 남편을 사모하고 남편은 너를 다스릴 것이니라"(창 3:16)고 하신 하나님의 선언이 결코 하와에게 준 저주가 아니며 '사랑' 안에서 누릴 수 있는 에덴동산의 풍요로움과 안식과 기쁨을 가정이라는 울타리 안에서 풍성하게 누릴 수 있다는 사실을 보여주고 있다. 이런 점에서 솔로몬이 술람미 여인을 향하여 '나의 기쁨의 사랑'이라는 의미를 가진 '아하바'(אהבה)라고 호칭하고 있는 것(7:6)은 가정이야말로 진정으로 에덴동산을 그 원형으로 하고 있음을 증거하고도 남는다.

때문에 "내 사랑하는 자야 우리가 함께 들로 가서 동네에서 유숙하자 우리가 일찍이 일어나서 포도원으로 가서 포도 움이 돋았는지, 꽃술이 퍼졌는지, 석류꽃이 피었는지 보자 거기에서 내가 내 사랑을 네게 주리라 합환채가 향기를 뿜어내고 우리의 문 앞에는 여러 가지 귀한 열매가 새 것, 묵은 것으로 마련되었구나 내가 내 사랑하는 자 너를 위하여 쌓아 둔 것이로다"(7:11-1)라고 하는 술람미 여인의 노래야말로 바로 아담의 노래에 대한 하와의 답가와 다름없다는 사실을 발견하게 된다.

이러한 발견으로부터 오는 기쁨은 기꺼이 아가서에 대한 존경과 함께 아가서가 제시하고자 하는 혼인의 신성함과 그 순결에 대해 동의하지 않을 수 없게 만든다. 나아가 이 혼인의 신성함이 가정을 세우는 기초라는 점을 인식한다면 에덴동산에서 아담과 하와가 이루었던 가정의 아름다움과 숭고함을 원형으로 하는 가정제도에 대하여 새삼 높은 경외심을 갖지 않을 수 없다. 바로 이것이 아가서가 독자들에게 하고 싶은 이야기일 것이다.

지금까지 아가서는 하나님의 형상으로 지음을 받은 남녀의 인격적인 사랑이 무엇인가를 탐구하면서 솔로몬과 술람미 여인이 누리는 승화된 사랑의 즐거움을 통해 혼인으로 말미암아 그들에게 보장된 부부 사이에 누리는 사랑의 신비로움을 다양한 모습으로 보여주었다.

특히 술람미 여인이 솔로몬을 '존귀한 나의 사랑' 이라는 의미의 **'암미 나디브'** (עמי נדיב)로 부르고(6:12), 이에 병행하여 여인들이 술람미 여인을 '솔로몬의 여자' 라는 의미의 **'슐람미트'** (שולמית)라고 부르는(6:13) 장면과 이어 솔로몬이 술람미 여인의 애칭으로 '나의 존귀한 아내' 라는 의미의 **'바드 나디브'** (עמי נדיב)라고 부르는(7:1) 장면들은 이들 사이에서 묘사될 수 있는 사랑의 순수한 열정이 얼마나 심오하게 전개되고 있는가를 보여주면서 마침내 이들이 발견하려고 하는 사랑은 다름 아닌 '나의 기쁨의 사랑' 이라는 의미를 가진 **'아하바'** (אהבה)였다는 사실(7:6)에서 극적인 클라이맥스를 이루고 있다.

이러한 흐름 속에서 7장 말미에 이어 신비한 합일을 이룬 부부간의 사랑이 충만한 가운데 술람미 여인의 노래(8:1-4)로써 제4부가 끝나고 아가서의 피날레를 알리는 제5부가 시작된다. 제5부에서는 남편과 아내가 대화를 주고받는 짧은 노래들로 구성되는데 상호간에 사랑의 언약을 재확인하면서 점점 깊어가는 사랑의 내용을 표현하는 장면(8:5-7)과 아가서의 대단원의 막을 알리는 팡파르가 울려 퍼지면서(8:8-14) 그 막을 내리게 되는데 8장은 다음과 같이 진행된다.

① 여인들의 합창(8:5a) : 예루살렘으로 올라가는 혼인식 행렬에 대한 묘사(3:6)와 대조되는 모습으로 새로운 신분으로 태어난 술람미 여인이

묘사된다.

② 술람미 여인의 노래(8:5-7) : 솔로몬과 술람미 여인의 사랑은 세상의 그 어느 것도 갈라놓을 수 없으며 둘 사이에는 서로 인격적으로 맺어진 사랑이 구현되고 있음을 고백한다.

③ 형제들의 합창(8:8-9) : 술람미 여인이 소녀로부터 성숙한 여인으로 성장하여 솔로몬으로부터 사랑받는 여인이 되었음을 선언한다.

④ 술람미 여인의 고백(8:10-12) : 성숙한 여인으로서 솔로몬과 상호간에 깊은 사랑의 관계를 맺게 되었음을 고백하며 솔로몬이 누릴 영광을 찬송한다.

⑤ 솔로몬의 노래(8:13) : 솔로몬의 영광에 술람미 여인 역시 동참하게 되었음을 노래한다.

⑥ 술람미 여인의 노래(8:14) : 솔로몬의 노래에 대한 술람미 여인의 응답으로 아가서는 대단원의 막을 내리고 있다.

1. 벌거벗었으나 부끄러워하지 아니하니라(8:1-4)

8:1 내가 내 어미의 젖을 먹은 오라비 같았었더면 내가 밖에서 너를 만날 때에 입을 맞추어도 나를 업신여길 자가 없었을 것이라

8:2 내가 너를 이끌어 내 어미 집에 들이고 네게서 교훈을 받았으리라 나는 향기로운 술 곧 석류즙(石榴汁)으로 네게 마시웠겠고

8:3 너는 왼손으로 내 머리에 베게하고 오른손으론 나를 안았었으리라

8:4 예루살렘 여자들아 내가 너희에게 부탁한다 나의 사랑하는 이가 원하기 전에는 흔들지 말며 깨우지 말지니라

(필자역)

술람미 여인의 사랑 노래 2(독창)

오, 당신이 내 어머니의 젖을 먹은 내 형제와 같다면!
내가 밖에서도 당신을 만나 입맞춤으로 인사한다 해도

아무도 나를 멸시하지 않으련만
내가 당신을 이끌어 나를 가르치던 내 어머니의 집으로 당신을 데려가
당신에게 내 석류즙으로 만든 향기로운 포도주를 마시게 하였으리라
그의 왼팔은 내 머리 아래 있고
그의 오른팔은 나를 안고 있네
암노루들과 들의 암사슴들을 두고
내가 너희에게 간청하노라
예루살렘의 딸들아
그가 원하기까지
너희는 그 사랑을 흔들지도 말고 깨우지도 말아다오

〈제4부 끝을 알리는 피날레〉

술람미 여인과 솔로몬에게 있어서 가정은 더 이상 비밀의 정원(secret garden)이 아니다. 아담과 하와가 에덴동산에서 언제든 다채롭고 진귀한 과일들을 풍성하게 취할 수 있었던 것처럼 술람미 여인과 솔로몬 역시 언제든 서로 '나의 기쁨의 사랑' 이라는 의미의 '아하바' (אהבה)라는 사랑을 주고받을 수 있다. 이런 점에서 술람미 여인은 "네가 내 어머니의 젖을 먹은 오라비 같았더라면 내가 밖에서 너를 만날 때에 입을 맞추어도 나를 업신여길 자가 없었을 것이라" (8:1)고 말하고 있다.

이 말은 "우리가 일찍이 일어나서 포도원으로 가서 포도 움이 돋았는지, 꽃술이 퍼졌는지, 석류꽃이 피었는지 보자 거기에서 내가 내 사랑을 네게 주리라 합환채가 향기를 뿜어내고 우리의 문 앞에는 여러 가지 귀한 열매가 새 것, 묵은 것으로 마련되었구나 내가 내 사랑하는 자 너를 위하여 쌓아 둔 것이로다" (7:12-13)라고 말했던 것처럼 솔로몬을 기쁘게 하는 '아하바' (אהבה), 즉 '나의 기쁨의 사랑' 이라는 이름의 바로 그 과일을 언제든지 솔로몬이 원하기만 한다면 줄 준비가 되어있을 뿐 아니라 바로 그러한 마음가짐으로 솔로몬에 대한 자신의 열정을 표현하고 싶다는 술람미 여인의 마음을 담고 있다.

사실 고대 중동사회에서 여성들은 가족이나 가까운 친척을 제외하고는 입맞춤을 할 수 없었다(창 29:11). 심지어 남편이라 할지라도 당시 이스라엘 사회에서 공개적으로 애정을 표현한다는 것은 비난을 받는 일이었다. 때문에 언제든지 자신의 열정이 담긴 사랑을 표현하고 싶다 할지라도 공개적으로 표현할 수 없었다. 그럼에도 불구하고 술람미 여인은 솔로몬에게 기쁨을 주는 사랑인 '아하바' (אהבה)답게 기꺼이 그 사랑의 열정을 표하고 싶은 간절한 소망을 이처럼 애절하게 표현하고 있다.

이러한 간절함은 아담과 하와가 에덴동산에서 누렸던 바로 그러한 사랑 나눔에 대한 묘사이다. 마치 이 둘 사이에는 그 어떤 부끄러움도 존재하지 않는다는 것으로 이는 "아담과 그의 아내 두 사람이 벌거벗었으나 부끄러워하지 아니하니라" (창 2:25)에서 묘사하고 있는 부부간의 참 모습에 대한 술람미 여인의 열망을 보여주고 있다. 이러한 술람미 여인의 열정은 "내가 너를 이끌어 내 어머니 집에 들이고 네게서 교훈을 받았으리라 나는 향기로운 술 곧 석류즙으로 네게 마시게 하겠고 너는 왼팔로는 내 머리를 고이고 오른손으로는 나를 안았으리라" (8:2-3)로 더 강렬해진다.

본문에서 '내가 너를 이끌어' 라고 번역된 '엔하가카 아비아카' (אביאך אנהגך)는 자신의 결심을 실행하고자 하는 강한 의지를 표시하고 있는데 '내가 너를 이끌 것이고 내가 너를 들일 것이다' 로 번역하면 훨씬 그 의미가 살아난다(출 15:9에서도 이와 비슷한 용례를 찾을 수 있는데 '내가 뒤쫓아 따라잡아 탈취물을 나누리라' 는 말은 '내가 쫓아가, 내가 취할 것이고 탈취물을 나누리라' 는 의미이다).

또한 '내 어머니 집에 들이고 네게서 교훈을 받았으리라' 로 번역된 한글 개역개정판은 그 의미가 모호해지고 말았는데, 이 구절을 '나를 가르쳤던 내 어머니의 집' 이라는 관용구로 보면 그 의미가 더 분명해진다. 이 면에 있어서는 KJV나 한글 흠정역이 잘 번역하고 있는데 고대 세계일수로 여성들은 대부분 자기 어머니에게 살림살이로부터 시작해 일상에 대한 많은 교훈을 받아온 것이 사실이다.

따라서 '내가 너를 이끌 것이고 내가 너를 들일 것이다' 는 표현은 앞 절에서처럼 공개적으로 애정을 표하고 싶다 해도 사회적 윤리나 기반을 위협하거나 거슬릴 정도로 무분별하게 드러내기보다는 그녀의 어머니로부터 평소 가르침을 받은 것처럼 (이는 정숙하다 또는 교양이 있다는 의미를 가진다) 솔로몬을 향한 자신의 모든 정열을 마치 향기로운 술 곧 석류즙을 마시는 것처럼 마시게 하겠다는 자신의 의지를 보이도록 하겠다는 의미가 된다.

여기에서 술람미 여인이 사랑의 열정을 '향기로운 술 곧 석류즙' 으로 상징화시키고 있는데 이것은 당시 사회에서 석류나무는 가정의 평강과 자손의 번영을 상징하는 나무로 알려졌었고 일부 상류사회의 혼례식에서는 신랑과 신부가 포도주 대신에 석류즙을 나누어 마셨다는 관습에 따른 것이다.

이상의 내용들을 종합하면 적어도 술람미 여인은 교양을 지킬 줄 알았고 사회적 통념이라고 치부할 수도 있지만 적어도 사회적 규율을 존중하고 있음을 알 수 있다. 그럼에도 불구하고 이 구절을 마치 남자를 어머니의 집으로 데리고 가서 동침을 하겠다는 말로 해석한다는 것은 이러한 본문의 의미를 매우 저급하게 받아들이는 잘못된 견해 때문으로 여겨진다.

심지어 '어머니의 집' 을 여자의 자궁으로 해석하는 경우도 있으며 이로 인해 본문을 노골적인 성행위에 대한 묘사로 말하기도 하는데 이는 전혀 납득할 수 없는 해석이다. 일부 해석자들은 이 '어머니의 집' 이 '사랑의 밀실' 을 상징한다고 하는데 이 또한 본문의 내용과는 아무런 상관이 없으며 설득력도 없다.

이처럼 술람미 여인과 솔로몬은 동일한 사랑의 열정을 사악하거나 사심 없이 나누는 사이임을 밝히기 위해 "너는 왼팔로는 내 머리를 고이고 오른손으로는 나를 안았으리라”(8:3)고 표현하고 있다. 이러한 표현은 ‘둘이 하나가 되는 것’ 이라는 혼인제도의 완성에 대한 완곡한 표현이다.

이 표현은 제1부가 끝날 때 “그가 왼팔로 내 머리를 고이고 오른팔로 나를 안는구나 예루살렘 딸들아 내가 노루와 들사슴을 두고 너희에게 부탁한다 내 사랑이 원하기 전에는 흔들지 말고 깨우지 말지니라”(2:6-7) 한 술람미 여인의 노래에서도 등장한 바 있다.

이와 동일한 기법으로 아가서는 “너는 왼팔로는 내 머리를 고이고 오른손으로는 나를 안았으리라 예루살렘 딸들아 내가 너희에게 부탁한다 내 사랑하는 자가 원하기 전에는 흔들지 말며 깨우지 말지니라”(8:3-4)는 술람미 여인의 노래로 제4부가 끝나면서 피날레로 접어들고 있다.

제2부가 끝날 때에는 약간의 차이가 있지만 “예루살렘 딸들아 내가 노루와 들사슴을 두고 너희에게 부탁한다 사랑하는 자가 원하기 전에는 흔들지 말고 깨우지 말지니라”(3:5)만 등장한다. 참고로 제5부는 노루와 사슴의 모티프를 동반하는 “내 사랑하는 자야 너는 빨리 달리라 향기로운 산 위에 있는 노루와도 같고 어린 사슴과도 같아라”(8:14)로 끝남으로써 일련의 동질성을 보여준다.

제3부와 제4부 사이에서는 이러한 관형적인 기법이 등장하지 않는데 이것은 제3부가 혼인식에 대해 그리고 제4부가 혼인생활에 대해 엇비슷한 주제를 다루고 있다는 외형적인 성격 때문이기도 하지만, 제3부와 제4부 사이에 “내 누이, 내 신부야 내가 내 동산에 들어와서 나의 몰약과 향 재료를 거두고 나의 꿀송이와 꿀을 먹고 내 포도주와 내 우유를 마셨으니 나의 친구들아 먹으라 나의 사랑하는 사람들아 많이 마시라”(5:1)에서 충분히 이러한 외형적 통일성을 찾을 수 있다.

단지 이 부분에서는 마치 하나님께서 아담과 하와에게 에덴동산의 열매들을 마음껏 먹을 수 있도록 허용하시는 모습(창 2:16)을 연상케 하는데 이것은 혼인으로 세워진 가정을 통해 에덴동산의 회복을 구현한다는 아가서의 주제가 명확하게 나타난다는 특성을 보이고 있다는 점에서 깊은 관심을 가지게 한다.

특히 아가서의 외형적 구조에서 살펴본 것처럼 "나의 친구들아 먹으라 나의 사랑하는 사람들아 많이 마시라"(5:1)는 신랑과 신부의 합일(4:16-5:1)을 다룬 이 제3부가 아가서의 핵심적 주제를 다루고 있다는 점에서 더욱 그러하다(〈서론〉 3. 아가서의 구조와 메시지' 참고).

2. 가장 위대한 사랑의 언약(8:5-7)

8:5 그 사랑하는 자를 의지하고 거친 들에서 올라오는 여자가 누구인고 너를 인하여 네 어미가 신고(辛苦)한, 너를 낳은 자가 애쓴 그 곳 사과나무 아래서 내가 너를 깨웠노라
8:6 너는 나를 인같이 마음에 품고 도장같이 팔에 두라 사랑은 죽음같이 강하고 투기는 음부같이 잔혹하며 불같이 일어나니 그 기세가 여호와의 불과 같으니라
8:7 이 사랑은 많은 물이 꺼치지 못하겠고 홍수라도 엄몰하지 못하나니 사람이 그 온 가산을 다 주고 사랑과 바꾸려 할지라도 오히려 멸시를 받으리라

(필자역)

〈제5부 시작을 알리는 팡파르〉

여인들의 노래(합창)

이는 누구인가?
그 사랑하는 자를 의지하고 광야에서 올라오는 이

술람미의 노래(독창)

사과나무 아래에서 내가 당신을 깨우리다
거기서 당신 어머니가 산고를 겪었으니
거기서 당신을 낳은 이가 산고를 겪었어요
당신은 나를 인 같이 마음에 품고
도장 같이 팔에 두어요
사랑은 죽음 같이 강하고
투기는 음부 같이 잔혹하며 불 같이 일어나니
그 기세가 여호와의 맹렬한 불과 같으리라
이 사랑은 많은 물이 꺼뜨리지 못하겠고
홍수라도 엄몰하지 못하리니
만일 어떤 사람이 자기 집의 모든 재물을 사랑 때문에 준다해도
그는 멸시를 받으리라

아가서의 제5부 피날레는 여인들의 합창으로부터 시작된다. "그의 사랑하는 자를 의지하고 거친 들에서 올라오는 여자가 누구인가"(8:5a)는 "이는 누구인가, 그녀의 사랑하는 자를 의지라고 광야에서 올라오는 이"라고 직역할 때 더 실감이 난다. '이는 누구인가?(מִי זֹאת : Who is this?)라는 질문으로 시작되는 구문은 아가서에 3번 등장하는데 모두 술람미 여인을 그 주인공으로 하고 있다.

첫 번째는 "이는 누구인가, 연기 기둥과도 같고 몰약과 유향과 장사의 여러 가지 향품으로 향기롭게도 하고 거친 들에서 오는 자"(3:6)에서 술람미 여인이 혼인식을 위해 예루살렘에 입성하는 장면을 묘사하고 있다.

두 번째는 "이는 누구인가, 아침 빛 같이 뚜렷하고 달같이 아름답고 해같이 맑고 기치를 벌인 군대같이 엄위한 여자"(6:10)에서 혼인식을 마친 술람미 여인이 하나님의 형상으로 지음 받은 '여자들 중의 여자' 로서 이에 대한 경이로움과 존경의 대상임을 선언한다.

세 번째 '이는 누구인가' 에서는 이 술람미 여인이 솔로몬에게 기대어 거친 들에서 올라오는 모습으로 묘사하고 있는데 이 장면은 "나는 나의 사랑하는 이에게 속하였구나 그가 나를 사모하는구나"(7:10)를 연상케 한다. 이제 술람미 여인은 솔로몬에게는 '사랑 그 자체의 여인' 이라는 의미의 '아하바'(אהבה)로서 솔로몬에게 의지하고 있는데 이처럼 솔로몬의 사모함(תשוקה)이 술람미 여인을 위한다는 것은 "내가 네게 잉태하는 고통을 크게 더하리니 네가 수고하고 자식을 낳을 것이며 너는 남편을 사모하고 남편은 너를 다스릴 것이니라"(창 3:16)고 말씀하신 하나님의 약속에 대한 본질적인 의미의 해석이기도 하다.

하와가 잉태하는 고통을 크게 더하게 되고 수고하고 자식을 낳을 것이며, 남편을 사모하게 되며, 그의 다스림을 받게 된 원인은 '죄' 로 말미암은 결과였다. 그에 따라 인류는 더 이상 에덴동산의 중앙에 있는 생명나무(창 2:9)에 접근할 수 없고 분리되고 말았다. 그런데 이제 술람미 여인이 솔로몬과 가정을 이루게 됨으로써 범죄로 인한 저주의 파괴적인 결과들이 그 혼인을 통해 죄의 효과를 뒤엎는 결과를 가져왔음을 단적으로 보여준다

에덴동산에서 범죄 이후 여자는 남자를 사모하게 되어 있는데 이것은 건강치 못하고 의존적이거나 지배적인 욕구라는 부정적인 상태를 말하며, 남자 또한 냉엄한 억압자로서 여자를 다스리는 상태가 되었지만 이 모든 상황이 혼인이라고 하는 복된 제도 속에서 진정 서로를 사모하게 된다는 것은 "이는 내 뼈 중의 뼈요 살 중의 살이라 이것을 남자에게서 취하였은즉 여자라 칭하리라"(창 2:23)고 한 아담의 노래가 가정 안에서 성취되고 있음을 보여주고 있다. 따라서 본문은 '여자들 중의 여자' 로서 술람미 여인이 솔로몬에게 기대어 있는 모습을 노래함으로써 모든 이들로부터 경이로움과 존경을 한 몸에 받고 있음을 묘사하고 있다.

이 사실을 분명히 하기 위해 술람미 여인은 "너를 인하여 네 어미가 신고辛苦한, 너를 낳은 자가 애쓴 그 곳 사과나무 아래서 내가 너를 깨웠노라"

(8:5b)고 말한다. 이 구절에서 해석자들이 다양한 의견들을 제시하고 있지만 거의 일치하지 않으며, 그들이 제시하는 해석들조차도 신뢰하기가 쉽지 않을 정도로 이 구절은 난해하기 그지없다. 갑자기 등장하는 '사과나무' 와 '어머니' 의 모티프가 해석자들을 당황하게 만들기 때문이다.

무엇을 말하고 있는지 분명치 않은 "그 사랑하는 자를 의지하고 거친 들에서 올라오는 여자가 누구인고 너를 인하여 네 어미가 신고辛苦한, 너를 낳은 자가 애쓴 그 곳 사과나무 아래서 내가 너를 깨웠노라"는 개역성경 번역도 이를 반영하고 있다. "너로 말미암아 네 어머니가 고생한 곳, 너를 낳은 자가 애쓴 그 곳, 사과나무 아래에서 내가 너를 깨웠노라"는 개정개역 번역도 다를 바 없다.

(KJV는 "I raised thee up under the apple tree: there thy mother brought thee forth: there she brought thee forth that bare thee"로, NIV는 "Under the apple tree I roused you; there your mother conceived you, there she who was in labor gave you birth"로, NASB는 "Beneath the apple tree I awakened you; There your mother was in labor with you, There she was in labor [and] gave you birth"로 번역하고 있는데 이들 영어 역본들은 비교적 원만하게 번역하고 있다.)

분문에서 '그 곳 사과나무 아래서 내가 너를 깨웠노라' 는 표현에서 갑자기 등장하는 사과나무로 말미암아 해석자들은 사과의 붉은 색과 둥근 형태의 즙이 많은 과일은 젊은 여성을 상징하며, 사과나무 가지들이 여러 방향으로 분기하는 특성을 가지고 있는데 이것은 세대에서 세대로 '가족의 나무' 가 확장하는 것을 상징한다고 하면서 성욕과 다산 등 성적인 생산활동을 의미한다고 말한다. 그러나 아가서에서 사과나무가 이러한 성적인 연합과 출생을 상징하는지는 의문이 간다. 성경 어디에서도 사과나무에게 이러한 의미를 부여하지 않는다.

오히려 이 이야기는 "남자들 중에 나의 사랑하는 이는 수풀 가운데 사과나무 같구나 내가 그 그늘에 앉아서 심히 기뻐하였고 그 열매는 내 입에 달았도다" (2:3)라고 술람미 여인이 솔로몬의 사랑에 대한 확신을 바탕으로 이 세상에서 말해질 수 있는 유일한 사랑의 고백을 노래한 모티프에서 그 해답을 찾는 것이 더 논리적이다.

여기에서 '너를 깨웠노라' 고 번역된 '깨우다' (עור)라는 단어는 남자가 사과나무 아래에서 졸거나 자고 있을 때 그를 깨웠다는 의미가 아니라 '일으키다' (4:16) 또는 '일깨우다' (5:2)와 동일한 의미로 보아야 한다. 이 단어는 1차적으로 몸을 일으켜 세운다는 의미와 2차적으로는 의식을 일깨운다는 의미를 가지고 있다.

2장에서 술람미 여인은 솔로몬을 수풀 가운데 있는 사과나무라고 비유하면서 자신이 그 그늘에 앉아 있었던 것으로 묘사했는데 이곳에서는 오히려 술람미 여인이 수풀가운데 있는 사과나무 아래에 앉아있는 솔로몬을 일으켜 세우는 것, 또는 그의 의식을 일깨우는 것으로 묘사하고 있다. 그러면서 솔로몬에 대해서는 그의 어머니가 해산과 분만의 고통으로 이 세상에 태어나게 한 것으로 묘사한다.

이 모티프는 당연히 우리의 시선을 에덴동산으로 향하게 하는데 "내가 네게 잉태하는 고통을 크게 더하리니 네가 수고하고 자식을 낳을 것이며" (창 3:16)라는 말씀처럼 솔로몬은 어머니의 숭고한 해산과 분만의 고통 가운데서 태어난 존재임을 강조하고 있다. 이것은 본성적으로 죄 아래 있는 인간의 본질적인 상태를 암시한다.

그러나 이제 솔로몬은 혼인을 통해서 여인의 해산과 분만의 고통의 산물로서가 아니라 '사랑 그 자체의 여인' 이라는 의미의 '아하바' (אהבה)인 술람미 여인을 솔로몬이 사모하게(תשוקה) 됨으로써 서로가 서로에게 기쁨을 주는 존재가 되었음을 강화시키고 있다.

이러한 술람미 여인의 노래는 "나의 사랑하는 이는 내게 속하였고 나는 그에게 속하였구나" (2:16)와 "나는 나의 사랑하는 이에게 속하였고 나의 사랑하는 이는 내게 속하였다”(6:3)에 이은 “나는 나의 사랑하는 이에게 속하였구나 그가 나를 사모하는구나”(7:10)의 결과가 무엇인가를 보여주기 위함이다.

동시에 그동안 술람미 여인은 세 번에 걸쳐 “예루살렘 여자들아 내가 노루와 들사슴으로 너희에게 부탁한다 내 사랑이 원하기 전에는 흔들지 말고 깨우지 말지니라”(2:7), “예루살렘 여자들아 내가 노루와 들사슴으로 너희에게 부탁한다 사랑하는 자가 원하기 전에는 흔들지 말고 깨우지 말지니라”(3:5), “예루살렘 여자들아 내가 너희에게 부탁한다 나의 사랑하는 이가 원하기 전에는 흔들지 말며 깨우지 말지니라” 고 하였다.

여기에서도 ‘깨우다’(עור)는 말은 ‘일으키다’ 또는 ‘일깨우다’ 는 의미인데 본문에서는 아무도 일으키거나 일깨우지 못하게 했던 그 솔로몬을 술람미 여인이 친히 일으키거나 일깨우는 것으로 표현하고 있다는 것은 급격한 반전이 발생했음을 암시한다. 이런 점에서 술람미 여인은 지금 여인의 숭고한 해산의 고통 아래 있던 솔로몬이었지만, 이제 솔로몬이 사모하는 그 여인으로부터 해산의 고통이 아닌 사랑의 기쁨으로 초대받고 있음을 강화시키고 있다.

술람미 여인은 이 사실을 보다 확실하게 증거하기 위해 “너는 나를 인같이 마음에 품고 도장같이 팔에 두라 사랑은 죽음같이 강하고 투기는 음부같이 잔혹하며 불같이 일어나니 그 기세가 여호와의 불과 같으니라”(8:6)고 노래하고 있다.

본문에서 ‘너는 나를 인같이 마음에 품고’ 라는 표현은 마치 “나의 사랑하는 이는 내 품 가운데 몰약 향주머니요”(1:13)라고 한 술람미 여인의 노래를 기억나게 한다. 술람미 여인은 솔로몬을 자기 가슴 깊은 곳에 숨어있는 향주머니로 묘사한 것처럼 이제 솔로몬에게 자신을 마음 속 깊은 곳에 새겨 넣은 ‘인’ 이 되게 할 것을 요청한다.

그리고 ‘도장같이 팔에 두라’ 는 표현은 “그가 왼손으로 내 머리에 베개하고 오른손으로 나를 안는구나"(2:6)와 "너는 왼손으로 내 머리에 베개하고 오른손으론 나를 안았었으리라"(8:3)는 표현에서 보는 것처럼 술람미 여인 자신을 솔로몬의 왼팔에 항상 매달고 다니는 도장처럼 묘사하고 있다. 이러한 표현은 당시 목 주변이나 팔에 인장을 차고 다니던 관습으로부터 빌려온 것이다.

인장은 소유권을 나타내거나 행위의 진정성을 보증하기 위한 증표로 사용되는데 여기에서는 "너는 또 그것을 네 손목에 매어 기호를 삼으며 네 미간에 붙여 표를 삼고"(신 6:8)와 같이 하나님에 대한 언약적 신실성을 나타내는 증표를 가지고 다녔던 이스라엘 사람들의 관습에 기대어 술람미 여인과 솔로몬 사이에 맺어진 사랑의 언약에 대한 신실함과 헌신의 증표를 상징하는 것으로 나타나고 있다. 이로써 술람미 여인은 솔로몬의 팔과 마음과 영혼에 새겨진 존재가 되었음을 보여준다.

이제 술람미 여인과 솔로몬은 "이러므로 남자가 부모를 떠나 그 아내와 연합하여 둘이 한 몸을 이룰지로다"(창 2:24)는 말씀처럼 명실상부한 한 몸으로 인정되며, 이로써 "아담과 그 아내 두 사람이 벌거벗었으나 부끄러워 아니하니라"(창 2:25)는 말씀처럼 서로에 대해 전혀 부끄럽지 않게 소유하고 독점한 상태가 된 것이다.

따라서 이 둘 사이에는 그 어느 누구도 개입하거나 간섭할 수 없으며 오직 죽음만이 이 두 사람을 분리시킬 수 있을 뿐이다. "그런즉 이제 둘이 아니요 한 몸이니 그러므로 하나님이 짝지어 주신 것을 사람이 나누지 못할지니라"(마 19:6)고 예수께서 말씀하신 것과 같다. 이럴 때 사랑의 언약은 '사랑은 죽음같이 강하고 투기는 음부같이 잔혹하며 불같이 일어나니 그 기세가 여호와의 불과 같으니라' 는 표현처럼 사랑이 깊은 만큼 질투도 강렬하게 일어나서 두 사람을 하나로 묶어두고 있는 연결고리가 된다.

여기에서 사랑의 질투는 유일하게 사랑을 나눌 수 있는 죽음마저도 집어삼킬 만큼 강한 불같아서 마치 그 기세가 이 세상 그 어느 것도 대적할 수 없는 하나님의 불과 같이 강렬한 것으로 묘사된다. 사실 사랑은 그 깊이만큼 순수한 질투를 동반하는데 이것은 “너는 다른 신에게 절하지 말라 여호와는 질투라 이름하는 질투의 하나님임이니”(출 34:14; 출 20:5 참고)라는 말씀처럼 이스라엘 백성에 대한 하나님의 신실한 사랑을 요구하는 것과 같은 의미를 가진다.

그 사랑의 언약이 이처럼 끈끈한 질투의 끈으로 묶여있는 것처럼 그리고 진정한 사랑은 죽음과 마찬가지로 지속적이며 불가항력적이며 결코 포기하지 않는 것처럼 이제 한 몸이 된 두 사람의 사랑은 그 어느 것으로도 바꿀 수 있는 대상이 아니다. 그리고 “이 사랑은 많은 물이 꺼치지 못하겠고 홍수라도 엄몰하지 못하나니 사람이 그 온 가산을 다 주고 사랑과 바꾸려 할지라도 오히려 멸시를 받으리라”(8:7)는 말처럼 강물로도 꺼뜨릴 수 없고 홍수로도 정복할 수 없는데 그것은 사랑을 해하고 위협하는 그 어떤 혼돈의 세력이라 할지라도 사랑에 맞설 수 없음을 강조하기 위함이다.

여기에서 술람미 여인은 잠언에서 말하는 지혜의 여인이 지혜의 생산물인 열매를 가리켜 말하기를 “내 열매는 금이나 정금보다 나으며 내 소득은 천은보다 나으니라”(잠 8:19)고 말하는 것처럼 사랑은 금이나 정금으로도 바꿀 수 없고 그 어떤 가치로도 비교할 수 없음을 묘사하고 있다. 실제로 사랑과 지혜는 결코 서로 다르지 않다. 사랑이야말로 최고의 지혜로부터 나오기 때문이다. 이처럼 확고한 사랑은 오로지 혼인 안에서만 확인된다.

잠언은 젊은 청년에게 “너는 네 우물에서 물을 마시며 네 샘에서 흐르는 물을 마시라 어찌하여 네 샘물을 집 밖으로 넘치게 하겠으며 네 도랑물을 거리로 흘러가게 하겠느냐 그 물로 네게만 있게 하고 타인으로 더불어 그것을 나누지 말라 네 샘으로 복되게 하라 네가 젊어서 취한 아내를 즐거워하라 그는 사랑스러운 암사슴같고 아름다운 암노루같으니 너는 그 품을 항상 족하게 여기며 그 사랑을 항상 연모戀慕하라”(잠 5:15-19)고 교훈하고 있다. 이 잠언의 경고처럼 가정제도를 파기하는 것은 혼인의 언약을 파기하는 것과 같다.

혼인의 언약과 가정제도가 하나님 나라를 굳건히 세우고 인간 존재의 목적인 인생의 본분을 성취하기 위해 주어졌다는 사실에서 볼 때, 그리고 이 일은 궁극적으로 그리스도 예수 안에서 성취되었다는 점을 감안한다면 이 혼인 안에서만 하나님 나라에 속한 백성으로서 인생의 본분이 완성된다는 사실이 분명해진다. 때문에 혼인의 언약은 그 어떤 상황에서도 지켜져야 한다.

〈IX〉

아름다운 사랑의 노래

- 아가서 8장 ②

아가서 8장 ②

8:1 네가 내 어미의 젖을 먹은 오라비 같았었더면 내가 밖에서 너를 만날
때에 입을 맞추어도 나를 업신여길 자가 없었을 것이라
8:2 내가 너를 이끌어 내 어미 집에 들이고 네게서 교훈을 받았으리라 나
는 향기로운 술 곧 석류즙(石榴汁)으로 네게 마시웠겠고
8:3 너는 왼손으로 내 머리에 베게하고 오른손으론 나를 안았었으리라
8:4 예루살렘 여자들아 내가 너희에게 부탁한다 나의 사랑하는 이가 원하
기 전에는 흔들지 말며 깨우지 말지니라
8:5 그 사랑하는 자를 의지하고 거친 들에서 올라오는 여자가 누구인고 너
를 인하여 네 어미가 신고(辛苦)한, 너를 낳은 자가 애쓴 그 곳 사과나무 아
래서 내가 너를 깨웠노라
8:6 너는 나를 인같이 마음에 품고 도장같이 팔에 두라 사랑은 죽음같이
강하고 투기는 음부같이 잔혹하며 불같이 일어나니 그 기세가 여호와의 불
과 같으니라
8:7 이 사랑은 많은 물이 꺼치지 못하겠고 홍수라도 엄몰하지 못하나니 사
람이 그 온 가산을 다 주고 사랑과 바꾸려 할지라도 오히려 멸시를 받으리라

8:8 우리에게 있는 작은 누이는 아직도 유방이 없구나 그가 청혼함을 받는
날에는 우리가 그를 위하여 무엇을 할꼬
8:9 그가 성벽일진대 우리는 은 망대를 그 위에 세울 것이요 그가 문일진
대 우리는 백향목 판자로 두르리라
8:10 나는 성벽이요 나의 유방은 망대 같으니 그러므로 나는 그의 보기에
화평을 얻은 자 같구나
8:11 솔로몬이 바알하몬에 포도원이 있어 지키는 자들에게 맡겨두고 그들
로 각기 그 실과를 인하여서 은 일천을 바치게 하였구나
8:12 솔로몬 너는 일천을 얻겠고 실과 지키는 자도 이백을 얻으려니와 내
게 속한 내 포도원은 내 앞에 있구나
8:13 너 동산에 거한 자야 동무들이 네 소리에 귀를 기울이니 나로 듣게
하려무나
8:14 나의 사랑하는 이여 너는 빨리 달리라 향기로운 산들에서 노루와도
같고 어린 사슴과도 같아여라

〈IX〉
아름다운 사랑의 노래
- 아가서 8장 ②

가정은 에덴동산에서 처음 아담과 하와가 세운 그 가정을 원형으로 하고 있다. 그만큼 가정은 신성한 것인데, 왜냐하면 이 가정제도는 다름 아닌 하나님께서 처음 제정하셔서 아담과 하와에게 주셨기 때문이다. 따라서 이 세상에서는 그 누구도 이 가정을 해치거나 파괴해서는 안 된다.

우리 주님께서도 이점을 귀하게 여겨 "그런즉 이제 둘이 아니요 한 몸이니 그러므로 하나님이 짝지어 주신 것을 사람이 나누지 못할지니라"(마 19:6)고 단언하셨다. 이 말씀은 이혼을 해서는 안 된다는 소극적인 의미도 포함하지만 보다 적극적으로는 아무도 자신의 가정이나 타인의 가정을 해하거나 파괴해서는 안 된다는 사실을 천명하고 있다. 가정은 말 그대로 신성불가침의 영역으로 언제나 남아 있어야 할 이유가 여기에 있다.

이런 점에서 술람미 여인은 이렇게 외치고 있다. "너는 나를 인같이 마음에 품고 도장같이 팔에 두라 사랑은 죽음같이 강하고 질투는 스올같이 잔인하며 불길같이 일어나니 그 기세가 여호와의 불과 같으니라 많은 물도 이 사랑을 끄지 못하겠고 홍수라도 삼키지 못하나니 사람이 그의 온 가산을 다 주고 사랑과 바꾸려 할지라도 오히려 멸시를 받으리라"(8:6-7).

1. 지혜의 노래(8:8-9)

8:8 우리에게 있는 작은 누이는 아직도 유방이 없구나 그가 청혼함을 받는
날에는 우리가 그를 위하여 무엇을 할꼬
8:9 그가 성벽일진대 우리는 은 망대를 그 위에 세울 것이요 그가 문일진
대 우리는 백향목 판자로 두르리라

(필자역)

여인들의 노래(합창)

우리에게 한 작은 누이가 있으니
그녀에게는 가슴이 없구나
그녀가 청혼을 받는 날에는
우리가 그녀를 위해 무엇을 할꼬
그녀가 성벽이라면 우리는 은 망대를 그 위에 세울 것이요
그녀가 성문이라면 우리는 백향목 판자로 두르리라

이제 아가서는 마지막 피날레를 장식하기 위한 팡파르를 준비하고 있다. 이 웅장한 팡파르의 감흥을 돋보이게 하기 위해 합창단의 노래가 울려 퍼진다. "우리에게 있는 작은 누이는 아직도 유방이 없구나 그가 청혼함을 받는 날에는 우리가 그를 위하여 무엇을 할꼬 그가 성벽일진대 우리는 은 망대를 그 위에 세울 것이요 그가 문일진대 우리는 백향목 판자로 두르리라"(8:8-9).

이 노래의 화자가 누구인지는 분명치 않지만 지금까지 등장한 예루살렘의 딸들일 수 있다. 일반적으로 합창단의 노래들은 일종의 내러티브(narrative)와 같이 문맥의 흐름을 위한 해설이 필요하거나, 시간 혹은 장면이

바뀌었다는 사실을 밝혀주기 위해, 때로는 중요한 사건이 발생한다는 징조를 보여주기 위해, 그리고 주인공의 등장을 알리거나 혹은 주인공의 말에 대한 동의를 표함으로써 독자들에게도 동의를 구하기 위한 문학적 기법으로 사용된다.

이 합창단의 노래가 앞서 "너는 나를 인같이 마음에 품고 도장같이 팔에 두라 사랑은 죽음같이 강하고 투기는 음부같이 잔혹하며 불같이 일어나니 그 기세가 여호와의 불과 같으니라"(8:6)고 한 술람미 여인의 노래에 대한 응답이라면 많은 주석가들이 말하는 것처럼 이 노래가 처녀 술람미 여인의 처녀성을 방어하기 위한 내용으로 해석한다는 것은 그다지 설득력이 없어 보인다.

그들은 성벽(חומה)과 성문(דלת)은 사랑의 정절을 단단하게 보호하는 능력을 상징한다고 하면서 성벽 위에 세운 은 망대와 성문을 장식한 백향목 판자들로 술람미 여인의 순결을 보호하기 위해 부수적으로 더해지는 것으로 말한다. 이러한 판단 아래 이 노래가 술람미 여인의 정조를 지켜주기 위한 내용으로 회자되고 있다.

심지어 '작은 누이는 아직도 유방이 없구나'를 직설적으로 받아들여 술람미 여인이 아직 어린 시절부터 장차 혼인에 이르기까지 그 오빠들이 나서서 술람미 여인의 처녀성과 순결을 보호해 주겠다는 내용으로 설명하기도 하는데 이는 본문의 흐름과 상관없는 지나친 해석으로 여겨진다.

일반적으로 은과 백향목 판자들은 방어적인 성채의 용도로 사용되지 않는다. 방어를 위함이 목적이라면 청동이나 철 또는 단단한 목재가 필요할 것이다. 은과 백향목 판자들은 무언가를 호화롭게 장식하는 도구로 사용된다는 점에서 이 내용이 남편에 대한 정절을 수호하기 위한 의미나 혹은 어린 처녀의 순결을 보존하기 위한 의미로 이해되기에는 미흡하다.

뿐만 아니라 본문에서 성벽과 성문이 방어의 도구를 상징하기 위해 사용된다면 '우리에게 있는 작은 누이는 아직도 유방이 없구나 그가 청혼할을 받는 날에는 우리가 그를 위하여 무엇을 할꼬' 라는 물음에 대한 답변으로도 어색하다. 오히려 '우리에게 있는 작은 누이는 아직도 유방이 없구나 그가 청혼함을 받는 날에는 우리가 그를 위하여 무엇을 할꼬' 라는 이 합창단의 노래는 술람미 여인의 모습이 잘 꾸며진 성숙한 여성과는 달리 소박하다는 사실을 말하고 있다고 보아야 한다. 사실 성벽(חומה)과 성문(דלת)은 그 단단함을 목적으로 하는 것 외에 특별히 장식이 필요하지 않으며 오직 방어를 위한 튼튼한 시설물일 뿐이다.

여기에서 '그가 청혼함을 받는 날' 이라는 말은 '누가 그녀에게 말을 거는 날에' 라고 직역되는데 이런 용례는 일반적으로 약혼한 여자를 가리킬 때 사용되는 관용구이다(삼상 25:39). 따라서 이 말은 '그녀가 약혼한 날에' 를 의미하며 술람미 여인이 신부로서 아직 단장하지 않은 수수한 여인의 상태를 묘사하는 것으로 보는 것이 자연스럽다. 이처럼 아직 완숙한 여인으로 보이지 않기 때문에 그녀는 아무 장식이 없는 성벽처럼, 아무런 꾸밈이 없는 성문처럼 단조롭고 초라하게 보이기 마련이다.

때문에 합창단의 노래에서는 그 성벽 위에 은으로 '궁' (개역성경은 '망대')을 지으며, 그 성문은 백향목으로 장식을 함으로써 화려하게 꾸며졌음을 암시하고 있다. 이때 눈으로는 보이지 않지만 성벽으로 둘러싸여 있는 그 도시는 술람미 여인을 상징한다. 사실 성벽 위에 은으로 만든 궁이라든지 백향목 판자로 치장을 한 성문과 같은 이야기들은 그곳이 호화로운 도성과 관련이 있음을 암시한다(삼하 7:2,7; 렘 22:14-15; 스 3:7).

특히 술람미 여인이 백향목 판자로 꾸며졌다는 것은 그 화려함보다는 그녀의 신분이 위엄 있고 영예롭다는 사실을 보여주기 위함이다(삼하 13:18 참고). 특히 여기에서 '백향목 판자' 는 기이한 형상으로 아름답게 새겨진 값비싼 장식품으로 이것으로 술람미 여인을 두른다는 것은 그만큼 술람미 여인이 존귀한 위치에 있음을 강화시키고 있다.

이러한 해석이 가능한 것은 지금 이 합창단의 노래가 앞서 사랑의 숭고함을 노래하고 있는 술람미 여인의 노래에 이어 등장하고 있는데 이는 술람미 여인의 인품이 매우 고상한 위치에 있음을 강조하기 위함으로 보이기 때문이다. 바로 앞에서 술람미 여인은 "너는 나를 인같이 마음에 품고 도장같이 팔에 두라 사랑은 죽음같이 강하고 투기는 음부같이 잔혹하며 불같이 일어나니 그 기세가 여호와의 불과 같으니라"(8:6)고 노래했는데 이에 대한 합창단의 응답으로 사랑에 대한 술람미 여인의 숭고한 자세에 대한 동의를 표하고 있는 것이다.

뿐만 아니라 이러한 문맥의 흐름은 처음 아가서가 시작할 때 솔로몬이 술람미 여인에게 "내 사랑아 내가 너를 바로의 병거의 준마에 비하였구나 네 두 뺨은 땋은 머리털로, 네 목은 구슬꿰미로 아름답구나 우리가 너를 위하여 금사슬을 은을 박아 만들리라"(1:9-11)고 한 솔로몬의 노래를 돌아보게 한다.

이 노래에서 솔로몬은 술람미 여인을 가리켜 아름답게 보석으로 장식한 암말에 비유하면서 당시 왕실의 말들이 구슬 달린 목걸이와 귀걸이로 장식된 모습을 연상시킴으로써 술람미 여인의 아름다움을 묘사하여 그녀의 인격과 성품을 최상의 존재로 부각시키고 있는데 본문의 합창단의 노래 역시 이와 맥락을 같이하고 있다.

이러한 사실들은 술람미 여인과 솔로몬 사이에 맺어진 사랑의 언약에 대한 신실함과 헌신을 다짐하는 술람미 여인의 숭고한 사랑에 대한 찬사를 보내고 있음을 강화시키고 있다. 이 내용은 다음에 등장하는 술람미 여인의 노래에서 다시 한번 강조되고 있다는 사실에서도 확인할 수 있다.

2. 가장 아름다운 사랑의 노래(8:10-13)

8:10 나는 성벽이요 나의 유방은 망대 같으니 그러므로 나는 그의 보기에 화평을 얻은 자 같구나

8:11 솔로몬이 바알하몬에 포도원이 있어 지키는 자들에게 맡겨두고 그들
로 각기 그 실과를 인하여서 은 일천을 바치게 하였구나
8:12 솔로몬 너는 일천을 얻겠고 실과 지키는 자도 이백을 얻으려니와 내
게 속한 내 포도원은 내 앞에 있구나
8:13 너 동산에 거한 자야 동무들이 네 소리에 귀를 기울이니 나로 듣게 하
려무나

(필자역)

술람미 여인의 노래(독창)

나는 성벽이요 내 가슴은 탑들과 같으니
나는 그의 눈에 평화를 주는 여인이라오
솔로몬이 바알하몬**에 포도원이 있어**
그가 그 포도원을 지키는 자들에게 주어
각 사람이 그 열매로 은 일천을 가져오게 하였다오
나의 것인 내 포도원이 내 앞에 있도다
오, 솔로몬이여, 당신은 일천을 갖겠고
그 열매를 지키는 자들은 이백을 갖겠나이다

솔로몬의 노래(독창)

그 동산에 앉은 여인아,
친구들이 네 소리를 경청하나니
나로 그것을 듣게 하려무나

합창단의 노래를 이어받은 술람미 여인은 "나는 성벽이요 나의 유방은 망대 같으니 그러므로 나는 그의 보기에 화평을 얻은 자 같구나"(8:10)라고 아주 소박하게 응답하고 있다. 여기에는 일종의 언어유희가 등장하는데

앞서 합창단이 술람미 여인의 아름다움을 마음껏 장식함으로써 그녀의 고매한 인품을 노래하고 있지만 정작 그녀는 자기 자신을 아주 단조롭게 표현함으로써 겸손의 모습을 보이고 있다. 또한 이러한 언어유희는 솔로몬이 술람미 여인의 아름다움을 가리켜 '너의 목은 다윗의 망대와 같다' (4:4)고 칭송한 바 이야기를 돌아보게 한다.

이러한 일련의 흐름들은 처음 술람미 여인이 자신을 가리켜 "내가 일광에 쬐어서 거무스름할지라도 흘겨보지 말 것은 내 어미의 아들들이 나를 노하여 포도원지기를 삼았음이라 나의 포도원은 내가 지키지 못하였구나(1:6)라고 한 말을 상기시키고 있는데 이 '포도원' 의 모티프는 곧바로 이어지는 솔로몬의 포도원으로 자연스럽게 연결되고 있다.

이 노래에서 술람미 여인이 솔로몬의 아내로서 자신의 존재 의미에 가치를 유일하게 부여하고 있는 것은 '나는 그의 보기에 화평을 얻은 자 같구나' 처럼 그녀는 단지 솔로몬의 눈에 샬롬(שלום), 즉 화평으로 보인다는 사실에 모든 초점을 맞추고 있다.

솔로몬의 눈에 술람미 여인이 샬롬(שלום)으로 보인다는 것은 동시에 술람미 여인 역시 솔로몬의 눈동자에 비취고 있는 샬롬(שלום)을 보고 있음을 의미한다. 확실히 술람미 여인은 솔로몬에게 있어서 샬롬 그 자체이며 동시에 솔로몬에게서 그 샬롬을 찾았다. 이 사실만으로 술람미 여인은 자신의 존재의 의미와 가치를 발견하고 있는 것이다. 이때 그녀가 찾은 '샬롬' 은 다름 아닌 '솔로몬' 의 이름이기도 하다.

술람미 여인은 사랑하는 솔로몬, 즉 쉘로모(שלמה)를 찾음으로써 샬롬(שלום)을 찾은 것이다. 또한 자신이 쉘로모(שלמה)에게 샬롬(שלום)이 됨으로써 솔로몬 역시 샬롬(שלום)을 찾은 것이다. 여기에서 샬롬, 즉 평강은 에덴동산이 궁극적으로 상징하는 바로 그 모습이다.

에덴동산은 샬롬이라는 말 한마디로 대신할 수 있다. 그렇지만 그 샬롬은 죄로 말미암아 무너지고 말았다. 그러나 이제 술람미 여인은 혼인 안에서 솔로몬과 한 몸이 되어 그에게 샬롬이 되었고 그로부터 그 샬롬을 찾았다. 즉 그들은 서로에게 샬롬이었고 샬롬을 누리게 하였다. 이 샬롬은 에덴동산에서도 그랬듯이 지금 그들의 가정을 세워나가는 원동력이며 마침내 이 가정이 널리 확장되어 교회를 이루게 되며 교회는 하나님의 나라를 표명하게 됨으로써 마침내 새 하늘과 새 땅으로 완성될 것이다.

이 새 하늘과 새 땅으로 묘사되는 그 나라는 바로 "또 저가 수정같이 맑은 생명수의 강을 내게 보이니 하나님과 및 어린 양의 보좌로부터 나서 길 가운데로 흐르더라 강 좌우에 생명나무가 있어 열두 가지 실과를 맺히되 달마다 그 실과를 맺히고 그 나무 잎사귀들은 만국을 소성하기 위하여 있더라"(계 22:1-2)는 말씀처럼 평강의 나라, 곧 샬롬의 나라이다. 마치 아담과 하와를 위해 하나님께서 창설하셨던 그 에덴동산처럼 장차 하나님은 자기의 백성들을 위해 새 하늘과 새 땅으로 불리는 새로운 에덴동산을 주실 것이다.

이와 관련해 요한계시록은 "그 두루마기를 빠는 자들은 복이 있으니 이는 저희가 생명나무에 나아가며 문들을 통하여 성에 들어갈 권세를 얻으려 함이로다 개들과 술객들과 행음자들과 살인자들과 우상 숭배자들과 및 거짓말을 좋아하며 지어내는 자마다 성 밖에 있으리라"(계 22:14-15)고 선언하고 있다(p.43 **ITEM 10** 참고). 이 궁극적인 샬롬의 나라를 세워나가는 가장 기본적인 제도가 곧 "이러므로 남자가 부모를 떠나 그 아내와 연합하여 둘이 한 몸을 이룰지로다"(창 2:24)라고 하는 혼인 언약으로부터 시작됨을 알 수 있다.

이렇게 볼 때 본문은 "너를 인하여 네 어미가 신고辛苦한, 너를 낳은 자가 애쓴 그 곳 사과나무 아래서 내가 너를 깨웠노라"(8:5b)는 술람미 여인의 노래가 의미하는 바와 잘 조화를 이루게 된다. 이처럼 솔로몬의 눈에 샬롬이 되고 솔로몬의 눈에서 샬롬을 찾은 술람미 여인은 자신의 풍요로운 상태에 대해 "솔로몬이 바알하몬에 포도원이 있어 지키는 자들에게 맡겨 두고 그들로 각기 그 열매로 말미암아 은 천을 바치게 하였구나 솔로몬 너는 천을 얻겠고 열매를 지키는 자도 이백을 얻으려니와 내게 속한 내 포도원은 내 앞에 있구나"(8:11-12)라고 노래하고 있다.

솔로몬의 포도원이 있었다는 '바알 하몬'(בבעל המון)은 '부富의 주인' 혹은 '재물들의 주인' 이라는 의미를 가진다. 이 표현대로 그 포도원은 상당히 기름진 곳이며 열매의 결실도 좋아서 포도원지기들은 솔로몬에게 은 일 천을 바치고 그 맡은 자들에게는 은 이 백이 돌아갔을 정도의 규모임을 알 수 있다.

당시 포도나무 한 그루가 은 하나로 계산되었는데(사 7:23) 이 내용은 그 소출의 대가로 은 일천을 상납한 것으로 보아 그 규모가 상당하다는 사실을 추측하게 한다. 또한 당시 숫양 한 마리가 은 2세겔이었음을 볼 때(레 5:15 참고) 이 포도원으로부터 많은 소득이 나온다는 것은 솔로몬의 풍요로움을 상징하기 위함으로 보인다. '바알 하몬' 이라는 말 자체가 이를 상징하고 있기 때문이다.

'바알 하몬' 에 대대 실제로 지명으로 보는 등 학자들의 의견이 분분하지만 설령 그 지명이 밝혀진다 할지라도 본문의 의미 전달에는 아무런 영향을 미치지 않는다는 점에서 큰 비중을 차지하지 않는다. 그럼에도 불구하고 '바알 하몬' 과 관련해 아가서에서 포도원이 재물과 소유뿐 아니라 여성의 성을 대변하기 때문에 이 내용을 솔로몬의 부와 수많은 처첩들을 상징하는 것으로 해석하는 것은 매우 어색하다. 이러한 해석들은 본문이 함축하고 있는 의미를 결코 드러내지 못한다.

오히려 문맥 속에서 나타나고 있는 것처럼 술람미 여인이 왜 이 상황에서 자신을 가리켜 솔로몬의 존귀한 포도원 같은 존재라고 하는가를 살펴볼 필요가 있다. "내게 속한 나의 포도원은 내 앞에 있도다"라는 문구는 앞서 술람미 여인이 자신을 가리켜 자신은 평범한 성벽의 망대에 불과하다(8:10)고 말한 내용과 연결짓는다면, 그럼에도 불구하고 마치 술람미 여인은 솔로몬에게 있어서는 은 일 천을 받는 값비싼 포도원 같은 존재가 되었음을 강조하기 위함이라는 사실을 알 수 있다. 술람미 여인이 이처럼 솔로몬에게 소중한 존재가 되는 것은 비록 자신은 평범한 성벽의 망대 같을지라도 서로에게서 샬롬(שלמה)을 주고받을 수 있다는 점에서 그렇다는 것이다.

이러한 표현은 일종의 문학적 복선을 가지고 있는데 "내가 일광에 쬐어서 거무스름할지라도 흘겨보지 말 것은 내 어미의 아들들이 나를 노하여 포도원지기를 삼았음이라 나의 포도원은 내가 지키지 못하였구나"(1:6)라고 하면서 술람미 여인이 자신의 모습을 묘사하는 것과는 달리 은 일 천을 받을 정도의 포도원이 바로 자기의 포도원이 되었다는 점에서 혼인 이전과 이후에 많은 변화가 있었으며 그때에 비해 전혀 새로운 존재가 되었음을 강화시키고 있다. 그러므로 본문의 '바알 하몬'은 바로 술람미 여인 자신을 가리키는 상징적 언어이며 동시에 왜 솔로몬이 '바알 하몬'의 포도원을 소유하고 있는가를 이해하게 되는 열쇠가 된다.

처음 술람미 여인이 아직 혼인하지 않은 상태에서는 자신이 포도원지기로 있는 포도원조차 제대로 가꾸지 못했던, 다시 말하면 아무런 이득도 낼 수 없는 상태였다. 하지만 이제 혼인을 통하여 술람미 여인이 솔로몬에게 은 일 천의 값어치가 있는 이익을 주는 존재가 되었다고 묘사하는 것은 전혀 생산성이 없었던 무익한 상태에서 큰 소산을 산출하는 존재가 되었다는 이미지의 변화를 강조하기 위함이다.

요즘같이 화폐단위가 큰 시절에는 은 일 천의 값어치에 대해 그다지 크게 여겨지지 않을 것이지만 당시 상황에서 은 일 천의 값어치는 최상의 가치를 상징하기 위한 숫자임에 분명하다(사 7:23을 참고하라). 이와 비슷한 가치의 내용을 그랄 왕 아비멜렉이 아브라함에게 사라를 돌려보낼 때 은 1천 세겔을 보낸 것에서도 짐작할 수 있다(창 20:14). 여기에서 은 1천 세겔은 아비멜렉이 아브라함에게 보일 수 있는 최상의 호의와 예우를 상징하는 숫자이다.

이점을 강조하기 위해 술람미 여인은 “솔로몬 너는 일 천을 얻겠고 실과 지키는 자도 이 백을 얻으리라”고 덧붙이고 있다. 솔로몬뿐 아니라 포도원지기에게도 은 이 백이라는 소득, 곧 10분의 2에 상당하는 소득이 주어짐을 강조하고 있다. 이 표현이 술람미 여인의 처녀성을 보존하기 위해 노력했던 술람미 여인의 오빠들에게 주어지는 보상이라고 해석하는 것은 전혀 이치에 맞지 않는다.

이처럼 솔로몬과 술람미 여인이 풍요로울 수 있다는 것은 그들이 가지고 있는 물질적인 풍요로움이 아니라 풍성한 소출을 보장하는 포도원으로 비유되는 술람미 여인과 솔로몬과의 관계가 가져다주는 유익 때문이다. 왜냐하면 이제 그들 안에는 결코 그 어떤 화폐 단위로도 계산할 수 없는 샬롬이 함께 하고 있으며, 이 상태야말로 에덴동산의 샬롬을 구현하고 있기 때문이다.

때문에 솔로몬은 기꺼이 이 놀라운 사랑의 부요함을 오랫동안 마음속의 노래로 간직하기를 바라게 되었다. 이에 솔로몬은 “너 동산에 거한 자야 동무들이 네 소리에 귀를 기울이니 나로 듣게 하려무나”(8:13) 하고 술람미 여인에게 요청하고 있다.

지금까지 아가서는 남자의 아름다움이 무엇이고 여자의 아름다움이 무엇인지, 그리고 그 남녀에게 부여된 하나님의 형상으로서 남녀가 서로를 향하여 갖는 사랑의 실체가 어떤 것인지, 나아가 그 사랑은 세상의 그 어떤 권력과 사람의 가산을 다 털어서라도 얻을 수 없으며, 큰물과 홍수로도 그 사랑을 꺼지게 하거나 엄몰할 수도 없다는 것을 이야기하며 궁극적으로 술람미 여인과 솔로몬에게서 구현되는 샬롬의 상태를 노래했는데 이제 그 지혜로운 이야기들이 널리 퍼져나가기를 바라고 있다.

여기에서 ‘너 동산에 거한 자야’(היושבת בגנים)라는 호칭은 그동안 아가서가 줄곧 강조하고 있는 ‘이는 누구인가’(3:6; 6:10; 아 8:5a)에 대한 답변이기도 하다. 그동안 '이는 누구인가'에 대한 질문에 대해 합창단들이 답변을 해 왔는데 여기에서는 처음이자 마지막으로 솔로몬이 '너 동산에 거한 자야'라고 부르고 있다.

따라서 이 문구는 지금까지 아가서의 주인공인 술람미 여인에 대해 이야기한 그 모든 내용을 함축하고 있다. 그리고 이제 솔로몬은 그 주인공인 술람미 여인으로부터 지혜가 담긴 이야기가 흘러나와 모든 독자들이 듣기를 원하고 있다. "나로 듣게 하라"는 간청은 훨씬 더 솔로몬의 간절한 상태를 강조하고 있는데 그가 듣고자 하는 그 이야기가 바로 '노래 중의 노래'(1:1)이다.

솔로몬은 바로 자신이 듣고자 하는 이 이야기를 통해 에덴동산에서와 같은 샬롬의 풍요로움이 온 세상에 가득하기를 바라고 있다. 그것은 혼인을 통해 이루어진 술람미 여인과 솔로몬의 가정이 주변의 다른 사람들에게는 기쁨의 근원이라는 사실을 강화시킴으로써 온 세상에 세워질 가정으로 말미암아 온 땅에 샬롬의 나라가 구현될 것이기 때문이다.

3. 노래 중의 노래(8:14)

8:14 나의 사랑하는 이여 너는 빨리 달리라 향기로운 산들에서 노루와도 같고 어린 사슴과도 같아여라

(필자역)

술람미 여인의 노래(독창)

서두르소서, 나의 사랑하는 이여
향기나는 산 위에 있는 노루나 어린 사슴처럼

〈제5부 끝을 알리는 피날레〉

샬롬의 나라가 구현될 것을 바라고 있는 솔로몬에게 "내 사랑하는 자야 너는 빨리 달리라 향기로운 산 위에 있는 노루와도 같고 어린 사슴과도 같아라"(8:14)는 술람미 여인의 응답은 솔로몬의 간절한 소원이 마침내 이루어짐으로써 온 세상에 이 샬롬의 기쁜 메시지가 널리 퍼지게 될 것을 선언하면서 아가서는 대단원의 막을 내린다.

이 마지막 메시지는 다시 잠언을 돌아보게 한다. 잠언에서 지혜(חכמה)를 '지혜로운 여인' 으로 의인화 한 것은 매우 두드러진 특징 중 하나이다(잠 1:20-33; 3:13-20; 4:5-9; 7:4; 8:1-36; 9:1-6). 이 여인과 상대적으로 등장하는 여성이 미련한 여인(잠 9:13-18)이다.

지혜를 의인화하게 된 기원에 대해서는 아직 이렇다 할 일치된 견해는 없다. 지혜의 의인화가 이방 여신에 그 기원을 두고 있다는 견해가 있는데 이 견해에 따르면 지혜의 의인화를 이스라엘의 주변 민족의 여신들에 관한 신화에서 영향 받은 것으로 추측한다.

폰테인(C. Fontaine)은 이스라엘 주변 나라들의 여신들을 참작하여 여호와 신앙에 맞는 지혜 여인이라는 인물을 만들어냄으로써 족장들의 유일신 사상에 저촉함 없이 하나님의 여성 이미지에 대한 이스라엘의 심리적인 욕구를 만족 시켰을 것이라는 견해를 주장했다.

그러나 랑(B. Lang)은 이러한 견해를 반박한다. 그에 의하면 이스라엘의 여호와 신앙에서 하나님 외에 또 다른 위격位格을 필요로 했는가에 대해선 밝혀진 바 없으며 오히려 이스라엘 신앙은 여호와에 대한 유일신앙이 절대적이었다고 주장한다.

그리고 랑은 하나님의 임재를 상징하는 쉐키나(שכנה)를 의인화하지 않는 것에서도 그 사실을 알 수 있으며 지혜를 여성으로 묘사하게 된 것은 호크마(חכמה)가 여성명사이고 여성으로서의 의인화가 이스라엘의 취향에 맞았으며 지혜의 신적, 왕적 속성들을 강조하기 위한 것으로 볼 수 있다고 주장한다.

이처럼 지혜의 의인화에 대한 설득력 있는 설명을 기대할 수 없지만 지혜 여인에 관한 성서의 묘사는 그 자체로 새롭고 독특한 것이며 독립적이라는 점에서 깊은 관심을 가질 만하다. 이와 관련해 '지혜'를 하나님의 속성이 아닌 독립적인 존재로 묘사하고 있는 욥기(욥 28:27)에서는 하나님께서 지혜를 창조하셨으며 모든 살아 있는 것들 위에 '지혜'를 부어주셨고 선민 이스라엘에게 아낌없이 주셨다는 보도에 관심을 가지게 한다.

지혜에 관하여 잠언에서는 욥기의 보도보다 훨씬 구체적으로 묘사되어 있다. 잠언에 따르면 여호와로부터 지혜가 탄생했으며 창조 이전에 지혜가 존재했으며 지혜는 여호와의 창조 행위들을 목격하면서 모종의 역할을 했으며 지혜가 하나님 앞에서 기쁨이 되며 뛰놀았으며 지혜가 인간들을 기뻐한다고 묘사한다(잠 8:22-31).

그리고 나서 '지혜'는 "아들들아 이제 내게 들으라 내 도를 지키는 자가 복이 있느니라"(잠 8:32)고 주장하며 "대저 나를 얻는 자는 생명을 얻고 여호와께 은총을 얻을 것임이니라 그러나 나를 잃는 자는 자기의 영혼을 해하는 자라 무릇 나를 미워하는 자는 사망을 사랑하느니라"(잠 8:35-36)고 선포한다.

이에 앞서 지혜는 하나님의 창조 사역에 직접 참여한 것으로 묘사되었다(잠 3:19-20, "여호와께서는 지혜로 땅을 세우셨으며 명철로 하늘을 굳게 펴셨고 그 지식으로 해양이 갈라지게 하셨으며 공중에서 이슬이 내리게 하셨느니라"는 점에서 비추어 볼 때 '지혜'는 자신을 신적 존재로 주장하고 있다). 비록 폰 라드(G. von Rad)가 지혜를 '창조의 자기 계시'라고 주장하였다 할지라도 이 말은 '지혜'가 자신을 가리켜 선포한 내용을 모두 함축하지 못한다.

오히려 '지혜'는 자신을 여호와의 대리인이라고 주장한다. '지혜'는 피조물에 대한 여호와의 바라심이며 이 세상에서 구현된 하나님의 임재이며 하나님의 자기 계시이다. '지혜'는 하나님으로부터 나왔고 하나님으로부터 모든 피조물과 이스라엘에게로의 의사소통이다. 동시에 '지혜'는 자신을 청종하는 모든 이들에게 생명을 주는(잠 8:32-34) 절대적 주권을 행사하는 분이시다. 이런 점에서 '지혜'는 하나님의 한 양상(aspect)이 아닌 독립적 존재이다.

잠언 1-9장은 '지혜'라는 존재에 신적 지위를 부여한다. 그리고 이 '지혜'는 하나님께서 모세를 통해 이스라엘 백성에게 주었던 생사의 선택권을 택하라(신 30:15)고 하셨던 것처럼 이제 그 백성에게 생명을 선택하라고 강권하고 있다. 이것은 '지혜'가 하나님과 같은 권위자임을 간접적으로 시사한다.

'지혜'는 자신을 얻는 자는 생명을 얻는 것이라는 말로 자신의 존재를 대변한다(잠 8:35). 때문에 바우만(G. Baumann)은 "지혜를 존중하는 유일한 길은 지혜의 길을 따르는 데 있다. 그 길은 넓은 의미에서 여호와 예배의 간접적인 형태라 할 수 있는 하나님의 뜻을 실천하는 것이다"고 강조한다.

바울 사도는 그리스도를 가리켜 하나님의 신비한 지혜(고전 1:24)라고 지적한 바 있다. 골로새서에서 바울 사도는 그리스도를 가리켜 "그는 보이지 아니하시는 하나님의 형상이요 모든 창조물보다 먼저 나신 자니 만물이 그에게 창조되되 하늘과 땅에서 보이는 것들과 보이지 않는 것들과 혹은 보좌들이나 주관들이나 정사들이나 권세들이나 만물이 다 그로 말미암고 그를 위하여 창조되었고 또한 그가 만물보다 먼저 계시고 만물이 그 안에 함께 섰느니라"(골 1:15-17)고 말한다.

바울이 인식하고 있는 그리스도의 개념은 잠언에 등장하는 지혜가 자신을 인식하고 있는 개념(잠 8:22-36)과 거의 동일하다. 이것은 '지혜'가 곧 그리스도를 상징하는 독특한 예표임을 시사하고 있다. 이 사실은 지혜자로 오신 그리스도의 사역을 통해 구체적으로 확인된다. 그리스도는 자신의 사역을 통해 바울 사도와 잠언의 지혜가 언급한 내용을 친히 나타내셨기 때문이다. 이런 점에서 잠언에서 나타나고 있는 '지혜'의 의인화는 성육신하신 그리스도의 인격에 대한 가장 확고한 예표적인 계시로서 그 의의를 가진다고 말할 수 있다.

잠언에서는 청년에게 "너는 네 우물에서 물을 마시며 네 샘에서 흐르는 물을 마시라 어찌하여 네 샘물을 집 밖으로 넘치게 하겠으며 네 도랑물을 거리로 흘러가게 하겠느냐 그 물로 네게만 있게 하고 타인으로 더불어 그것을 나누지 말라 네 샘으로 복되게 하라 네가 젊어서 취한 아내를 즐거워하라"(잠 5:5-18)고 말하면서 그 청년이 사랑하는 여인을 가리켜 "그는 사랑스러운 암사슴 같고 아름다운 암노루 같으니 너는 그 품을 항상 족하게 여기며 그 사랑을 항상 연모戀慕하라"(잠 5:19)고 말하고 있다.

사랑스러운 암사슴 같고 아름다운 암노루 같은 여인이 잠언에서는 '지혜의 여인' 으로 상징되고 있는데, 이와는 달리 아가서에서는 술람미 여인이 솔로몬을 노루와 사슴으로 부르고 있다는 점에서 볼 때 잠언에서 등장하는 청년의 역할과 아가서에 등장하는 술람미 여인의 역할이 서로 바뀌어 있음을 볼 수 있다.

이런 점에서 술람미 여인이 솔로몬을 노루와 사슴으로 부르고 있는 이 상황은 잠언의 내용이 함축되어 있다고 유추할 수 있는데 그렇다면 "내 사랑하는 자야 너는 빨리 달리라 향기로운 산 위에 있는 노루와도 같고 어린 사슴과도 같아라"(8:14)는 술람미 여인의 메시지는 지혜의 여인이 하는 말을 염두에 두고 있다는 가능성도 배제할 수 없다.

이러한 아가서의 흐름을 볼 때 이 두 사람의 짧은 노래 안에는 처음 남자와 여자를 하나님의 형상으로 지으시고 그들을 보고 "심히 좋았더라"(창 1:31)고 하신 '하나님의 노래' 와 "이는 내 뼈 중에 뼈요 살 중에 살이라"(창 2:23)고 했던 '아담의 노래' 가 얼마나 깊은 의미를 가지고 있으며 그로 인해 세워진 혼인의 정신이 얼마나 아름다운 것인지 여실히 보여주고 있다.

혼인으로 말미암아 세워진 가정은 다름 아닌 샬롬의 동산이며 그것은 곧 아담과 하와가 에덴동산에서 이룩하고자 했던 바로 그 샬롬의 나라를 예표한다는 점에서 아가서는 샬롬의 궁극적인 표상인 새 하늘과 새

땅을 향해 힘차게 나아가는 술람미 여인과 솔로몬의 노래라 해도 과언이 아니다.

아이러니하게도 아가서의 두 주인공의 이름은 모두 '샬롬'(שׁלום), 즉 평강이라는 의미를 가지고 있으며 또 실질적으로 평강을 상징하는 솔로몬(שׁלמה : 쉘로모)과 술람미 여인(שׁולמית : 슐람미트)으로 불려진다. 이처럼 두 주인공들의 이름이 상징하는 바 두 주인공을 통해 증거하고 있는 혼인제도의 근본 개념과 정신이야말로 다름 아닌 '샬롬'(שׁלום)이라는 사실을 아가서는 역설적으로 증거하고 있다.

이런 점에서 아가서의 샬롬은 처음 에덴동산의 샬롬으로부터 시작하여 인류 안에서 대대로 전해져 내려오는 혼인제도 안에서 이 샬롬이 구현되고 마침내 새 하늘과 새 땅에서 궁극적인 샬롬이 실현될 것이라는 놀라운 메시지를 이 시대의 교회를 향해 제시해주고 있다. 이것이 바로 '노래 중의 노래'(שׁר השׁרים)인 아가서가 말하고자 하는 메시지이다.

〈EPILOGUE〉

에베소서에 나타난 혼인제도에 대한 이해

〈EPILOGUE〉

에베소서에 나타난 혼인제도에 대한 이해

시작하는 말

"이러므로 남자가 부모를 떠나 그 아내와 연합하여 둘이 한 몸을 이룰지로다"(창 2:24)는 말씀에 담겨 있는 혼인제도에 대한 이해는 이후 전개되는 인류의 역사가 가지고 있는 성격을 규명하는 키워드(key word) 중 하나이다. 특별히 아가서는 이런 점에서 혼인제도에 담겨 있는 본질적인 의미를 규명해주고 있다.

이와 관련해 신약에서, 특히 바울 사도가 혼인제도를 교회의 본질적 존재 의미와 연결시키고 있다는 점은 우리 시대의 교회가 마땅히 그 사실을 인지하고 혼인제도와 교회의 존재가 결코 분리되어서는 안 된다는 점을 각성해야 한다.

여기에서는 에베소서를 중심으로 바울 사도가 말하고 있는 교회에 대한 근본적인 이해를 바탕으로 그 안에서 혼인제도가 교회를 세워나가는 중요한 원리가 된다는 사실을 살펴보고자 한다.

1. 새로운 존재로서 교회에 대한 바울의 이해

에베소서는 우주론적 기독론에 근거한 교회론과 유대인과 이방인들로 구성된 새 인류의 일원이며 몸된 그리스도의 지체로서 교회가 지향해야 할 삶의 실재적인 면을 강조하고 있다. 에베소서 1-3장의 교리편에 이어 에베소서 4-6장에서 제시된 교회의 윤리에 대한 권면에서도 이 사실을 확인할 수 있다.

바울은 하나님께서 창세전부터 교회를 선택하셨음을 강조한다(엡 1:4, 11). 구원은 신자들이 얻은 것이 아니라 하나님께서 계획하셨다는 이 진리는 하나님의 뜻과 기쁨(엡 1:5)이며 하나님의 계획(엡 1:11)과 연결되어 있는 예정에 속한 것으로 표현한다. 하나님은 이 계획을 이루시기 위해 그리스도 안에서 성도들을 양자로 삼으시고 그의 보혈을 통해 구속하시며 성령으로 인치시는데(엡 1:5,7,13) 이것은 구원이 하나님의 은혜로부터 주어짐을 분명히 하고 있다.

바울의 우주적인 기독론은 그리스도의 구속 사역이 우주적이라는 점에서 더 분명하게 나타난다. 그리스도는 교회 안에서 오랜 유대인과 이방인들의 적대감을 깨뜨리고 화목하게 하시는 분이시다(엡 2:11-22). 특별히 '우리의 화평' (엡 2:14)이신 그리스도는 인류의 화목을 초월하여 "하늘에 있는 것이나 땅에 있는 것이 다 그리스도 안에서 통일되게 하는 것" (엡 1:10)을 성취하시는 분이시다. 이때 교회는 하늘에 있는 정사와 권세들에게까지 하나님의 각종 지혜를 나타내는 존재(엡 3:10)가 된다.

바울의 교회관은 그리스도께서 모퉁이돌이 되시며 성령 안에서 하나님의 거하실 처소(엡 2:20-22)라고 하는 것에서 절정을 이룬다. 이때 성도들은 하나님의 권속이며 하늘에 속한 존귀한 신분을 갖는다(엡 3:14-15). 이 교회는 유대인과 이방인들이 한 몸의 지체가 되는 비밀을 가진 존재이며 이것은 교회가 힘써 유지해야 할 교회의 통일성이기도 하다(엡 4:3). 교회의 통일성은 성령도 하나요 주도 하나요 아버지 하나님도 하나이시며, 한 몸과 한 소망과 한 세례에서 재확인된다(엡 4:4-6). 동시에 교회 안에는 주께서 주시는 다양한 은사들이 있어 교회를 세워나가는 일에 봉사하게 한다(엡 4:11-16).

이처럼 교회가 하나님의 새 창조로 말미암아 탄생했음을 밝힌 바울은 하나님께서 신자들에게 주신 구원에 합당하게 사는 생활의 중요성을 강조한다. 무엇보다도 이방 생활의 관습과 종교로부터 벗어나 새로운 질서에 속한 성도로서 새로운 삶의 기준을 가져야 할 것에 대해 깊은 관심을 표명하고 있는데 이것은 교회가 새로운 존재이기 때문이다. 따라서 성도들은 옛 사람의 품성을 벗어버리고 새 사람의 품성으로 갈아입은 새로운 존재다운 모습을 나타내야 한다. 그 모습이 바로 용서와 사랑이다(엡 4:17-5:2).

이러한 배경 아래에서 에베소서는 '하나의 연합된 교회를 이루신 하나님의 은혜' 를 핵심적 주제로 가지고 있다. 이 주제 아래 바울은 유대인과 이방인들이 교회 안에서 비로소 그들의 진정한 위치를 발견한다는 점(엡 2:11-22)과 그리스도의 몸과 다를 바 없는 이 보편적 사회의 연합에 깊은 관심을 표명하고 있다(엡 4:3-4). 이런 이유에서 바울은 그리스도께서 십자가에서 이룬 화해의 역사를 통해 하나님이 창조하신 '한 새 사람' (엡 2:15)으로서 교회의 존재를 새롭게 평가하고 있다.

2. 신비한 연합체로서 교회에 대한 바울의 이해

그리스도는 기꺼이 십자가를 지심으로써 죄인인 사람을 하나님과 관계를 맺게 하는 일을 성취하시고 유대인과 이방인을 한 형제인 하나님의 권속이 되게 하셨다. 이처럼 인종과 문화와 사회적 신분의 장벽이 전혀 없는 한 하나님의 가족이 존재하게 되었다는 것은 바울에게 경이로운 일이었으며 이것을 가리켜 '하나님의 비밀' (엡 3:9)이라고 칭한다.

영원 전부터 작정된 하나님의 비밀은 그 작정의 영원성이 시사하는 것처럼 이미 영원 안에서 성취되었다. 이 영원한 작정의 성취 아래 때가 차매(엡 1:9) 이땅에 교회가 설립되었다. 여기에서 바울은 교회를 그리스도와 한 몸을 이루는 실체로 이해하고 있는데 이것은 기존의 교회관을 한층 높은 단계로 발전시키고 있다. 이것은 바울의 다른 서신서들에서 말하고 있는 그리스도의 몸인 교회관(롬 12:4-5; 고전 12장)보다도 한층 발전된 것으로 머리이신 그리스도와 몸인 교회가 도저히 분간되지 않을 정도로 연합되어 있으며 서로 의존한다는 점이다(엡 1:22-23; 4:1-2; 5:30).

특별히 그리스도와 신자들 사이의 신비한 연합은 교회에 일종의 초월적 지위를 부여하게 만들었다. 천상에 계신 높이 올리우신 그리스도와 연합한 교회는 하나님 앞에 존재하는 신적 위상을 가지게 된다(엡 2:6). 교회는 높이 올리우신 그리스도께서 천상에서 누리고 계신 삶을 지금도 공유하고 있으며(엡 1:22; 2:6; 5:27) 이것으로부터 교회는 무시간적이며 이상적인 삶의 실제를 소유하게 된다. 따라서 교회는 그리스도를 믿기 이전의 도덕적 표준을 거부하고 그들이 그리스도 안에서 얻은 새 생명의 일부로서 이미 받아들인 새 사람의 윤리를 근거로 현재의 행실을 결정하고 통제하게 된다.

'옛 사람을 벗어버리고 새 사람을 입으라' (엡 4:22-24)는 이 새로운 가치관은 도덕적 무감각의 상태에서 각성시키는 하나의 극적인 부름이며 동시에 거룩한 삶에 비추어 생활하라는 부름이다. 이 부름은 신자들이 세례를 받고 거듭 태어났음을 상징하는 것으로 응답된다(엡 4:30). "그러므로 사랑을 입은 자녀같이 너희는 하나님을 본받는 자가 되고 그리스도께서 너희를 사랑하신 것같이 너희도 사랑 가운데서 행하라" (엡 5:1-2)는 바울의 권면은 하나님의 부르심에 합당한 성도들의 삶의 기본 요소가 '사랑' 임을 분명히 하고 있다.

세례의 경험(엡 5:26)은 거룩한 새 삶의 시작을 의미하며 그 안에서 모두가 하나의 소망을 가지는 공동체가 되었음을 의미한다. 그 소망은 "몸이 하나이요 성령이 하나이니 이와 같이 너희가 부르심의 한 소망 안에서 부르심을 입었느니라 주도 하나이요 믿음도 하나이요 세례도 하나이요 하나님도 하나이시니 곧 만유의 아버지시라 만유 위에 계시고 만유를 통일하시고 만유 가운데 계시도다" (엡 4:4-6)는 선언과 같이 그리스도를 통해 우주적인 통일을 이루시는 하나님의 목적을 성취하는 일이다.

이런 점에서 교회는 하나님의 새롭게 하시는 목적의 역사적 증인이다. 교회는 유대인과 이방인들을 하나로 만듦으로써 두 인류는 이제 하나의 새로운 사회 곧 한 새 사람의 창조 속에서 조화를 이루게 된다. 그리고 이 두 민족의 화해와 조화를 성취한 교회는 그리스도로 말미암아 하나님과 화목하고 새로운 방식으로 연합하여 마침내 만유를 통일하시는 하나님의 목적을 성취하는 도구가 된다. 따라서 새로운 사회로 구성된 교회는 옛 방식이 아닌 새로운 삶의 방식을 가지게 되는데 그 목적은 하나님의 우주적 통일을 성취하기 위함이다.

"하늘에 있는 것이나 땅에 있는 것이 다 그리스도 안에서 통일되게 하려 하심이라"(엡 1:10)는 대 원칙 안에 살고 있는 성도들에게 바울은 옛 사람의 품성을 벗어버리고 새 사람의 품성으로 갈아입은 새로운 존재로 살아야 할 몇 가지 원칙을 제시하고 있다. 그 새로운 원칙은 '의와 진리의 거룩함으로 지으심을 받은 새 사람'(엡 4:24)에게서 나타나는 새로운 품성으로 ① 사랑으로 대표되는 교회의 통일성(엡 4:25-5:2) ② 빛으로 대표되는 교회의 거룩성(엡 5:3-14) ③ 지혜로 대표되는 교회의 충만성(엡 5:15-20)으로 나타나게 된다.

이런 점에서 사랑으로 통일을 이룬 공동체로서, 어두움과 구별되는 빛의 공동체로서 그리고 그리스도의 지혜로 충만한 공동체로서 교회는 현존의 증거를 제시해야 한다. 새 인간, 즉 빛의 자녀들은 세상에서 도피함으로써가 아니라 세상 속에서 그리고 인간 삶의 통상적인 구조인 남편과 아내, 부모와 자녀, 상전과 종의 관계 안에서 책임 있는 삶을 살아감으로써 공개적이면서도 완전한 그리스도의 충만을 나타내어야 한다. 이러한 맥락에서 바울은 남편과 아내와의 혼인 관계를 통해 그리스도와 교회의 연합에 담겨 있는 신학적 의미를 설명하고 이 혼인제도야말로 만유를 통일하시는 하나님의 목적을 위한 비밀이었음을 밝히고 있다(엡 5:21-33).

3. 우주적 통일을 목표로 하는 혼인제도

신자들이 지혜롭고 성령 충만한 삶을 지속적으로 유지하기 위해서는 그들이 속한 삶의 모든 정황에서 세상의 규범들과 구별되어 있어야 한다. 이것은 세상의 특징인 죄악된 행실을 행하는 자들은 하나님 나라에서 있을 곳이 없기 때문이다. 따라서 신자들은 전에 그들이 살았던 어둠에 근거한 성품이 아닌 빛에 합당한 삶을 살아야 한다. 이런 이유에서 에베소서 5장 21절 - 6장 9절의 단락에 나오는 가정생활에 대한 규범과 6장 10-20절에서 악의 권세들에 대한 신자들의 대처 방안은 지혜롭고 성령 충만한 신자들이 살아가는 새로운 모습의 삶이 가져다 준 결과들임을 알 수 있다.

신자들이 이 세상에서 살아가는 지혜로운 삶은 성령으로부터 시작된다. 신자들은 성령의 충만함 속에서 ① 서로 덕을 세우고, ② 예배에 참여하고, ③ 항상 감사하는 교회 공동체의 삶을 살아가게 된다(엡 5:19-20). 여기에 바울은 ④ 서로 복종하는 삶의 모습을 추가하고 있다. "그리스도를 경외함으로 피차 복종하라"(엡 5:21)는 이 원칙은 부부간의 관계(엡 5:22-33)와 부모와 자녀간의 관계(엡 6:1-4) 그리고 상전과 종과의 관계(엡 6:5-9)를 지혜롭고 성령 충만한 삶으로 유지시켜 가는 원동력이다.

이 구절은 '오직 성령의 충만을 받으라'(엡 5:18)에 의존되어 있으며 성령으로 충만해 있다면 교회 공동체를 구성하고 있는 회원들은 상호 복종으로 나타나야 함을 지시하고 있다. 동시에 이 상호 복종은 여전히 신자들은 모든 겸손과 온유로 하고 오래 참음으로 사랑 안에서 서로 용납해야 한다(엡 4:2)는 좀 더 포괄적인 권면에 포함되어 있다.

1) 그리스도를 경외함과 상호 복종의 정신

바울은 에베소서 4장에서 '새로운 질서 속에 있는 교회의 삶'에 대한 논증을 전개할 때 이 부분을 명확하게 제시한 바 있다. 바울은 "너희가 부르심을 입은 부름에 합당하게 행하여 모든 겸손과 온유로 하고 오래 참음으로 사랑 가운데서 서로 용납하고 평안의 매는 줄로 성령의 하나되게 하신 것을 힘써 지키라"(엡 4:1-3)고 권면하면서 성령을 근심케 하는 것은 공동체적 삶을 분열시키는 신자들의 말과 행위임을 지적한 바 있다(엡 4:30).

여기에서도 서로 복종하라고 강력하게 호소하는 것 역시 교회 공동체적 삶을 위한 것으로 기독론적 동기를 제시함으로써 강화시키고 있다. 신자들에게 상호 복종하라는 모든 요구는 '그리스도를 경외하는 것' 을 그 동기로 가지고 있는데 이것은 그리스도의 주권과 그의 압도적인 사랑을 경외하는 삶을 말한다.

상호 복종과 섬김은 전적으로 그리스도의 삶에 근거하고 있다. 신자들이 이기심을 버리고 자기 자신의 권리를 주장하지 않고 다른 사람들을 존중하는 특성을 가지는 것은 그리스도께서 자신의 권리를 주장하여 하나님과 동등성을 주장하지 않고 오히려 자신을 낮추어 종이 되셨다는 그리스도의 품성을 가지기 때문이다. 따라서 교회 공동체 안에서 신자들 사이에 나타나는 상호 복종은 각자가 다른 사람의 뜻에 자신을 맡기는 것으로 이것은 그리스도를 경외하는 차원에서 행해지게 된다.

'경외' 란 공포나 두려움을 넘어 숭배와 의무의 보다 진지한 의미를 포함하는 것으로 구약에서는 여호와를 경외하는 것은 창조주에 대한 피조물의 적절한 태도로 하나님의 뜻에 순종하는 것에 이르게 한다. 옛 이스라엘 공동체가 언약 안에서 지혜로운 삶을 살아가기 위한 지배적인 원칙이 여호와를 경외하는 것에 있었던 것처럼 이제 새로운 공동체 내에서 지혜로운 삶(엡 5:15)과 신자들 사이의 관계에 대한 중요한 동기 부여 역시 그리스도를 경외하는 것이어야 한다. 이것은 그리스도의 사랑과 그분의 능력에 대해 경외함으로 그분을 바라보는 것이며 또한 그분의 주권적인 주장과 의로우신 심판에 비추어 살아가는 태도이다.

따라서 신자들의 상호 복종은 그리스도에 대한 경외심으로부터 시작되며 이어 전개되는 남편과 아내, 부모와 자녀, 상전과 종의 관계 역시 그리스도께 경외를 표현하는 것의 연속선상에서 상호 복종도 표현되어야 한다. 특히 교회는 다양한 집단들로 구성되어 있으며 서로간에 매여 있으며 서로 책임을 분담하는 속성을 가진다. 그 대표적인 집단으로 바울은 남편과 아내, 부모와 자녀, 상전과 종의 집단으로 구분하며 각기 독특한 의무들을 부과하고 있다

이들 관계에서 복종은 아내들, 자녀들 그리고 종들에게 요구되며 이들이 도덕적 행위자들로 언급되고 있으며 이들은 각기 남편들, 부모들 그리고 상전들에 대해 종속적 관계 아래 있음을 주목해야 한다. 그리고 이들이 각기 종속 관계에 있는 이들에게 복종하는 것은 그들의 권위의 문제가 아니라 그들에게 복종하지 않는 것은 그리스도께 순종할 수 없다는 것을 의미한다.

2) 혼인제도 안에 담긴 우주적인 통일 정신

바울이 혼인제도에 근거하여 부부 관계를 먼저 언급하는 것은 가정이야말로 교회를 이루는 최소 단위이기 때문이다. 부부 관계에 있어서 "아내들이여 자기 남편에게 복종하기를 주께 하듯 하라"(엡 5:22)는 바울의 권면은 남편에 대한 아내의 복종이 그리스도께 대한 자신의 복종을 입증할 수 있는 방편임을 강조한다.

'주께 하듯 하라' 는 말은 주님께 합당하게 행한다는 의미로 아내가 남편에게 복종할 것을 요구한다. 그렇다고 이것은 남편이 아내의 '주' 라는 뜻은 아니다. 그리스도인의 혼인은 상호 복종을 포함하기 때문이다. 이와 관련해 바울은 "이는 남편이 아내의 머리됨이 그리스도께서 교회의 머리됨과 같음이니 그가 친히 몸의 구주시니라"(엡 5:23)라고 명확하게 선을 긋

고 있다.

머리는 일반적으로 지도자, 통치자 혹은 권위자를 상징한다. 하지만 진정한 리더십은 섬김과 희생이 포함된다. 그리스도께서 교회의 머리이신 것처럼 남편은 아내의 머리가 되는 것은 그리스도께서 교회를 위하여 자기의 생명을 내어놓으신 것처럼 남편 역시 아내를 위해 희생과 섬김을 통한 리더십을 발휘해야 한다. 그렇다면 교회가 그리스도에게 복종하듯 아내가 남편에게 복종하는 것은 당연하다(엡 5:24). 사실 부부가 모두 그리스도와 강력한 관계를 맺고 있다면 그리고 부부가 서로 상대방의 행복에 관심을 기울이고 있다면 복종은 더 이상 문제가 되지 않는다.

"남편들아 아내 사랑하기를 그리스도께서 교회를 사랑하시고 위하여 자신을 주심같이 하라"(엡 5:25)는 남편에 대한 권고에서도 역시 그리스도께서 교회를 사랑하신 사실에 근거하고 있다. 여기에서 바울은 두 가지 사실을 들어 설명하고 있다.

첫째, 교회를 위한 그리스도의 희생적인 죽음의 목적은 교회를 거룩하게 하기 위함이다. 교회를 그리스도의 정결한 신부라고 묘사하는 이유도 여기에 있다(고후 11:2). 그리스도께서 그의 신부, 즉 교회를 사랑하신 것은 자기 앞에 교회를 영광스럽고 도덕적으로 완전하게 세우기 위해 물로 씻는 것으로 묘사된다(엡 5:26). 물로 씻는다는 이미지는 신부가 신랑을 위해 단장하는 것을 의미하지만 여기에서는 신자들의 세례 경험을 포함하고 있다. 신자들이 하나님의 거룩의 영역으로 옮겨 간 것은 세례와 말씀, 즉 복음의 정결케 하는 메시지를 통해 발생한다.

둘째, 교회를 위한 그리스도의 희생적인 죽음의 목적은 교회를 장성케 하기 위함이다. 그 아내를 사랑하는 남편은 자기 몸을 사랑하는 것으로 이것은 자기 자신의 모든 필요를 돌보는 것처럼 그 아내의 필요를 돌아보아야 한다. 그리스도께서 자신의 사랑을 교회의 성장을 위해 제공하시는 것처럼 아내 역시 남편에 의해 양육되고 보호받아야 한다.

무엇보다도 혼인제도는 하나님께서 그리스도 안에서 계시하신 것으로 그리스도와 교회 사이의 연합이라는 심오한 비밀을 포함한다는 점에서 특별한 의미를 가진다. 교회가 그리스도의 몸이라는 이 신비가 혼인 관계 안에서 재확인된다는 것은 남편이 아내를 위해 희생하고 섬기는 사랑을 통해 그리고 아내가 남편에게 복종하는 모습을 통해 그리스도와 교회가 한 몸인 것을 드러내기 위한 신적 작정이라는 독특한 의미를 가지게 된다.

마치는 말

"이러므로 남자가 부모를 떠나 그 아내와 연합하여 둘이 한 몸을 이룰지로다"(창 2:24)고 하신 하나님의 말씀은 결국 그리스도와 교회의 연합을 위한 하나님의 영원한 계획이며 그리스도를 통해 교회가 세워짐으로써 마침내 성취되었다. 바울은 그리스도와 교회 사이의 연합을 남편과 아내의 관계에 대한 원형으로 제시하면서 혼인제도가 모든 인류와 우주의 통일을 위한 하나님의 계획임을 밝히고 있다. 바울이 그리스도와 교회의 연합을 심오한 비밀이라고 하는 이유도 여기에 있다.

바울은 그리스도 안에서 우주적 통일에 대해(엡 1:9,10) 그리고 한 몸인 교회 안에서 유대인과 이방인의 통일에 대해(엡 3:3-6) 언급하면서 이것을 가리켜 "영원부터 만물을 창조하신 하나님 속에 감취었던 비밀의 경륜"(엡 3:9)이라고 한 바 있다. 따라서 이제 신자들은 그리스도 안에서 통일을 이루어야 할 뿐 아니라 교회로서 그들과 그리스도의 관계도 통일을 이루어야 한다.

이런 이유에서 바울 사도는 "누구든지 언제나 자기 육체를 미워하지 않고 오직 양육하여 보호하기를 그리스도께서 교회에게 함과 같이 하나니 우리는 그 몸의 지체임이라 그러므로 사람이 부모를 떠나 그의 아내와 합하여 그 둘이 한 육체가 될지니 이 비밀이 크도다 나는 그리스도와 교회에 대하여 말하노라 그러나 너희도 각각 자기의 아내 사랑하기를 자신 같이 하고 아내도 자기 남편을 존경하라"(엡 5:29-33)고 말하고 있다.

그리스도와 교회 사이의 관계가 혼인제도의 원형을 구성하는 것처럼 남편이 그의 아내를 제 몸처럼 사랑하고 아내가 그 남편을 경외하는 것 역시 그 둘이 한 몸이기 때문이다. 이런 점에서 교회의 통일성이 우주의 통일을 목표로 하는 하나님의 목적을 이루는 하나의 증표인 것처럼 혼인의 연합은 곧 하나님의 우주적 목적을 반영하는 독특한 의미를 가지게 된다. 이때 혼인제도 안에서 이루어지는 남편의 아내에 대한 사랑과 아내의 남편에 대한 복종은 교회의 통일과 더불어 우주적인 통일을 이루기 위한 가장 기본적인 요소가 된다.

성구 색인

〈신 약〉

〈구 약〉